CPSIA information can be obtained
at www.ICGtesting.com
Printed in the USA
FSHW021830291219
65448FS

9 781626 163850

Saud al-Sanousi's Saaq al-Bambuu

SAUD AL-SANOUSI'S

Saaq al-Bambuu

The Authorized Abridged Edition for Students of Arabic

Laila Familiar and
Tanit Assaf, Editors

Georgetown University Press | Washington, DC

Library of Congress Cataloging-in-Publication Data

Names: Familiar, Laila, editor. | Assaf, Tanit, editor.
Title: Saud al-Sanousi's Saaq al-bambuu : the authorized abridged edition for students of Arabic/Laila Familiar and Tanit Assaf, editors.
Description: Washington, DC : Georgetown University Press, 2017.
Identifiers: LCCN 2016022045 (print) | LCCN 2016026601 (ebook) |
    ISBN 9781626163973 (hc : alk. paper) | ISBN 9781626163850 (pb : alk. paper) |
    ISBN 9781626163980 (eb) | ISBN 9781626163980 ()
Subjects: LCSH: Sanousi, Saud— Adaptations. | Sanousi, Saud. Saaq
    al-bambuu. | Arabic language— Study and teaching— Foreign speakers. |
    Arabic fiction— Kuwait— 21st century.
Classification: LCC PJ7962.A59 S38 2017 (print) | LCC PJ7962.A59 (ebook) |
    DDC 892.7/37— dc23
LC record available at https://lccn.loc.gov/2016022045

18 17   9 8 7 6 5 4 3 2   First printing

Printed in the United States of America

Cover design by Naylor Design, Inc.

"The human soul needs actual beauty even more than bread."
D. H. Lawrence, 1930

CONTENTS

INTRODUCTION

Thank you for choosing this book as part of your course materials. The novel *Saaq al-Bambuu,* by award-winning Kuwaiti author Saud al-Sanousi, has been simplified to match the linguistic proficiency of Mid-Advanced students of Arabic. The novel can be used in different course types ranging from Advanced regular courses of Arabic, under the content-based teaching approach, as well as in extensive reading programs (more on this below in the section, "Using the Novel in the Classroom"). The novel will be more beneficial if used by learners that have at least two and a half to three years of Arabic in a formal setting and a Mid-Advanced proficiency level of the language.

Integrating an abridged novel into your Arabic course offers many advantages. It helps your students develop important language skills associated with extensive reading like vocabulary learning and reading fluency. Also, by introducing students to contemporary Arabic fiction, students become sensitized to the styles of the language, helping them develop stronger writing skills. Reading about authentic aspects of Arab culture raises awareness of other ways of living. Further, it offers a polyhedral perspective on cultural representations associated with Arab culture, which, in turn, aids in developing students' critical thinking skills. Reading abridged literature that is appropriate to the students' language proficiency level increases their self-confidence; literature becomes a source of motivation and an enjoyable means of language acquisition.

USING THE NOVEL IN THE CLASSROOM

The number of contact hours needed to cover the text can vary according to the nature of the course in which it is used and the pedagogical approach followed by the instructor:

If the book is used under the content-based approach, such as Introduction to Arabic Literature, Contemporary Arabic Fiction, Gulf Cultural Manifestations, and Advanced Arabic Language and Culture, the novel and the accompanying exercises could be used as a sole textbook and read throughout a full academic semester. With the length of the novel and the amount of exercises included, the materials can easily fit within three to four contact hours per week.

If the novel is used as part of an extensive reading course, the novel could be read and discussed over several weeks, along with other abridged literary texts selected by the instructor (e.g., *Hoda Barakat's Sayyidi wa Habibi: The Authorized Abridged Novel*). In this case, not all of the activities included with the novel could be completed, and the instructor would need to select which activities and exercises to complete.

If the novel is used as part of a regular Advanced Arabic course (typically, semester six or seven of Arabic), the text can be used to supplement other course material. Here, the instructor can decide how to best use it, based on the course's stated goals. We suggest that students read the complete text of the abridged novel and complete some exercises only, based on their interest or the course goals.

This book is composed of the following sections:

1. *A short biography of the novelist Saud al-Sanousi in Arabic.* This text is intended as a reading exercise in the classroom before starting to read the novel.
2. *The abridged version of the novel.* The novel has been abridged to suit the level of Mid-Advanced students of

Arabic and its simplified version has been reviewed and authorized by the author, Saud al-Sanousi.

The abridged version has been reduced to almost half of the original novel, both in length and in terms of vocabulary variety, in order to allow students to encounter words repeatedly and so that vocabulary acquisition happens over the course of reading. Nevertheless, there still are some words with which students may be unfamiliar due to low frequency or difficulty. In these cases, the meanings are included as footnotes on the same page to facilitate comprehension and yet not distract students as they read.

3. *The exercises.* We have provided a variety of exercises intended to help students follow the plot of the novel and to develop their linguistic, intellectual, intercultural, and aesthetic skills. By embarking on creative and interesting tasks, whether on their own or in the classroom, students will deepen their understanding of both the Arabic language and Arab culture.

Exercises are provided for use before and after reading each section of the novel to facilitate student reading comprehension and in-class discussion. While questions before reading activate students' world knowledge and prepare them culturally for what is happening next, the other exercises aid students in discussing the plot of the novel and deepen their understanding of multiple aspects surrounding the characters and events of the story. For more details on the type of activities included, please read the *Introduction to the Exercises.*

4. *Articles.* As part of the exercises, we have included four articles at the end of the book that are related to the novel and its themes. Some of these are assigned throughout the activities to spark classroom discussions about the novel and the issues raised therein; others appear at the end of the book as an introduction to literary criticism.

By reading them, students are exposed to other writing genres that will help them develop their writing styles.

5. *Videos.* As part of the exercises, we have selected some videos that will enhance students' understanding of the characters and issues raised in the novel and provide exposure to a wide range of cultural phenomena discussed in the novel. By watching the videos, students can also improve their listening skills. These videos are available on the YouTube Channel Saaq al-Bambuu Abridged Novel: http://tinyurl.com/SaaqAlBambuu.

6. *Literary terms* and *literary devices.* At the end of this book, students will find these additional resources that will help them discuss Arabic literature: (a) a list of literary terms to help students use the appropriate literary vocabulary when discussing the novel, and (b) a list of rhetorical devices that introduces students to some mechanisms underlying the aesthetics of Arabic. This list of rhetorical devices will deepen their sensitivity to the language, and it will serve as a reference in their own creative writing.

All the exercises accompanying the novel were designed with a formal classroom setting in mind, but many of them can also be used by learners of Arabic who engage in self-study. Thus, if you are not able to use *Saaq al-Bambuu* as part of your coursework, you can still encourage your students to read the novel by themselves. They will benefit from many of the features included in the book, and they will notably improve their language skills.

PEDAGOGICAL RATIONALE

The novel and the exercises accompanying the text are based on an integrated skills approach that aims to develop students' multiple linguistic skills, while promoting their cultural and literary awareness:

- Reading: Reading the text over several weeks will significantly improve students' fluency. Reading becomes easier and requires less effort once they become familiar with the style of the author and start internalizing more relevant and recurrent vocabulary.

    Reading a simplified version of an original novel, moreover, is an excellent springboard to extensive reading of Arabic literature. In an academic setting, it is assumed that students of Arabic as a foreign language will eventually read original literature, whether it is in content-based courses or as part of graduate programs, and abridged literature will transition them as they work toward superior proficiency.

- Speaking: Comprehension questions are included to encourage discussion and negotiation among peers in the classroom. Role playing exercises are incorporated for oral expression and to add dynamism to the classroom. Recording tasks help students focus on pronunciation.

- Writing: Summaries, opinion essays, reflections, letters, journaling, and creative writing activities will improve students' abilities to reflect upon the text and to express themselves, using much of the newly acquired vocabulary and expressions.

- Listening: Videos that are available on the web for free have been selected to accompany the novel. These videos not only clarify many cultural aspects presented in the novel but also help learners improve their listening skills.

- Culture: We have designed activities to address historical events, religious practices, popular beliefs, and traditional Kuwaiti dance and music, among other topics, to help students understand the Gulf and Arab culture.

- Aesthetics: By reading a contemporary award-winning novel, students are exposed to the aesthetics of new literary production in the Arab World, which is being influenced and marked by globalization and social change. Exercises designed specifically to raise the literary awareness of your students allow them to appreciate the styles of Arabic language, while encouraging them to produce similar literary discourse.

THE ORIGINAL NOVEL

You have in your hands a masterpiece of contemporary Arabic fiction. Published in 2012 by Arab Scientific Publishers, Inc. (Lebanon), *Saaq al-Bambuu* (*The Bamboo Stalk*) is Saud al-Sanousi's second novel. An acclaimed work, it won the Kuwait State Prize for Letters in 2012 and the International Prize for Arabic Fiction in 2013.

The novel begins with the story of Josephine, who escapes poverty in the Philippines to work in Kuwait as a household maid. Once in Kuwait, she has a brief love affair with Rashed, his mother's only son. When Josephine gets pregnant, Rashed decides to marry her in secret. But social pressure makes him send Josephine and his baby son, Jose, back home. The story then follows the struggles of Jose as a young man when he decides to return to his father's country. *The Bamboo Stalk* is a beautifully written coming-of-age novel that addresses key issues, including foreign workers in Gulf countries, identity, discrimination, race, and "otherness." The poetic narrative and exciting plot will keep your students engaged from the first page until the very last line.

Saaq al-Bambuu exposes students to Gulf writing and unspoken worlds. We hope that you and your students enjoy the journey through the novel's pages.

You have in your hands an exciting novel that has been abridged to suit advanced learners of Arabic as a foreign language. The original text was written by award-winning Kuwaiti author Saud al-Sanousi, and it was originally published in 2012 for an Arab audience. Now, with this abridged version that has been approved by the novelist, you can read and enjoy contemporary Arabic literature.

The book is divided into five main chapters and an epilogue, respecting the original structure of the novel. The text is accompanied by footnotes that provide the English translation of key words that will make your reading enjoyable without the constant use of a dictionary. At times, it may be useful to look up some words if you feel they are essential to your understanding of the passage.

The novel is also accompanied by exercises that will help you comprehend the details of the story while improving your Arabic skills. These exercises consist of the following:

- General comprehension questions to guide you through the basic events of the plot.
- Specific questions to help you analyze details and nuances.
- Quotes from the novel to draw your attention to interesting language structures used by the author.
- Writing activities (summaries, opinion essays, reflections, letters, journal pages, creative writing, and instant messaging) to improve your ability to express yourself using your newly acquired vocabulary.

- Online videos related to the themes of the novel to help you improve your listening skills.
- Activities to exchange opinions and ideas with your classmates and teachers to improve your oral skills.
- Role-playing activities to awaken your imagination and engage you.
- Cultural questions and tasks to help you better understand Arab culture.

We recommend that you read several sections of the novel all the way through without the use of a dictionary at first. Keep in mind that the first reading will give you a panoramic view of what is happening in the story, and that repeated readings will help you deepen your understanding and become a faster reader. After reading, you can answer the questions accompanying the novel, if these are part of your homework. If they are not assigned, reading the questions will help you learn more about the sociocultural issues present in the novel. If you follow this process of reading, you will acquire the necessary breadth that characterizes fluent reading, and you will be able to enjoy the text as a literary piece.

Saaq al-Bambuu is a novel that will take you on a turbulent journey through human nature; the characters encounter love, hatred, and racism, and they face questions of personal and religious identity and what friendship means. At the same time, you will improve your Arabic language skills and learn to enjoy the beauty of the language. We hope that you find the novel interesting and the experience of reading it rewarding.

ACKNOWLEDGMENTS

This abridged version of *Saaq al-Bambuu* was edited by Laila Familiar, thanks to the unconditional support of the original author of the novel, Saud al-Sanousi, and the novel's original editor, Bassam Chebaro, from Arab Scientific Publishers, Inc., who first published the novel in 2012. Their generosity and genuine interest in spreading contemporary Arabic literature among learners of Arabic made this project possible.

The exercises and activities included in this work were developed jointly by Laila Familiar and Tanit Assaf. They were piloted at New York University in Abu Dhabi and Escuela Oficial de Idiomas in Barcelona.

The editors of this work would like to thank Egyptian literary critic Salah Fadl and Egyptian journalist Khaled Muntaser for granting us the right to publish their articles as part of the exercises. We also are grateful to the publisher Kareem Sakka for allowing us to use two articles originally published in *Raseef22*. Thanks, also, to Magalie L'Abbé and Rom for allowing us to use their photographs in the exercises. Last, but not least, we would like to thank Prof. Margaret Litvin and Prof. Sami Alkyam for providing very helpful feedback on the manuscript.

This publication was supported by the New York University Center for the Humanities through a grant that helps to publish books with a humanistic focus.

There are several exercises that require students to watch a video in order to complete them. We have marked these with the icon ▶ in the exercises and have created a YouTube channel, called "Saaq al-Bambuu Abridged Novel" (http://tinyurl.com/SaaqAlBambuu), from which you can access all of the videos to complete the exercises. Within this channel, you will find two playlists. The first, called "Videos for Exercises," provides all of the videos you need to complete the exercises. The second, called "Additional Videos," provides videos for which there are no corresponding exercises in the book but that we think may be of interest to you and enrich your understanding of the novel. Although we did not create or upload all of these materials, the YouTube channel makes it easier for you to find and watch them.

The play list "Videos for Exercises" includes all the videos in the order in which you will encounter them in the exercises. All of the videos display the YouTube names of the videos, which does not always match up with a corresponding exercise number or name in the book. To make it easy for you to match up the videos with the exercises to which they correspond, we provide this chart for you. The chart also shows you which chapters correspond to the additional videos. It is also available as a PDF (to make it easy to click on each link) from the Georgetown University Press website.

Sequence	Exercise Location	Video Title	Original Video URL (all are also available at http://tinyurl.com/SaaqAlBambuu)
1	قبل قراءة الرواية، خارج الفصل، السؤال الأول	JOSE RIZAL— 1998 with English Subtitles	http://tinyurl.com/j8zmmo2
2	الفصل الأول، الجزء (2)، للنقاش في الفصل، السؤال الثالث	كأس رئيس دولة الإمارات للصيد بالصقور	http://tinyurl.com/gvvgt6z
3	الفصل الأول، الجزء (7)، للنقاش في الفصل، السؤال الخامس	Egyptian Body Language	http://tinyurl.com/z5q9rak
4	الفصل الثاني، الجزء (4)، نشاط كتابة	DIFF 2012— Half Emirati	http://tinyurl.com/hg4932w
5	الفصل الثالث، الجزء (5)، قبل القراءة، السؤال الرابع، أ	Arabic Dance— The Arabic dance of Kuwait	http://tinyurl.com/zdtakwp
6	الفصل الثالث، الجزء (5)، قبل القراءة، السؤال الرابع، ب	فرقة التلفزيون 1983 ياليلة دانة	http://tinyurl.com/htqhtr2
7	الفصل الرابع، الجزء (2)، للنقاش في الفصل، السؤال الثالث	موطني ولكن ـ لي متى	http://tinyurl.com/zga8mw9
8	الفصل الرابع، الجزء (2)، نشاط استماع، السؤال الأول	من أنا؟ سؤال يطرحه البدون في دولة الإمارات	http://tinyurl.com/zf6zqfh
9	الفصل الرابع، الجزء (5)، قبل القراءة، السؤال الثالث	هذا هو الكويتي	http://tinyurl.com/zrq4hup
10	الفصل الرابع، الجزء (6)، قبل القراءة، السؤال الثاني، أ	أذان الشيخ عبد الباسط عبد الصمد— مسجد السيد البدوى	http://tinyurl.com/js3gvg2
11	الفصل الرابع، الجزء (6)، قبل القراءة، السؤال الثاني، ب	الاذان بصوت رائع وبه خشوع (ناصر القطامى)	http://tinyurl.com/h43hfz9
12	الفصل الرابع، الجزء (11)، قبل القراءة، السؤال الثاني، أ	الجسر | عبد الخالق— كفيل	http://tinyurl.com/znxsfn8
13	الفصل الرابع، الجزء (11)، قبل القراءة، السؤال الثاني، ب	Bait Kafeel | بيت كفيل | Official Release Full HD	http://tinyurl.com/jmtp33e
14	الفصل الرابع، الجزء (15)، قبل القراءة، السؤال الخامس	ما هي مشكلة القراءة في العالم العربي؟	http://tinyurl.com/zbb9vw3
15	الفصل الرابع، الجزء (19)، قبل القراءة، السؤال الأول	اجمل تقرير يصف عادات اهل الامارات في عيد الفطر	http://tinyurl.com/zcnnwu9
16	الفصل الرابع، الجزء (19)، للنقاش في الفصل، السؤال الثالث	NBK Eid 2010 عيدكم مبارك بنك الكويت الوطني	http://tinyurl.com/hv3day8
17	الفصل الرابع، الجزء (21)، قبل القراءة، السؤال الأول	غرائب وعادات الاحتفال بعيد الأضحى	http://tinyurl.com/gpxcbzy
18	الفصل الرابع، الجزء (21)، نشاط إبداعي، السؤال الثالث	صدق أو لاتصدق هكذا يتزوج البدون في الكويت !!!!!	http://tinyurl.com/zadtvwe
19	الفصل الخامس، الجزء (17)، نشاط استماع، السؤال الأول	برنامج سلام يا كويت— حملة الـ 100 صورة للبدون	http://tinyurl.com/jjoh8k8
20	بعد الانتهاء من الرواية، السؤال الأول	برنامج كتاب أعجبني: رواية "ساق البامبو"	http://tinyurl.com/gs52saq
21	بعد الانتهاء من الرواية، السؤال الرابع	لقاء خاص مع الكاتب الكويتي سعود السنعوسي	http://tinyurl.com/h8zd7tn

سعود السنعوسي

روائي كويتي ولد في عام 1981 وفاز بالجائزة العالمية للرواية العربية في عام 2013 عن روايته "ساق البامبو" والتي حصلت أيضا على جائزة الدولة التشجيعية في دولة الكويت عام 2012. بالإضافة إلى هذا العمل، للكاتب رواية أولى بعنوان "سجين المرايا" (2010) ورواية أخرى بعنوان "فئران أمي حصّة" (2015) والتي تتناول قضية الطائفية في المجتمع العربي والكويتي تحديدا. ويكتب الروائي سعود السنعوسي أيضا مقالات رأي في جريدة "القبس" الكويتية.

تمّت ترجمة "ساق البامبو" إلى اللغات الانجليزية والفارسية والرومانية، وسوف تصدر قريبًا بالتركية، وتمّ أيضا تحويل الرواية إلى مسلسل درامي عُرض في شهر رمضان 2016.

ويشارك الكاتب سعود السنعوسي بشكل دوري في المهرجانات الأدبية ومعارض الكتاب التي تُقام في الدول العربية، وله شعبية كبيرة بين القُرّاء العرب حيث أن روايته "ساق البامبو" و"فئران أمي حصة" حققتا نسبا عالية جدا من المبيعات.

ساق البامبو

هوزيه ميندوزا
JOSE MENDOZA

ساق البامبو

ترجمة
ابراهيم سلام

مراجعة وتدقيق
خولة راشد

المترجم

ابراهيم سلام، يعمل في الترجمة. يُجيد، بالإضافة إلى اللغة الفلبينية، اللغتين العربية والإنكليزية. ولد في مندناو، لعائلة مسلمة، جنوب الفلبين. انتقل وأسرته إلى مانيلا بحثا عن فرصة أفضل للعيش. هناك درس العربية في معهد الدراسات الإسلامية في مانيلا، وحصل على منحة دراسية ليدرس في المعهد الديني في الكويت. التحق بجامعة الكويت، كلية الآداب، وحصل منها على ليسانس لغة عربية. يعمل حاليا بوظيفة مترجم في سفارة جمهورية الفلبين في الكويت.

كتب "10 أعوام في الكويت" (2005)، "الدين ليس كما نفهم" (2010)، "لنفهمهم أولا: دراسة في فهم أسباب مشاكل العمالة الفلبينية في الكويت" (نشرت في Manila Bulletin Newspaper وجريدة القبس الكويتية).

أقام برامج في اللغة العربية والثقافة الإسلامية في المركز الكويتي الفلبيني الثقافي.

عمل، وما زال، على ترجمة أخبار الجالية الفلبينية المنشورة في الصحف الكويتية، وإعادة نشرها في الصحف الفلبينية كـ: Manila Bulletin Newspaper، Philippine Star، و Philippine Daily Inquirer.

كلمة المترجم

ترجمتي لهذه الأوراق لا تعني موافقتي على كل ما جاء فيها. مهمتي فقط تحويل كلمات النص من اللغة الفلبينية إلى اللغة العربية.

لكل لغة خصوصيتها، ولأن اللغة جزء من ثقافة الشعوب، وجدتني أمام الكثير من المفردات الفلبينية التي ليس لها ترجمة في العربية. خصوصا تلك المفردات المحلية أو الشعبية التي لا توجد في الثقافات الأخرى. ورغم معرفتي وعِشقي للعربية لغة القرآن الكريم، فكانت ترجمة بعض المفردات صعبة. فأسأل الله أن أكون قد نجحت في ذلك.

أخيرا، وبصفتي المترجم، أخلي مسؤوليتي عن كل ما جاء في هذا النص من آراء وأسماء وتفاصيل وأسرار تمس الحياة الشخصية لأصحابها.

والله وليّ التوفيق،،

ابراهيم سلام

إهداء

إلى مجانين لا يشبهون المجانين . .

مجانين . . لا يشبهون إلا أنفسهم . .

مشعل . . تركي . . جابر . . عبدالله ومهدي

إليهم . . وحدهم

لا يوجد مستبدّون حيث لا يوجد عبيد

خوسيه ريزال

الفصل الأول

عيسى .. قبل الميلاد

(1)

اسمي Jose »،

هكذا يُكتب. ننطقه في الفلبين، كما في الإنكليزية، هوزيه. وفي العربية يصبح، كما في الإسبانية، خوسيه. وفي البرتغالية يُكتب بنفس الحروف، ولكنه يُنطق جوزيه. أما هنا، في الكويت، فلا علاقة لكل تلك الأسماء باسمي حيث هو .. عيسى!

كيف ولماذا؟ أنا لم أختر اسمي لأعرف السبب. كل ما أعرفه أن العالم كله اتفق على أن يختلف عليه!

رفضت أمي أن تناديني باسمي الذي اختاره لي والدي حين وُلِدتُ. رغم أنه اسم الرب الذي تؤمن به، فإن عيسى اسم عربي، يُنطق هناك Isa، وهو ما يعني "واحد" بالفلبينية.

اختارت والدتي هذا الاسم على اسم خوسيه ريزال، بطل الفلبين القومي، الطبيب والروائي الذي طرد المحتلين الإسبان.

هوزيه، خوسيه، جوزيه أو عيسى .. ليست مشكلتي مع الأسماء.

عندما كنت هناك، كانوا ينادونني Arabo، أي العربي، رغم أنني لا أشبه العرب في شيء إلا في شاربي وشعر ذقني. فصورة العربي هناك، أنه قاس ومشعر، وغالبا عنده لحية.

أما هنا، فلقد كان لقبي الجديد هو .. الفلبيني!

لم أكن الوحيد في الفلبين الذي وُلِدَ من أب كويتي، فأبناء الفلبينيات من آباء كويتيين خليجيين وعرب كثر. أولئك الذين عملت أمهاتهم خادمات في بيوتكم، أو من قدّمت أمهاتهم أجسادهن لسيّاح جاؤوا من بلدانكم بحثا عن جنس رخيص.

تتحول الفتيات هناك إلى مناديل ورقية، يرمونها أرضا . . يرحلون . . ثم تنبت في تلك المناديل كائنات مجهولة[١] الآباء. كنتُ مختلفا لأن والدي كان قد وعد والدتي بأن يُعيدني إلى حيث يجب أن أكون، إلى الوطن الذي أنجبه، لأنتمي إليه وأعيش كما يعيش كل من يحمل جنسيته.

* * *

هل يحمل كما الجنسية في العالم الآخر.

١. مجهول = unknown

(2)

تحكي لي والدتي أنها جاءت للعمل هنا، في منزل مَن أصبحت بعد ذلك جدتي، في منتصف ثمانينيات القرن الماضي، تاركة وراءها دراستها، وعائلتها .. والدها، وأختها وابنتها، وأخاها وزوجته وأبناءهما الثلاثة، واضعين آمالهم على جوزافين، والدتي، لتكون لهم حياة ليس بالضرورة أن تكون كريمة .. بل حياة فقط.

تقول والدتي: "لم أتخيل بأنني سأعمل خادمة في يوم ما". كانت فتاة حالمة. تحلم بأن تنهي دراستها لتعمل في وظيفة محترمة. لم تكن تشبه أفراد عائلتها في شيء. في حين كانت أختها تحلم بشراء حذاء أو فستان جديد، كانت أمي لا تحلم بأكثر من أن تشتري كتابا بين وقت وآخر. تقول: "قرأتُ الكثير من الروايات، الخيالية منها والواقعية. أحببتُ سندريلا، حتى أصبحت مثلها، خادمة، إلا أن نهايتي لم تكن سعيدة كما حدث معها".

تركت والدتي بلادها وأهلها وأصدقائها للعمل في الخارج في العشرين من عمرها، ومصيرها كان أفضل بكثير من مصير أختها، آيدا، التي تكبرها بثلاثة أعوام. فحين مرضت والدتها وازدادت ديون والدها المقامر[٢] الذي أضاع ماله في تربية ديوك المصارعة، لم يجد الأبوان سوى تقديم ابنتهما، التي كانت في السابعة عشرة، إلى سمسار[٣] يوفر لها فرصة عمل في مراقص وبارات المنطقة.

"كل شيء يحدث بسبب .. ولسبب"، هذا ما تقوله أمي دائما، وإذا ما بحثتُ عن سبب لكل ما يحدث لا أجد سوى الفقر.

عملت آيدا في البارات، ثم راقصة في نادي ليلي. قدّمت آيدا الصغيرة جسدها لكل من يسألها ذلك مقابل مبلغا يحدده سمسارها. هناك ثمن خاص للرجل الأجنبي أعلى من الثمن الذي يتمتع به الرجل المحلي الفقير.

---

٢. مُقامِر = gambler

٣. سِمسار = middleman, broker

كما أن الثمن يختلف حسب الوقت والمكان. للساعة الواحدة ثمنها . . ولليلة الكاملة ثمنها . . وللخدمة في غرف النادي ثمن، ولخدمة الفنادق ثمن آخر.

أصبحت آيدا شيئا، مثل أي شيء يُباع ويُشترى بثمن . . يتغير ثمنها حسب نوع الخدمة التي تقدّمها. عملت صامتة حزينة، كارهة للمال والرجال.

في هذا العالم أدمنت آيدا الشرب وتدخين الماريجوانا. أصبح كل شيء بالنسبة لها مقبولا. حملت أكثر من مرة، ولكن حملها لا يستمر، فقد كانت تسقطه دائما، كرها في الجنين وضغطا من والديها حفاظا على عملها، إلى أن جاء اليوم الذي حملت فيه بابنتها ميرلا، وكانت في الثالثة والعشرين من عمرها. أخفت حملها عن الجميع إلا أختها الصغرى، أمي، بعد أن فهمت بأنه خلاصها الوحيد من عملها.

أخبرت آيدا والديها بحملها في وقت متأخر، بعد أن فُصلت من عملها وبعدما أصبح إسقاط الجنين مستحيلا، وأخبرتهما بأنها لن تعود للعمل.

جاءت ميرلا بشكل جديد. كانت فلبينية الملامح ولكنها كانت بيضاء، وشعرها بني، وعيناها زرقاوان، وأنفها بارز.

كانت والدتي في ذلك الوقت قد بلغت عامها العشرين. وفي رأي جدّي، كانت الاستثمار الأفضل للعائلة، فلقد أصبحت آيدا عاطلة عن العمل، مشغولة بتربية ابنتها، بينما الابن الوحيد، بيدرو، كان دائما مشغولا يبحث عن عمل. كان الوقت قد جاء لاستثمار جوزافين.

* * *

(3)

في الوقت الذي كانت فيه والدتي على وشك أن تكون مثل خالتي آيدا، جاء إلى منزلهم أحد جيرانهم يحمل إعلان جريدة من وكيل[٤] في مانيلا للعمالة المنزلية في دول الخليج. أخذت والدتي الإعلان من يده وكأنه مفتاح سجنها. ولكن حامل الخبر قال: "لكن . . !". صمت الجميع. "يجب عليكم دفع مبلغ من المال للوكيل!". لم يكن باستطاعة العائلة دفع مثل هذا المبلغ. اختفت خالتي آيدا في غرفتها، وبكت والدتي حظها في حين تعالى صوت جدّي: "كفّي عن البكاء واستعدّي للعمل كما خططت لكِ".

خرج الجار من المنزل.

بعد مرور وقت، خرجت خالتي آيدا من غرفتها تحمل في يدها مظروفا أعطته إلى أختها الصغرى.

— هذا المبلغ كنت قد ادخرته[٥] لِميرلا . . يمكنك أخذه يا جوزافين.

تقول والدتي أن جدّي تقدّم نحو آيدا بسرعة والغضب في عينيه، وحاول أن يأخذ المظروف منها.

"صرخت آيدا بينما وقفتُ أشاهدها تدفع والدي وتشتمه، بينما هو يضربها.

— ألم تكتف ببيعي للرجال و . .

قاطعها والدي شادًا شعرها:

— اخرسي[٦]!

دفعها نحو الحائط . . شدّ شعرها إلى الوراء في حين كان صدرها لصق الحائط:

— ميييرلاااا . .

---

٤. وكيل = agent

٥. ادّخر— يدّخِر = to save (money)

٦. اِخرس! = shut up

همس باسم حفيدته عند أذن آيدا:

— مجهولة الأب .. سوف أقتلها .. جاءت باللعنة إلى هذا البيت ..

— اللعنة؟"

تصمت والدتي قليلا:

— هل من الضروري أن أخبرك بكل هذه الأشياء هوزيه؟

هززت رأسي: أكملي ماما!

تواصل:

"أبي كان مرعوبا[٧] من منظر آيدا. تقدّمتْ نحو الباب الخارجي. تبعها والدي وأنا من خلفه. وبالقرب من سور البامبو الذي يحيط بحظيرة الديوك، توقفت آيدا، في حين بقيتُ أنا خلف والدي. قالت آيدا:

— مراهناتك على مصارعة هذه الديوك هي اللعنة الحقيقية!

لم ينطق والدي بكلمة، في حين واصلت آيدا:

— كلكم ديوك.

همس والدي إليّ:

— يبدو أن أختك قد جُنّت[٨]!

لم أقل كلمة، فهذا ما كانت تبدو عليه حقا.

— أنت ديك ..

أشارت آيدا نحو أبي:

— كل الرجال الذين قدّمت لهم جسدي .. ديوك ..

شيء من الندم أو الخوف بدا على وجه أبي:

— آآ .. آ .. آيدا!

كان هذا الفعل الوحيد الذي قام به أبي .. أن نطق باسمها.

واصلت آيدا:

— وأنا! .. أنا تعبت من القيام بدور الدجاجة!

---

٧. مرعوب = terrified

٨. جُنّ — يُجنّ = to become insane

دخلت الحظيرة، وقفت في منتصفه، ثم ناظرة للأعلى:

— كوكو كوكووووووو!

أمسكت غاضبة بالديوك الأربعة تقطع رؤوسها عن أجسادها وترمي بها باتجاه أبي. الدماء[٩] على أيدي آيدا. أشارت إلى أبي:

— في المرة القادمة .. سوف يكون رأسك!

في صباح اليوم التالي، خرج والدي باكرا حاملا معه مظروف آيدا، ليعود بعد ساعات حاملا أربعة ديوك جديدة!"

* * *

٩. دماء = blood

(4)

تواصل والدتي الحكاية: "في ذلك الصباح اصطحبتني آيدا إلى متجر، كان صاحبه يعرفنا جيدا. أخبرته آيدا بالحكاية كاملة، وبأنني بحاجة إلى مبلغ من المال لأتمكن من العمل خادمة في الخارج. لم يستطع الرجل مساعدتنا بالمال، ولكنه قال: "يمكنني أن أتحدث مع البومباي[١٠]، هم يثقون بي، لي سنوات طويلة في التعامل معهم".

التعامل مع البومباي يعني أن تفتح بابا لا يُغلق من الديون[١١]، وأن تشاهد بعينيك كيف تدخل أموالك جيوب غيرك!

في مكتب العمالة المنزلية وسط مانيلا، في اليوم التالي، قابلت الموظف. أخبرني بأنني سأعمل في الكويت، وكانت تلك المرة الأولى التي أسمع بها عن هذا البلد. وهكذا، حضّرت نفسي للسفر وأنا سعيدة، رغم علمي بأنني سأدفع نصف ما أكسبه من العمل في الخارج إلى جماعة البومباي وسأرسل النصف الآخر إلى أسرتي. قبلت بالأمر طالما أنهم سيتركون لي حرية التصرف بجسدي . .".

* * *

---

١٠. من المعروف ان بومباي هو الاسم القديم لمدينة مومباي الهندية، ولكن، في الفلبين، البومباي هم جماعة من الهنود يعملون على تمويل الفقراء مبالغ صغيرة مقابل فوائد. كما أنهم يمرّون على البيوت لبيع الأجهزة الإلكترونية والكهربائية بالأقساط (المترجم).

١١. دَين — دُيون = debt

(5)

جاءت والدتي للعمل هنا، تجهل كل شيء عن ثقافة هذا المكان. الناس هنا لا يشبهون الناس هناك، الوجوه واللغة، حتى النظرات لها معان أخرى تجهلها. والطبيعة هنا، لا تشبه الطبيعة هناك في شيء إلا شروق الشمس في النهار، وطلوع القمر في الليل.

عملت والدتي في بيت كبير، تسكنه أرملة في منتصف الخمسينات مع ولدها الأكبر وبناتها الثلاث. هذه الأرملة أصبحت جدتي لاحقا. كانت جدّتي، غنيمة، أو السيّدة الكبيرة كما تسمّيها والدتي، قوية الشخصية، عصبية المزاج[١٢] في غالب الأحيان. كانت تؤمن بما تراه في نومها من أحلام إيمانا مُطلقا، وترى في كل حلم رسالة، وقد كانت تقضي معظم الوقت في البحث عن تفسير لما رأته في منامها، وعادة ما تسأل مفسّري الأحلام إذا ما استطاعت تفسير حلمها بنفسها، تؤمن بكل ما يقوله أولئك المفسّرون وتنتظر حدوث ما تراه في المنام.

وصلت أمي إلى الكويت في وقت صعب. وقد تشاءمت[١٣] جدتي كثيرا من قدومها. يقول والدي: "وصلتِ إلى بيتنا، يا جوزافين، في الوقت الذي تم فيه محاولة اغتيال أمير البلاد .. وترى أمي أن قدومك كان لعنة!".

كان والدي يكبرها بأربعة أعوام. أساءت جدتي معاملتها، وعمّاتي أيضا، إلا الصغرى. أبي وحده كان لطيفا معها. كان يختلف عن جدتي وعمّاتي في معاملته لجوزافين .. أمي .. الخادمة.

كنت في العاشرة من عمري عندما بدأت والدتي تخبرني بتلك الحكايات. قرأت لي بعضا من رسائل والدي إليها. وأخبرتني بكل تفاصيل علاقتها بأبي. كانت تذكّرني بانتمائي إلى مكان آخر أفضل. وعندما بدأت النطق في سنواتي الأولى، كانت تعلّمني كلمات عربية: "السلام عليكم .. واحد اثنان ثلاثة ..

---

١٢. عصبي المزاج = irritable
١٣. تشاءم— يتشاءم = to have an ominous feeling

مع السلامة . . أنا . . أنت . . حبيبي . . شاي قهوة". وعندما كبرتُ أصبحت تحبّبني بأبي، ذلك الذي لم أره.

أجلس أمام والدتي، وهي تحكي لي عن والدي، في حين تتأفف[١٤] خالتي آيدا، كعادتها، من تلك الأحاديث. تقول أمي: "أحببته، ولا أزال، ولست أدري كيف ولماذا. ألأنه كان لطيفا معي في حين كان الجميع يسيء معاملتي؟ أم لأنه كان الوحيد، في منزل السيّدة الكبيرة، الذي يتحدث إليّ في غير إعطاء الأوامر؟ ألأنه كان وسيما؟ أو لأنه كان شابا كاتبا مثقفا يحلم بكتابة روايته الأولى وأنا التي كنت أقرأ الروايات؟"

"كان سعيدا بي لأنني مثله أحب القراءة. كان والدك يتحدّث إلى الخادمة في الأدب والفن وسياسة بلاده، في حين لا أحد هناك يتحدث مع الخادمات بغير لغة الأوامر: "اغسلي . . نظفي . . جهّزي . . أحضري!".

ورغم تأفف خالتي آيدا، تواصل والدتي:

"كنت أغسل وأنظف طوال اليوم، وبعد نوم سيدات المنزل أتحدث مع أبيك في غرفة المكتب. كنت أحاول أن أتحدث في السياسة. أخبرته ذات يوم بسعادتي لفوز كورازون آكينو[١٥] في الانتخابات الرئاسية، لتصبح أول امرأة تصل إلى الحكم في الفلبين.

اهتم والدك لحديثي بشكل غير عادي، "أوصلتم المرأة إلى الحكم إذن! من فينا سيّد الآخر؟!". لم أفهم ما كان يقصد. حدثني عن حقوق المرأة، فالمرأة في بلاد أبيك ليس لها حق المشاركة في الحياة السياسية."

— ولماذا كان يحدثك بتلك الأمور . . ماما؟

— لأن مجتمعه . . يرفض أفكاره؟ . . ربما!

تصف والدي قائلة:

"كان رجلا مثاليا، والجميع كان يراه كذلك. وكانت والدته تعامله معاملة خاصة، فهو، كما تقول، رجل البيت الوحيد. كان هادئا، قلما يعلو

---

١٤. تأفّف— يتأفّف = to grumble, to groan

١٥. كورازون آكينو: الرئيسة الحادية عشرة لجمهورية الفلبين (المترجم).

صوته. يقضي معظم وقته بين القراءة والكتابة في غرفة المكتب. كانت هذه اهتماماته إلى جانب صيد السمك والسفر بصحبة غسان ووليد، صديقا والدك اللذان كانا يزورانه إما في غرفة المكتب لمناقشة كتاب ما، أو الحديث في الأدب والفن والسياسة، أو في الديوانية الصغيرة في مُلحق[١٦] المنزل إذا ما حضر غسان حاملا معه آلة العود .. كان فنانا .. شاعرا .. حساسا .. رغم أنه كان عسكريا في الجيش.

كانت تايلاند مشهورة في ذلك الزمن بالنسبة للشباب في الكويت. حدثني والدك كثيرا عن سفره إلى هناك، بصحبة صديقيه. نظر إلى عينيّ مباشرة أثناء حديثه عن تايلاند ذات يوم. قال: "تشبهين الفتيات التايلانديات!". هل كنت أشبههن حقيقة؟ أم كان يقصد شيئا آخر؟ لم أكن متأكدة.

كئيب كان منزل السيّدة الكبيرة إذا ما سافر والدك. أعدّ الأيام في انتظار عودته. كنت أشاهده مع أصدقائه يحضرون أدوات الصيد قبل ذهابهم إلى البحر. يغيبون لساعات، في حين كنت أنتظر عودة أبيك".

— أتمنى أن يكون لك أصدقاء مثل غسان ووليد إذا ما عدت إلى الكويت يا هوزيه.

— أخبريني بالمزيد ماما .. ماذا عن جدّتي؟

"كانت السيدة الكبيرة تخشى على والدك من اهتماماته، ولطالما قالت له: "أخشى أن تُغيِّب الكتب عقلك، أو أن يُغيِّب البحر جسدك". كثيرا ما كانت تدخل عليه في غرفة المكتب ترجوه أن يتوقف عن القراءة والكتابة ليهتم بأمور أخرى، ولكنه لم يكن يستمع. كان، إلى جانب عشقه لمكتبته، عاشقا للبحر.

تخشى جدّتك على ولدها كثيرا، فهو ليس ابنها الوحيد فقط، بل إنه آخر الرجال في العائلة، حيث مات أكثرهم في البحر وأصبحت بقية العائلة من النساء".

---

١٦. مُلحَق = annex

تكمل أمي حديثها عن أبي:

"كان والدك الوحيد الذي يكلمني بلطف ما إن أساءت سيدة المنزل معاملتي". قاطعتها خالتي آيدا:

— كل الرجال أوغاد! مهما بدوا عكس ذلك.

ردّت أمي بكلمتين:

— إلا راشد!

تواصل حديثها لي:

"حين لامست يده كتفي ذات مساء في المطبخ، همس في أذني: "لا تغضبي من والدتي، فهي امرأة كبيرة، عصبية المزاج، لا تعني ما تقول"، تمنيت ألا يبعد يده.

ذات يوم، في غرفة المكتب، قلت له بعد أن وضعت القهوة أمامه: سيدي! أحب أن أراك تكتب . .

— ألا تستطيعين مناداتي بغير سيّدي؟

لم أتخيل في يوم أن أناديه باسمه، راشد، هكذا، كما تناديه أمه وأخواته.

— ثم ألا تحبين شيئا آخر غير رؤيتي وأنا أكتب؟

سألت مرتبكة:

— شيء آخر؟

— شيء . . أو . . شخص . . ربما . .

كنت أحبه. ولأنني كنت على يقين[١٧] بأنه لم ولن يقع في حبي، فقد اكتفيت بمحبتي له مقابل اهتمامه ولطفه.

كان لوالدك، قبل مجيئي للعمل في منزلهم، تجربة حب. كان على علاقة بفتاة منذ أيام دراسته في الجامعة. أراد الزواج بها ولكن، لأسباب أجهلها، وقفت السيّدة الكبيرة في وجه هذا الزواج، فالحب وحده لا يكفي لأن تتزوج بفتاة أحلامك. قبل أن تقع في الحب، كما فهمت من راشد، يجب أن تختار

١٧. على يقين = certain

الفتاة التي سوف تقع في حبها. لا مكان للصدفة في ذلك. يبدو أن بعض الأسماء تسبّب العار[١٨] للبعض الآخر، هذا ما جعل السيّدة الكبيرة ترفض فكرة هذا الزواج عندما علمت بالاسم الأخير للفتاة. منعت السيدة الكبيرة أباك من الزواج، وبعد فترة، تزوجت الفتاة برجل آخر".

* * *

١٨. عار = shame

(6)

عندما شبّه والدي أمي بفتيات تايلاند، كان يقصد شيئا ما. لم تخبرني أمي بكل القصة ، ولكن لا بد أنه كان واضحا في رغبته عندما أجابته: "سيّدي . . تركتُ بلادي هربا من أمور كهذه!". وفي يوم من الأيام سألها: "نتزوج؟".

كان يوما من أيام صيف 1987، أي بعد عامين من وجود والدتي هنا. وكان أفراد البيت، الذي كانت تعمل فيه كخادمة، يقضون عطلات نهاية الأسبوع في شاليههم الخاص في إحدى المناطق الساحلية جنوب الكويت.

ذهبت جدّتي وعماتي بصحبة السائق الهندي وذهب والدي بسيارته مصطحبا الطباخ والخادمة. ولكنه لم يذهب إلى الشاليه مباشرة. توقف بسيارته أمام أحد البيوت القديمة في إحدى المناطق التي لا تبعد كثيرا عن منطقة الشاليه. نزل هو وأمي في حين بقي الطباخ داخل السيارة.

"كان بيتا قديما"، تقول أمي. "كان الرجل بانتظارنا. يبدو عربيا، له لحية طويلة، يرتدي الثوب العربي. نادى الرجل على رجلين آخرين من سكان البيت. لم نبق طويلا. جلسنا أمام الرجل الذي بدأ يتحدّث مع والدك بالعربية. سألني: "هل أنت متزوجة؟". قلت "لا". سألني ثانية: "هل تقبلين راشد زوجا؟".

كتب ورقة بعد موافقتنا. وقّعنا عليها أنا وراشد، ثم قام الرجلان بالتوقيع أيضا . . ثم: "مبروك!".

أثناء عودتنا إلى السيارة سألته: "أبهذا فقط نصبح زوجين؟". أكّد لي: "الأمر بسيط". كنت مترددة، لم أشعر بشيء مختلف تجاه والدك، قبل أن ننزل من السيارة كان سيّدي، وأثناء عودتنا كان لا يزال كذلك. سألته ثانية: "هل أنت متأكد؟". أخرج الورقة من جيبه: "هذه تؤكد . .". مدّ إليّ بالورقة: "يمكنكِ الاحتفاظ بها". سألته عن السيّدة الكبيرة والفتيات. أجاب دون اهتمام: "كل شيء في وقته".

* * *

في اليوم نفسه كان لقاؤهما بموعد حدده والدي. بعد منتصف الليل، ذهبت جدّتي وعماتي إلى النوم. خرجت أمي إلى رمال الشاطئ الباردة.

— جوزافين!

جاءها صوت والدي هامسا. كان ينزل المركب إلى الماء.

— سيّدي . .

— لا تناديني بـ "سيدي"!

أشار لها بيده:

— اقتربي. كي لا أرفع صوتي.

اقتربت والدتي. وقفت قريبا منه إلى أن انتهى من إنزال المركب. قفز والدي إلى المركب.

— هل نام الجميع؟

— منذ قليل.

مدّ لها يده:

— تعالي.

ارتبكت[١٩]. سألته:

— إلى أين؟

أشار إلى نقطة حمراء في وسط البحر.

— قريبا من هناك. لن نتأخر. ساعة . . ساعتان على الأكثر.

— ولكن يا سيّدي . .

— لأنك تصرين على مناداتي سيّدي . . فأنا، سيّدك، آمرك بالمجيء!

تقدّمت والدتي مترددة إلى حيث المركب. وضعت قدميها في الماء الذي أخذ يرتفع حتى منتصف جسدها. أمسكت بيد والدي وحملها إلى المركب.

أبعد المركب عن الشاطيء، ثم . .

١٩. ارتبك — يرتبك = to be/get confused

هناك، بعيدا عن الشاطئ، قريبا من الضوء الأحمر، كنت أنا في الرحيل الأول، تاركا جسد والدي، مستقرا في أعماق والدتي.

* * *

(7)

مع مرور الأشهر، بدأت بطن والدتي تكبر. لم تستطع أن تخفيها طويلا تحت ملابسها. أخفت الأمر عن والدي في البدء. "كان زواجنا غريبا، لا يبدو حقيقيا، كان سيدي لا يزال، رغم كل ما حدث بيننا. خفت من أن يطلب مني إسقاطك إذا علم بالأمر"، تقول أمي. وكما فعلت خالتي آيدا، أخبرت والدي بحملها عندما أصبح إسقاطي أمرا مستحيلا.

لم يصدّق والدي في البداية. ارتبك حين أصبح الأمر جديا. عنّفها لصمتها طيلة هذه المدة. تقول: "في ذلك الوقت فقط اكتشفت أنه لم يكن زواجا حقيقيا". تحدث عن الإجهاض. ولما كان الوقت متأخرا وعدها بأنه سيتصرّف[٢٠] في الوقت المناسب.

لم يكن من الصعوبة اكتشاف الأمر، خصوصا إذا كانت سيّدة البيت هي جدّتي. "من الفاعل؟" فاجأتها بالسؤال عندما كانت في المطبخ، بحضور الطبّاخ الهندي، بانتظار أن تعترف الخادمة بفعلتها معه. انفجرت والدتي باكية، وسقط الطبّاخ على ركبتيه يقبل يدي جدتي مؤكدا لها أنه لم يقترب من جوزافين. سمع والدي صراخ جدّتي في المطبخ. ترك غرفة المكتب متجها إلى حيث الصراخ والبكاء. خرج الطبّاخ بإشارة من والدي. التفت إلى جدّتي يجيبها: "أنا".

— أنت .. نعم. رجل البيت. أنت من سيتصرَّف مع ذلك الحقير. أليس كذلك؟

كانت على يقين أن الطبّاخ هو الفاعل. أوضح لها:

— أنا من فعلها .. أمي ..

ضربت صدرها بكفّها كأنها تعيد قلبها، الذي أوشك على السقوط، إلى مكانه. قالت:

---

٢٠. تصّرف — يتصّرف = take care of something

— تُسافر!

ببرود أجابها أبي:

— بعض الأفعال لا عودة فيها.

كانت السيدة الكبيرة في حالة صدمة[٢١]. جلست إلى كرسي وقالت:

— كلامك هذا اكتبه لقرّائك المجانين . . ليس لي!

كانت المرة الأولى التي يرفع فيها والدي صوته، وأمام من؟ جدّتي!

— أخطأت مرة، ولا أريد أن أخطئ ثانية بترك ابني.

تجمعت عمّاتي الثلاث عند باب المطبخ بعد أن تعالت الأصوات.

قالت جدّتي:

— جوزافين . . السافلة . . تسافر في الغد.

— نعم نعم . . سيّدتي . . أسافر في الغد.

أسكتها والدي بإشارة من يده. وجّه حديثه لجدّتي:

— لن تسافر وهي تحمل قطعة مني.

وقفت جدتي بصعوبة وقالت:

— فتاة الجامعة . . تلك التي . . أخطبها لك . . يوم غد لو أحببت.

هزّ والدي رأسه:

— أصبح ذلك متأخرا يا أمي.

صرخت جدّتي باكية:

— هذه مصيبة! هذه فضيحة! أخواتك يا أناني! يا حقير! من سيتزوجهن بعد فعلتك؟!

— . . . .

— اخرج من بيتي . . خذ هذه السافلة . . وكتب المجانين التي أفسدت عقلك!

---

٢١. صدمة = shock

ذلك الأسبوع سألت والدتي أبي عما حدث في المطبخ في ذلك اليوم: "لماذا كانت تشير نحو أخواتك الثلاث؟" . . "كانت تتكلم عن الكتب . . ماذا كانت تقول؟" . .

تقول والدتي: "ترجم لي والدك ما حدث لكي أفهم. بكيتُ . . بكيتُ على والدك كثيرا يا هوزيه".

وبكت والدتي لأن والدي لم يواجه جدتي بزواجه منها.

*   *   *

(8)

في شقّة صغيرة سكن الاثنان. لا يزورهما سوى غسان ووليد، اللذين شهدا[٢٢] على زواجهما الرسمي بعد انتقالهما إلى سكنهما الجديد.

ذات يوم، في إحدى جلساتنا، أمي وآيدا وأنا، من حقيبة أوراقها الخاصة— التي هي معي الآن— ومن بين رسائل والدي، أمسكت والدتي بعقد[٢٣] زواجهما الرسمي.

ثم أخرجت من الحقيبة صورتين، الأولى لوالدي، يبدو مضحكا فيها، نحيفا جدا، بشارب، يلبس ثوبا أبيض، وعلى رأسه طاقية بيضاء كتلك التي يلبسها المسلمون في كويابو[٢٤] والحيّ الصيني. لا أدري كيف كان أبي وسيما في عينيّ أمي! أما الصورة الثانية فكانت لشابين على مركب: "هذا غسان، وهذا وليد".

— كان وليد مجنونا . . بعكس راشد وغسان . . يحب سباقات السيارات والدراجات النارية . . يعشق السفر بالرغم من فوبيا الطيران.

انقطع والدي عن منزل جدّتي طوال فترة حمل والدتي، بالرغم من أنه كان يشتاق إليها. لم يزُرها في تلك الأثناء أبدا، ربما خجلا، ولكنه حاول الاتصال بها. أخواته كنّ يخبرنه بأنها لا تريد سماع صوته، وفي المقابل، لم تحاول واحدة منهن أن تتواصل معه بأي شكل من الأشكال.

كان والدي على يقين أن مجيئي إلى هذا العالم سيغيّر جدّتي. وأنها ستأخذني إلى حضنها ما إن تراني. كان قد قرّر تسميتي عيسى، كإسم أبيه، إذا ما جئت ولدا، أو غنيمة، كإسم أمه، إذا ما جئت بنتا.

---

٢٢. شهد— يشهد = to witness

٢٣. عَقد = contract

٢٤. Quiapo: وسط المدينة القديمة. إحدى مناطق مانيلا التي غالبية سكانها من المسلمين، حيث يوجد المسجد الذهبي والمسجد الأخضر (المترجم).

لم تندم أمي على شيء في حياتها، بما في ذلك زواجها من والدي وحملها
بي. كانت ولا تزال تؤمن بفلسفتها الخاصة: "كل شيء يحدث بسبب
ولسبب". وفي مستشفى الولادة، يوم الأحد الثالث من أبريل 1988، قالت
الطبيبة لأبي: "أنجبت زوجتك ولدا. وهما بصحة جيّدة".

حملني والدي بين يديه، وأخذ ينظر في وجهي طويلا. "علّه كان يبحث
عن شيء واحد فقط يشبهه"، تقول والدتي. ولكنه لم يجد شيئا. كانت ملامحي
فلبينية.

فور خروجنا من المستشفى، أبي وأمي وأنا، قاد أبي سيارته متجها إلى
بيت جدّتي. وعند وصولنا إلى هناك، طلب أبي من أمي أن تبقى في السيارة،
فقد لا تتقبل جدّتي رؤيتها في ذلك الوقت، وقد يكون الحفيد، الذي هو أنا،
سببا في قبول جدّتي لأمي مع مرور الزمن. انتظرت أمّي في السيارة في حين
ذهبت أنا محمولا بين يديّ أبي إلى جدّتي.

بعد دقائق، خرج أبي حاملا إياي بين يديه ماشيا نحو السيارة، وصامتا.

"تغيّر مزاج والدك بعد زيارته لمنزل السيّدة الكبيرة. أصبح قليل الكلام، دائم
التفكير. يقضي وقتا أطول بين القراءة والكتابة.

بعد يومين من مولدك، سافر غسان ووليد، وليتهما لم يفعلا!
انشغل الناس في الكويت، آنذاك، بخبر اختطاف طائرة كويتية إلى
تايلاند. غسان ووليد كانا من ركاب هذه الرحلة. جُنّ والدك. التصق أمام
شاشة التلفاز، لا يتركها إلا لقراءة الصحف أو لمهاتفة بقية الأصدقاء باحثا عن
أي خبر جديد. ساءت الأوضاع بمقتل اثنين من ركاب الطائرة .. بكى والدك
أمام شاشة التلفاز أمام منظر إلقاء أحد الركاب من باب الطائرة في مطار
لارنكا.

وصل، بعد ذلك، خبر وفاة كويتي ثالث. ومن خلال أحد أصدقائه
العاملين في الصحافة والتلفزيون علم راشد أنّ أحد ركاب الطائرة توفي
بالسكتة القلبية مع عدم وجود طبيب.

فوبيا الطيران قتلت وليد. دخل والدك في حالة بكاء، وبكيت أنا حال زوجي وصديقه، من دون أن أملك فعل شيء آخر.

بعد حادثة وليد، استجابت السيّدة الكبيرة، لأول مرة، لاتصال والدك:

— لم أكن راغبة بالرد، ولكن، يجب أن تعلم أنها اللعنة. انظر ماذا حدث لصديقك بعد ولادة ذلك الشيء. إنه، مثل أمه، لعنة.

كان أبي يبكي في صمت.

— اتركهما وانظر كيف ستدخل البركة إلى حياتك .. ثم عد إلى بيتك، وستجدني أستقبلك مرة أخرى بقلب الأم".

استخرج أبي شهادة ميلاد لي باسم عيسى، ثم حجز لنا مقعد طيران يأخذنا إلى مانيلا.

وبعد أيام، كان الرحيل الثاني، ولكن، هذه المرة .. كان رحيلا من بلد والدي إلى بلد والدتي.

* * *

إن الذي لا يستطيع النظر وراءه، إلى المكان
الذي جاء منه، سوف لن يصل إلى وجهته أبدا
خوسيه ريزال

الفصل الثاني

عيسى .. بعد الميلاد

(1)

من الكويت، سافرنا إلى الفلبين، لنعيش في أرض جدّي ميندوزا، لأصبح أنا هوزيه ميندوزا. وميندوزا هو الاسم الأخير لجدّي، ولكن الناس اعتادت مناداته بهذا الاسم.

نشأت في مدينة فالنسويللا، شمال مانيلا، في أرض يقوم عليها منزلان صغيران،أحدهما، الكبير مقارنة مع الآخر، يتكون من طابقين، كان سكنا لنا . . والدتي وأنا، خالتي آيدا وميرلا، خالي بيدرو وزوجته وأبناؤه. أما المنزل الآخر، صغير جدا، يفصل بينه وبين الأول مجرى ماء، كان سكنا لجدّي ميندوزا. لم يكن مجرى الماء الفاصل بين المنزلين يحمل ماء من النهر، بل من المجاري، ما يجعل رائحة المكان، في الأيام الرطبة، كريهة.

في أرضنا الصغيرة، بعيدا عن المنزلين، أسفل شجرة مانجو عملاقة، منزل صغير جدا، مصنوع من سيقان البامبو، بناه جدّي قبل سنوات طويلة لامرأة وحيدة تُسمّى تشولينغ، فقيرة، ولم نكن نعرف من أين جاءت. لم تكن تعرف سكنا قبل ذلك سوى الشارع. لا نعرف عنها شيئا سوى اسمها . . تشولينغ . . والذي نسبقه بـ إينانغ[١] احترامًا لسنّها. كانت عجوزا كبيرة في السن. تُرعب أطفال الحيّ بمنظرها. لها شاربا، ويغطي الشعر الأبيض في رأسها أجزاء متفرقة. تخيّل أطفال الحيّ أساطير مُرعبة عنها، جعلت المرور أمام منزلها، خاصة بعد الغروب، مستحيلا. فـ إينانغ تشولينغ كانت آكلة الأطفال، الساحرة[٢] التي لا تموت.

حول البيوت الثلاثة، أشجار كثيرة، كالمانجو والموز والپاپايا والجاكفروت، ومن حولها أشجار البامبو وكأنها سور لأرض ميندوزا.

كانت عائلتي، قبل عودة أمي، قد تحسّن وضعها المالي قليلا. وكان من الممكن أن تعيش بحال أفضل لولا جنون جدّي ميندوزا وإدمانه المراهنات

١. Inang: إينانغ لقب يستخدمه البسطاء لمخاطبة كبيرات السن يعني الأم (المترجم).
٢. ساحرة = witch

على مصارعة الديوك. كان جدّي وخالتي آيدا وميرلا، بل وحتى خالي بيدرو وعائلته، يعيشون مما ترسله والدتي من مال نهاية كل شهر عندما كانت تعمل خادمة، وقد تحسّن الوضع كثيرا، ما ساعد على شراء ثلاجة، وإن كانت، في معظم الوقت، خالية من الأطعمة.

تقول والدتي، كما أخبرها بيدرو: "ليتك كنتِ هنا! كان استقبال الثلاجة في البيت عظيم! وكأننا في ميناء نستقبل سفينة حربية عادت من الحرب مُنتصرة. اجتمع الجيران، الرجال والنساء وأطفالهم، حول البيت يشاهدون الثلاجة محمولة بين أيدي العمّال، يسيرون بها من سيّارة الشركة إلى داخل البيت. كان شعورا رائعا يا جوزافين!".

بعد أسابيع قليلة من وصول الثلاجة، أصبح للعائلة مصدر دخل جديد. اتفق الجيران مع خالتي آيدا على تخزين أطعمتهم، في ثلاجتنا، مقابل جزء صغير من الطعام يأكله أفراد العائلة. وهكذا دخلت أنواع مختلفة من الأطعمة إلى الثلاجة بعد أن كانت تستخدم في معظم الأوقات لتبريد الماء.

*   *   *

(2)

كنت معلّقا إلى ظهر والدتي حين فَتَحَتْ باب المنزل. وكان جدّي ميندوزا، كما هي عادته في فترة الظهيرة، نائما على الأريكة في صالون المنزل.

دفعت والدتي الباب. "بقيت واقفة. جدّك أمامي، وباب المنزل خلف ظهري .. لم أكن راغبة في الذهاب إلى غرفتي قبل أن آخذ الشتائم وربما .. الضرب!

— أبي!

لم يستيقظ.

— أبي!

فتح إحدى عينيه، ثم جلس ..

— جوزافين!

قال مبتسما ..

"لو كان يعلم بما أحمل على ظهري!" قلت في نفسي.

ثم جاءنا صوت بيدرو من الخارج يسأل: "حقيبة من هذه؟"

دفع بيدرو الباب ودخل حاملا حقيبتي التي كنت قد تركتها عند الباب قبل دخولي. وقف عند الباب، ثم شاهدك، محمولا على ظهري.

— من هذا!؟

انفجر والدي ضاحكا، في حين كان لا يزال يجلس على أريكته أمامي.

قال لـ بيدرو:

— هذه جوزافين يا غبي!

تقدّم بيدرو إلى أن أصبح أمامي، بيني وبين جدّك:

— أعني .. ذلك الذي تحمله على ظهرها!

ترك والدي أريكته وقد تغيرت ملامحه. تقدّم نحوي فاتحا عينيه. بقيت
كما أنا من دون حراك. جاهزة لضربة تأتيني من الخلف. وقف ورائي وهمس
في أذني:

— مزيدا من مجهولي الآباء!

شدّ شعري إلى الوراء. وانفجرتَ أنتَ باكيا.

— ليس مجهولا . . والده هو . . زوجي . .

شدّ شعري أكثر، ثم صرخ في بيدرو:

— أنت! اغلق الباب بسرعة!"

*   *   *

(3)

تغيّرت معاملة جدّي لوالدتي منذ ذلك اليوم. رغم غضبه، أظهر لها احتراما جديدا. وعلى الرغم من عودتها تحمل طفلا فإنها كانت متزوجة. كانت أمي هي الأقرب بالنسبة إليه وكانت تعتني به³، تحضّر له الطعام وتنظف بيته الصغير.

تقول أمي: "حاولتُ أن أتعايش مع جدّك، كما كانت جدّتك تفعل. فهو عصبي المزاج لأنه كان عسكريا، وقد مر بظروف قاسية في شبابه. إدمانه على مراهنات مصارعة الديوك شكل من أشكال التنفيس عن الغضب من ماضيه".

أمي هي الوحيدة التي عرفت كيف تتعامل مع جدّي، فالتعامل مع ميندوزا يعني أن تتعامل مع رجال عدة، لكل منهم أسلوبه وتفكيره.

ميندوزا، شخصية لم أفهمها أبدا. لا أعرف شخصيته الحقيقية بين تلك الشخصيات. تقول والدتي: "إذا رأيت رجلا بأكثر من شخصية، فاعلم أنه يبحث عن نفسه، لأنه بلا شخصية!". أظنها مخطئة، لأن ميندوزا، على كثرة شخصياته، كان يملك شخصية حقيقية لا يكشفها سوى الـ توبا⁴ إذا ما شربه ليلا، وهو يحاول، بتلك الشخصيات، إخفاء شخصيته الحقيقية. كان يبكي إذا ما بدأ الشراب بفعله، "أنا ضعيف .. أنا وحيد ..". كنت أستمع إلى هذيانه ليلا.

في عام 1966 التحق جدّي بالجيش الفلبيني المتحالف، آنذاك، مع كوريا الجنوبية وتايلاند وأستراليا ونيوزيلاندا بقيادة الولايات المتحدة ضد فيتنام الشمالية، في حرب فيتنام. كان يشارك في الخدمات الطبية والمدنية هناك. تقول والدتي: "في جبال فيتنام، ماتت إنسانية أبي. لم يخبرنا بما رأى أبدا، ولكن، لا بد أنه مرّ بما لا يمكن وصفه، ليعود قبل انتهاء الحرب بهذه

---

٣. اعتنى بـ — يعتني بـ = to take care of

٤. شراب كحولي محلّي يتم تحضيره من جوز الهند (المترجم).

الصورة التي تراه عليها". عندما كبرت، كنت أكره جدّي بشكل فظيع وأتمنى له الموت رغم ما تقوله أمي.

عاد جدّي إلى منزله في عام 1973 وهو لا يملك سوى ذكريات نجهلها، وراتبا شهريا خصصته له الحكومة الأمريكية. وكان هذا المبلغ يعني شراء ديك مصارعة جديد كل شهر، إما أن يُقتل، وهو ما يعني خسارة راتب شهر، وإما أن يفوز، ليربح جدّي الرهان، ويشتري بثمن الربح ديكا آخر. كانت الفائدة الوحيدة في حال فوز ديك جدّي هو عودته إلى البيت حاملا ثلاثة ديوك: الديك الرابح .. الديك الجديد .. والديك الخاسر، والذي عادة ما يكون ميتا أو يوشك أن يموت، ليكون عشاء للعائلة الجائعة.

* * *

(4)

لم تهتم والدتي بتربيتي الدينية. كانت على يقين بأن الإسلام ينتظرني مستقبلا في بلاد أبي. ورغم أن أبي همس بنداء صلاة المسلمين في أذني اليمنى عند ولادتي، فإن ذلك لم يمنع والدتي، فور وصولنا، من أن تحملني إلى كنيسة الحيّ لتعميدي مسيحيا كاثوليكيا.

لو أنهما اتفقا على شيء واحد .. شيء واحد فقط .. بدلا من أن يتركاني وحيدا أبحث عن هوية واضحة .. اسم واحد .. وطن واحد، أرسم على أشجاره وشوارعه ذكرياتي.

لو وُلدتُ لأب وأم كويتيين، مسلما، أسكن في بيت كبير. أستيقظ صباح كل يوم لأذهب إلى عملي، لابسا تلك الثياب البيضاء مع غطاء الرأس التقليدي، دون أن أظهر بصورة الكومبارس الذين يقومون بأدوار العرب في أفلام هوليوود. أجلس في المقاهي والمطاعم الفخمة دون أن ينتقد البعض وجودي في مثل هذه الأماكن. أذهب إلى المسجد يوم الجمعة وأفهم ما يقوله الإمام، بدلا من أن أكرر كالببغاء: آمين .. آمين .. آمين.

أو ..

لو وُلدتُ لأب وأم فلبينيين. أعيش مسيحيا، ميسور الحال، مع عائلتي في مانيلا، أعيش في زحمة الناس. أو مسلما فقيرا أعيش جنوب مندناو. أو بوذيا من أصول صينية، أعمل مع والديّ في أحد متاجر الحيّ الصيني في مانيلا، أضع البخور كل صباح أمام تمثال بوذا. أو لو وُلدتُ ميستيزو[٥] لأصبح نجما سينيمائيا .. أو مغنيا مشهورا.

لو كنت شيئا .. أي شيء .. واضح الهوية .. لو .. لو .. لو ..

---

٥. ميستيزو (المؤنث ميستيزا) هو من تختلط أصوله الفلبينية بالأوروبية، وعادة ما تعود هذه الأصول إلى إسبانيا وفترة الاحتلال الإسباني حين اختلط الآسيويون بالبيض. ويشتهر الميستيزو/الميستيزا عادة بالجمال وطول القامة (المترجم).

أي تيه[6] هذا الذي أنا فيه؟

وهل التعميد يجعلني مسيحيا؟

وماذا عن رغبتي الدائمة في التوحّد مع الطبيعة والأشجار في أرض جدّي ميندوزا. هل أكون بوذيا من دون أن أعلم؟ وماذا عن إيماني بوجود إله واحد لا يشاركه أحد؟ أمسلم أنا من دون اختيار؟

ماذا أكون؟

إنه قدري[7]، أن أقضي عمري باحثا عن اسم ودين ووطن.

* * *

٦. تيه = labyrinth

٧. قدَر = destiny

(5)

لم تكن علاقتي بالكنيسة في بلاد أمي قوية، فزياراتي لها قليلة جدا. كنت في التاسعة حين زارنا في المدرسة قس الكنيسة للإعتراف الأول. وقفنا خارج الفصل، وبقي القس في الداخل يستقبل الطالب وراء الآخر يستمع إلى ذنوبنا[٨] الصغيرة التي كانت بعمرنا، صغيرة، لا تزيد عن "كذبت على المدرّسة . . سرقت قلما أو لعبة من . ."، ولكن ذنبي كان مختلفا. كنت أراه بعمر . . إينانغ تشولينغ!

إينانغ تشولينغ، جارتنا العجوز، مرعبة أطفال الحيّ، التي يقع منزلها الصغير في أرض جدّي، تحت شجرة المانجو العملاقة. وحيدة كانت، بلا زوج أو أولاد. لم أشاهدها خارج منزلها الصغير قط. كل ما كنت أشاهده منها هو نصفها العلوي حين تظهر من خلف باب بيتها تبحث عن طبق الطعام اليومي. كانت والدتي تقوم بتنظيف بيتها كل أسبوع. أما نساء الحيّ الأخريات فقد كنّ يضعن لها أطباق الطعام صباحا ومساء كل يوم عند باب منزلها. كنت في السابعة من عمري حين مررت أمام منزل إينانغ تشولينغ، ذات يوم، متجها إلى بيتنا عائدا من المدرسة جائعا جدا. شاهدت إحدى نساء الحيّ أمام منزل إينانغ تشولينغ تضع الطبق اليومي على الأرض. عادة كان طبقا من الرز الأبيض، أو الفواكه، أو الموز المقلي، ولكن في ذلك اليوم رأيت نصف دجاجة في طبق إينانغ تشولينغ أسفل الباب. كنت أحدق في الطبق، والصمت يملأ المكان. نظرت حولي مترددا "هل أفعل؟" . .

نظرت إلى بابها الخشبي . .

"ماذا لو ظهرت فجأة وأخذتني إلى الداخل؟" . .

بدأت أتوتّر.

"سوف أجري قبل أن تمسك بي" . .

---

٨. ذنب— ذنوب = sin or guilt

تقدّمت خطوة ..

"ماذا لو ماتت جوعا؟"

نظرت إلى الطبق أسفل الباب ..

"تبدو لذيذة .."

من مكان قريب .. وصلني نباح كلب .. لا بد أن يكون وايتي ..

"سوف يسبقني إليها الكلب إن لم .."

تقدّمت خطوة، تدفعني خشيتي من أن يسبقني الكلب .. ثم أوقفني خوفي من أن تأخذني إينانغ تشولينغ للداخل .. دفعني جوعي إلى الأمام خطوة أخرى .. توقفت خوفا من أن تموت العجوز جوعا .. ثم .. ارتفع نباح الكلب .. اقترَب .. قفزت إلى باب إينانغ تشولينغ وأمسكت نصف الدجاجة التي في الطبق ثم جريت بعيدا.

في الفصل، بعد عامين من حادثة إينانغ تشولينغ، اعترفت للقس بسرقتي طعام العجوز، رغم أني لم آكله، فقد كان سقط على الأرض وأنا أجري.

* * *

45

(6)

لم تتوقف أمي عن الحديث حول أبي والكويت، والحياة التي تنتظرني. كنت لا أتصور نفسي في مكان غير أرض جدّي ميندوزا. لم أكن أحب سماع اسم راشد. ولكن، مع صعوبة الحياة، والصورة التي كانت ترسمها لي أمي عن الجنة التي تنتظرني، أصبحت أنتظر ذلك اليوم الذي سأصبح فيه غنيا قادرا على الحصول على ما أريد. كنت إذا ما شاهدت إعلانا لسيّارة فاخرة، تقول والدتي: "ستحصل على واحدة مثلها يوما ما . . إذا ما عدتَ إلى الكويت"، وإذا ما أشرتُ نحو شيء في السوق لا تستطيع أمي شراءه، تقول: "في الكويت . . هناك . . سيشتري لك راشد واحدا مثله". كنت أتخيّلني مثل آليس، أتبع وعود أمي بدلا من الأرنب، لأسقط في حفرة تأخذني إلى الكويت . . بلاد العجائب . . أقنعتني أمي أننا نعيش في الجحيم، وأن الكويت هي الجنة.

كنت قد تعلمت القراءة بالإنكليزية. ذات يوم طلبت منّي أمّي قراءة رسالة كان قد أرسلها والدي إليها بعد تركنا للكويت. كنت في شهري الرابع آنذاك.

يقول والدي في رسالته:

العزيزة جوزافين،،

لقد مر على رحيلك ثلاثة أشهر، ولم تسألي، حتى الآن، عن سبب تركي لكما، أنتِ وعيسى.

قلت لأمي متأففا:

— أكره اسم عيسى . .

— ولكن اسم عيسى جميل. هو اسم اليسوع بالعربية . . إن كنت ستختار دين أمك فإن عيسى هو ابن الرب . . وإن كنت ستختار دين أبيك فإنه نبيّ مرسل من عند الله . . في الحالتين يجب أن تفتخر باسمك.

لم أرد. ابتسمت أمي:

— واصل القراءة يا هوزيه . .

وأعرف أنكِ لن تسألي، وأنتِ التي كنتِ دائمة القول: كل شيء يحدث بسبب ولسبب، ولست ممن يبحث عن تفسيرات.

نعرف، أنا وأنت، أن زواجنا ونتيجة أفعالنا، في ليلتنا المجنونة على ذلك المركب، كان تصرفا مجنونا.

رفعت نظري إلى وجه أمي:

— ماذا حدث على المركب . . ماما؟

— في يوم ما . . ستعرف . .

ولهذا السبب قبلنا بنتائجه بداية. أما بعد ذلك . . أعترف بأنني لم أستطع.

كنت على يقين أن عيسى سيغير قلب والدتي الغاضبة.

في ذلك المساء، فور خروجنا من المستشفى وفور دخولي المنزل كانت رائحة البخور أول ما استقبلني. هل كان ذلك البخور احتفالا؟ كنت أتساءل. كانت أنوار البيت مُضاءة بالكامل، وهذا لا يحدث إلا في المناسبات الخاصة. توجهت نحو السُلّم. ورأيت والدتي عند الدرجة الأخيرة، في الأعلى.

تردَدَت في النزول. تقدّمتُ إليها وقبّلتُ يدها وجبينها، مددت يديّ إليها حاملا صغيري. قلت: "عيسى".

حملته بين ذراعيها، ونزلت به تحدق في وجهه الصغير تكاد تبكي. جلسَت إلى أريكة في الأسفل. انفجر عيسى باكيا بين ذراعيها، قرّبته أمي إلى صدرها، ثم بكت كما لم أرها تبكي من قبل سوى عند سماعها خبر وفاة والدي قبل سنوات. نزلت الدموع من عينيّ وأنا أشاهد أمي وولدي في

البيت الذي فيه نشأتُ، وسط الأنوار ورائحة البخور. حرّكت الرائحة السؤال في رأسي، لماذا البخور؟ أهو إحساسها بأنه سيحدث في هذا اليوم؟

فجأة سمعتُ صوت جرس المنزل. أتت الخادمة: "سيّدتي، أربع نساء في الخارج يسألن عنكِ". دفعت أمي الصغير إليّ وكأنه قنبلة توشك أن تنفجر: "الخاطبات .. الخاطبات .. ". مسحت دموعها، ثم وقفت ومن دون أن تنظر إليّ، أشارت إلى الباب الخلفي: "خذ ابنك واخرج من هنا .."

— أمي!

رفعتُ صوتي. "أمي .. أرجوكِ .. ". تقدّمتْ نحو الباب الخلفي. فتحته وقالت: "اخرج .. الآن!"، ثم أشارت نحو الصغير: "ولا تحضر هذا الشيء إلى هنا!".

خرجتُ، حاملا لعنة عيسى، من الباب الخلفي، لتدخل البركة إلى البيت من بابه الرئيسي. كانت أمي على موعد لاستقبال أهل خطيب عواطف، أختي الكبرى.

جوزافين،،

الأمر أكبر مما كنت أتصور. لن أستمر في لعبة لست أعرف قوانينها. أنهيت الطلاق قبل كتابة هذه الرسالة بساعات قليلة. صدقيني هذا أفضل لي ولكِ. أما بخصوص عيسى، فأعدك بأني لن أتركه. سأرسل له ما يحتاجه من مال في نهاية كل شهر، إلى أن يأتي اليوم الذي يعود إلى هنا. أعدك بأني سأفعل، في الوقت المناسب.

راشد

الكويت سبتمبر *1988*

— لماذا تكرهني جدّتي .. ماما؟

— حتى الأنبياء، كما يقول اليسوع، غرباء بين أهلهم.

— وهل أنا نبيّ؟!

— الله وحده يعلم ..

تملّكني الخوف.

— ماما! وإذا كبرت وذهبت إلى بلاد أبي نبيّا .. ألا يصلبونني هناك؟

— إن من صُلب هو ابن الرب .. لا تخف .. لن يصلبوك وأنت ابن راشد.

كان لا يزال راشد يمثل لها شيئا كبيرا.

*   *   *

(7)

كانت تقول والدتي: "ما أحببت أحدا مثل أبيك"، ولكن، رغم ذلك الحب، تزوجت والدتي بعد حوالي سنتين من ألبيرتو. كان يكبرها بحوالي عشر سنوات، يسكن في حيّنا، يعمل على ظهر سفينة في المحيط ثمانية أشهر، ويقضي معها بقية شهور السنة في بيته الصغير القريب من أرض جدّي. عاشت والدتي حياة أفضل مع زوجها الجديد، وتركتني، أثناء وجوده في الفلبين، مع خالتي آيدا. كانت والدتي ستعود للعمل خادمة مرة أخرى في الخليج، ولكنها تراجعت عن الفكرة بعد ما قاله والدي.

يقول في رسالة أرسلها بعد سنتين من سفرنا:

العزيزة جوزافين،،

كيف أنتِ؟ وكيف هو عيسى؟

وصلتني رسالتك الأخيرة، وقرأت ما جاء فيها. أرجو ألا يشغلك زواجك عن تربية الصغير، كما أتمنى أن تغيري فكرتك عن السفر للعمل في الخارج مرة أخرى. سأرسل لكِ ما تحتاجينه من مال. فقط ابقِ إلى جانب عيسى، لا أريده أن يكبر بعيدا عن أمه.

بعد أيام قليلة، سأتزوج من فتاة طيبة، إيمان، تحبني كثيرا، وهي قارئة جيدة لما أكتب. أخبرتها بشأن ابننا، ولم تعارض حين أخبرتها أنه سيعود ليعيش معي بعد أن تتزوج أخواتي الثلاث. ستنتقل للعيش معي في منزل والدتي، إلى أن تتحسن الظروف وننتقل للعيش في منزل جديد أكوّن فيه أسرتي الجديدة.

كونا دائما، أنتِ وعيسى، بخير،،

راشد

الكويت مايو 1990

انقطعت بعد ذلك رسائل أبي وحوالاته المالية بسبب حرب الخليج الثانية.

*   *   *

(8)

أصبح جدّي يكرهني. لم يعد يُخفي مشاعره تجاهي بعد انقطاع حوالات أبي المالية. "لا أريد لهذا الصبي أن يبقى هنا"، يقول لأمي. ولكن آيدا ترد: "سأعتني، أنا، به". يصمت جدّي.

وبالرغم من ذلك، كان لدى جدّي أمل صغير في أن تنتهي الحرب سريعا، ليعاود أبي إرسال المال لنا كل شهر.

* * *

(9)

انتهت الحرب في بلاد أبي في فبراير 1991، وبالرغم من انتهائها لم تصلنا منه أي رسالة. اتصلت والدتي بمنزل جدّتي مرات عدة، ولكنها لم تكن تحصل على شيء سوى الشتائم والصراخ. سألت ممن يعملن في الكويت عن أخبار أبي، ولكن خبرا واحدا عنه لم يصلها. سألت عنه في سفارة بلده في مانيلا، ولكن العاملين فيها لا يساعدون. انتظرت طويلا، ولكنه كان قد اختفى.

كانت خالتي آيدا تقول:

— هم هكذا الرجال . . كلهم أوغاد!

منذ ذلك اليوم أصبحت والدتي ترد بعبارتها الشهيرة: "إلا راشد".

مرت الأيام، ولم تفقد أمي إيمانها بعودتي يوما إلى بلاد أبي، وإن لم تصلها رسالة أو خبر عنه.

أما جدّي ميندوزا، فقد أصبح، رغم سنّي الصغيرة، يكرهني أمام الجميع:

— لو كان هناك خير من وراء هذا الصبي لما تركه أهله هناك . .

تصمت أمي. يواصل:

— لو كان أكبر من ذلك لتمكنا من الإستفادة منه.

كانت أمي في أول شهور حملها من ألبيرتو في ذلك الوقت. عندما أنجبت أدريان، كنت أنا قد بلغتُ منتصف الثالثة من عمري. قررت أمي الاستقرار في منزل زوجها. قليلا ما تزورنا في بيتنا، إما للسؤال عني، أو لإعطاء جدّي شيئا من المال، أو لتنظيف منزل إينانغ تشولينغ كل أسبوع.

مع تزايد احتياجاتنا، وبعد أن بلغ أدريان شهره السادس، سافرت أمي للعمل في البحرين، لتتركني وأخي الصغير مع خالتي آيدا لثلاث سنوات.

ما الذي، سوى الفقر، يدفع أمّا لترك أطفالها لدى إمرأة تُدمن تدخين الماريجوانا؟!

تقول أمي في رسالة كتبتها لخالتي آيدا بعد مرور سنة على سفرها:

كيف أنتِ يا مجنونة؟

وكيف حال الولدين؟

أرسلت لكم قبل ساعات راتبي كاملا، أرجو ألا يصل شيء منه لأبي. هو لـ هوزيه وأدريان وأنتِ وميرلا.

هاتفني ألبيرتو منذ أيام، أخبرني بأنه سيعود بعد أسابيع قليلة. أرجو أن تقومي بتنظيف منزله قبل عودته، ولا تنسي أن تحملي له أدريان كل يوم، فألبيرتو، كما تعرفين، لا يحب زيارة بيتنا بسبب أبي وطلبه الدائم للمال. لا أريد أن أخسر هذا الرجل . . وإن كان كل الرجال أوغادًا.

أخبري هوزيه بأنني أفتقده كثيرا، وأنني أعمل في أرض قريبة من أرض أبيه. ليتني[٩] أستطيع أن أعبر البحر سباحة لألتقي براشد، أو لأعرف مصيره، لأطمئن على مستقبل هوزيه.

أنا في حال جيدة. ليست البحرين مثل الكويت بمستوى المعيشة. رغم أن العائلة التي أعمل لديها ميسورة الحال، فإن البعض فقراء . . بسطاء.

يعمل البعض هنا في كل شيء. يغسلون السيارات ويحملون الحقائب في الفنادق ويبيعون في المحال التجارية، حتى أن صاحبة المنزل تساعدني في أعمال البيت في أحيان كثيرة. أحببت الناس كثيرا.

الناس طيبون. أخبري هوزيه بذلك. يبدو أن الفقراء دائما طيبون. ليس الفقر هنا كالذي كنا نعيشه، ولكنه فقر.

قولي لـ هوزيه إني أحبه وأشتاقه كثيرا، وقبّلي أدريان.

جوزافين

مارس 1993

* * *

٩. ليتني = how I wish

في تلك السنة، كان خالي بيدرو قد انتهى من بناء منزله الجديد، في أرض ميندوزا، كما قام بشراء سيارة مستعملة، بعد أن تمكن من العمل بوظيفة سائق في أكثر من شركة. أصبح بعد ذلك لي غرفة مستقلة في البيت الكبير، بعد أن تركه خالي بيدرو. غرفة تطل على نافذة غرفة جدّي في بيته الصغير. مشكلتي الوحيدة، إذا ما كنتُ في غرفتي، كان هذيان[١٠] جدّي، تحت تأثير الـ توبا ليلا، أو نداءاته النهارية الدائمة:

هوزيييه!

* * *

١٠. هذيان = delirium

(10)

كنت في الخامسة، وكان أدريان قد بدأ في السير وكان في منتصف عامه الثاني. وكنت، بالرغم من صغر سني، أعتني بأخي الصغير إذا ما انشغلت آيدا. ما أجمله كان أخي. كان سمينا، عيناه صغيرتان، أنفه أفطس، وجهه ممتلئ. "هكذا يبدون الأبناء الشرعيين!"، يقول جدّي لـ آيدا.

ذات ليلة، طلبت مني آيدا مراقبة أدريان، حيث كانت ذاهبة لمساعدة خالي بيدرو بترتيب منزله الجديد. كانت ميرلا تنام في الدور العلوي. كنت وحيدا معه في صالون المنزل الصغير. لا أتذكر شيئا مما حدث سوى بعض الصور، أعادت آيدا ترتيبها لي بعدما كبرت.

ظلام .. مطر شديد .. برق ورعد .. خالتي آيدا، تحت المطر، تنادي: "أدرياااان .. أدرياااان" .. أبناء خالي بيدرو ينتشرون في الخارج .. رجال الحيّ ونساؤه، يحملون مصابيح، يبحثون في أرض جدّي .. خالي بيدرو يركض بين الأشجار: "أدرياااان .. أدرياااان". المطر ينزل بقوة .. وأنا .. لا أتذكر سوى الأصوات وأنوار المصابيح ..

"هنا .. هنا" تصرخ زوجة خالي بيدرو .. أضواء المصابيح اليدوية تتجه هناك .. الكل يجري إلى نفس المكان .. بين بيتنا وبيت جدّي .. قفز خالي بيدرو في مجرى الماء .. يحمل شيئا .. الرعب على وجوه الجميع .. ترسم الأيدي علامة الصليب .. وجه أدريان أزرق .. سائل أسود يسيل من فمه وأنفه .. خالي بيدرو يضغط على صدره .. يضغط .. يضرب .. يضرب .. ينفخ[١١] في فم أخي الصغير .. يبكي بصوت عال ..

* * *

يجب أن تنسى أخطاء الطفولة، ولكن عندما يبقى الجميع أمامك .. فكيف تنسى؟

١١. نفخ— ينفُخ = to blow

كنتُ طفلا . . لا مسؤولية عليّ ولا . . لوم[١٢] . .

أكرّر قول أمي . . "كل شيء يحدث بسبب ولسبب" . .

كل جديد يصبح، مع مرور الوقت، قديما، إلا وجه أدريان، في كل مرة أشاهده . . جديدًا . .

يجلس أمامي في زاويته. يسيل اللعاب[١٣] من فمه المفتوح دائما. يذكرني بما أريد نسيانه . . والشعور بالذنب يقتلني.

— آيدا! . . ألا يمكن علاجه؟ ماذا قال الطبيب؟

أستمع إلى إجابتها كما كل مرة:

— نتيجة لعدم وصول الأكسجين إلى الدماغ . . ماتت بعض الخلايا[١٤] . .

وكأنني، في كل مرة أسألها، أنتظر إجابة مختلفة!

نتيجة الحادثة، دخل أدريان في غيبوبة[١٥] لأسابيع . . استعاد صحته بعد فترة . .

استعاد كل شيء . . كل شيء سوى . . عقله.

* * *

١٢. لام— يلوم— لَوم = to blame

١٣. لُعاب = saliva

١٤. خليّة— خلايا = cell

١٥. غيبوبة = coma

(11)

الجميع كان خائفا من إخبار أمي في البحرين عن حادثة أدريان. ولكن بعد عامين، وبعد فقدان الأمل في شفاء أخي، هاتفت آيدا أمي تخبرها بكل تفاصيل الحادثة، إلا نتائجها. كان ألبيرتو قد عاد من سفره بعد حادثة ولده الوحيد بأسابيع قليلة. قضى معظم إجازته في البار القريب من بيته. ثم .. اختفى في المحيط من جديد.

بعد مهاتفة خالتي آيدا لأمي، عادت الأخيرة من سفرها على الفور. كان ذلك في منتصف عام 1995. كنا في انتظارها في البيت .. خالتي آيدا وميرلا .. أنا وأدريان .. زوجة خالي وأبناؤه.

دفع خالي بيدرو الباب، ومن خلفه أمي. احتضنتني: "أصبحت رجلا .. هوزيه!"، قالت والسعادة تملؤها. بادلها الجميع القبلات والتحيات. الكل في انتظار المواجهة. تنظر أمي إلى أدريان في زاويته. تقترب منه، وبابتسامة كبيرة تقول:

— سنوات ثلاث .. أنستك والدتك ..

تغيرت ابتسامتها.

— لماذا ينظر إليّ هكذا؟

تمسك خالتي آيدا بيدها:

— اجلسي .. اجلسي أولا جوزافين ..

قالت خالتي. تغيرت ملامح أمي:

— ما الذي يجري هنا؟

اللعاب يسيل من فم أدريان المفتوح. أمي تضع كفّيها على فمها.

خالتي آيدا تشرح . . خالي بيدرو يوضح . . أمي جامدة الملامح. انفجرت باكية، ذهبت لـ أدريان تأخذه إلى صدرها، ولكنه دفعها. ذهبت إلى خالتي آيدا تشتمها باكية:

— حقيرة . . حقيرة . .

تصفع[١٦] خالتي . .

— أي مستقبل ينتظر ولدي بسببك . .

تواصل صفع خالتي آيدا، والأخيرة لا تحاول أن تبعدها.

— ليتني لم أعد . . لماذا يحدث لي كل هذا . .

تقول أمي المستمرة في ضرب آيدا، في حين وضعتُ، أنا، كفّي على وجهي.

— ليتني لم أعد . . ليتني لم أعد . .

قال خالي بيدرو وهو يدفع أمي إلى غرفتي.

— جوزافين! . . هذا يكفي!

لأول مرة أشاهد خالتي آيدا تبكي . .

شيء بداخلي يقول إن لا أحد غيري يستحق تلك الصفعات. ورغم أن وجه خالتي كانت تستقبلها فإنني شعرت بحرارتها على وجهي.

أسبوع بكت أمي على أدريان. بعده دعت الجميع إلى صالة المنزل. جلست على الأرض أمام حقيبة سفرها، توزع هداياها التي حملتها من البحرين لأفراد العائلة وكأن شيئا لم يحدث.

هل آمنَت بأن ما حدث لأدريان كان بسبب . . ولسبب؟

* * *

١٦. صفع — يصفَع = to slap

(12)

قالت والدتي في إحدى رسائلها، من البحرين، بأنها تتمنى أن تعبر البحر سباحة إلى الكويت، لتلتقي أبي، أو لتعرف، على الأقل، مصيره بعد الحرب. لم تكن تعرف أن كل ما تحتاج إليه هو أن تعود إلى الفلبين، لتعرف أخباره هنا!

في إحدى ليالي عام 1996، أي بعد عام من عودة أمي من البحرين. كنت جالسا على أريكة في صالون المنزل. كانت خالتي آيدا وميرلا تشاهدان التلفزيون. كانت والدتي مع أدريان في غرفتي. جاءنا صوت خالي بيدرو من الخارج، ينادي: "آيداااا . . آيداااا . .". فتح الباب، وبوجه يحمل خبرا ما، سأل: "أين جوزافين؟".

خرجت أمي إلى غرفة الجلوس الصغيرة وجلست بين آيدا وميرلا، في حين بقيت أنا واقفا إلى جانب خالي بيدرو الذي قال:

— ذهبت، اليوم، إلى شركة . . يملكها رجل أعمال كويتي . .

نظرت أمي باهتمام إلى وجهه:

— أكمل . . وماذا بعد؟

— يقول أحد الموظفين لديه إنه رجل معروف في الكويت . . كاتب . . روائي . . أو شيء من هذا القبيل . .

— هل تعتقد . . ؟

* * *

أبي كان كاتبا في إحدى صحف بلاده، لذلك كانت أمي تأمل أن تحصل من ذلك الرجل على معلومة تقودها إليه. أو ربما، تمنت أن يكون ذلك الرجل هو راشد.

قرر خالي بيدرو أن يأخذ والدتي إلى الرجل في اليوم التالي.

لم تنم والدتي تلك الليلة. أيقظتني في الصباح الباكر، وطلبت مني تغيير ملابسي والذهاب معها وخالي بيدرو.

— ماذا يفعل رجل أعمال كويتي في الفلبين؟

أجابها بيدرو:

— يقول العمّال لديه إنه يعيش هنا منذ خمس سنوات ..

في مكتبه سألنا عنه، ولكن الموظف أخبرنا أنه قد سافر إلى البحرين.

— سيبقى هناك أسبوعين .. لديه عمل مسرحي.

قالت أمي:

— الرجل في البحرين! كان هنا حينما كنت هناك .. وهو اليوم هناك ..

وأنا .. هنا! .. كل شيء يحدث بسبب ولسبب .. لا بد أنه يعرف راشدا .. أو

ربما، على الأقل، يعرف طريقة توصلنا إليه.

*   *   *

(13)

كم كنت أعشق الأرض التي نشأت بها. كم من الوقت كنت أجلس أنظر الأشياء من حولي، حتى تخيلت أني إحدى أشجار أرض جدّي. لا أستبعد فكرة أن يورق رأسي، أو أن تنبت مانجو خلف أذني. أحببت اللون الأخضر، لون الحياة، حتى ظننت أنه اللون الوحيد في العالم . . كنت أعشق اللون الأخضر.

كنت قد اعتدت في أوقات كثيرة، في الليل غالبا، أن أسند ظهري إلى ساق أكبر الأشجار في أرض ميندوزا، أستمع إلى أصوات الليل والطبيعة.

وكانت أمي، إذا تأخرتُ ليلا، تعرف أني أجلس تحت الشجرة إياها. تفتح النافذة: "هوزيييه! هيا! عد للداخل". أتركُ المكان في حين أشعر بالأشجار من ورائي تحاول الإمساك بي.

فور دخولي المنزل تقول آيدا: "ها هو السيد بوذا قد عاد".

لماذا كان جلوسي تحت الشجرة يزعج[١٧] أمي؟ هل كانت تخشى أن تنبت لي جذور تضرب في عمق الأرض ما يجعل عودتي إلى بلاد أبي أمرا مستحيلا؟ . . ربما، ولكن، حتى الجذور لا تعني شيئا أحيانا.

لو كنت مثل نبتة البامبو، لا انتماء لها. نقطع جزءا من ساقها . . نضعه، بلا جذور، في أي أرض . . تنبت له جذور جديدة . . تنمو من جديد . . في أرض جديدة . . بلا ماض . . بلا ذاكرة . . لا يختلف الناس حول تسميته . . كاوايان في الفلبين . . خيزران في الكويت . . أو بامبو في أماكن أخرى.

* * *

١٧. أزعَج— يُزعِج = to annoy

(14)

بعد مرور حوالي عشرة أيام، عدت مع أمي وخالي بيدرو إلى مكتب التاجر الكويتي.

"لن يأتي اليوم .. يمكنكم المجيء في الغد"، قال أحد العاملين. ولكن والدتي أصرّت على ضرورة مقابلة الرجل. بعد مكالمة تليفونية سريعة، قالت زميلة له: "يمكنكم زيارته في بيته على هذا العنوان .. إن كان الأمر بهذه الضرورة".

أمام بيت بسيط، لا يختلف كثيرا عن الذي نسكنه، أوقف خالي بيدرو سيارته. سألته أمي:

— أأنت متأكد من العنوان؟

— اذهبي وتحققي من ذلك بنفسكِ.

— من المستحيل أن يكون هذا المنزل لكويتي .. بيدرو!

قالت والدتي. لم يجبها خالي.

طرقت أمي الباب، ودخلتُ معها.

— "أهلا وسهلا .. تفضلا". قال بالإنكليزية.

رجل في الخمسينيات من عمره. يبدو بسيطا. متوسط الطول، نحيفا، هادئ الملامح.

في صالونه الصغير المليء بالكتب، طلب منا الجلوس أمام مكتب صغير.

قال قبل أن يجلس خلف المكتب:

— اسمي إسماعيل ..

أجابته أمي:

— أنا جوزافين .. سيدي .. وهذا عيسى .. ابـ ..

قاطعتُها:

— هوزيه!

صحّحت والدتي:

— هوزيه .. ابني ..

ابتسم الرجل. قال:

— سررت بلقائكما ..

انتظر أن تبدأ والدتي بالحديث:

— سيدي .. أريد أن أسألك عن رجل ..

بدا الاهتمام على ملامح الرجل الهادئة. قال:

— ظننت أنكِ بحاجة إلى عمل!

— ما أحتاج إليه .. أهم .. سيدي .. هل تعرف رجلا كويتيا اسمه راشد؟

ابتسامة هادئة ارتسمت على وجهه:

— آلاف في الكويت يحملون هذا الإسم ..

— راشد الطاروف .. سيدي ..

ارتفع حاجبا الرجل للأعلى. واصلت أمي:

— كاتب .. يسكن في ..

قاطعها الرجل متسائلا:

— قرطبة؟!

فوجئت والدتي بسؤاله. أجابت:

— نعم .. نعم سيدي!

صمت ..

— هل تعرفه سيدي .. أرجوك ..

هز الرجل رأسه إيجابا. سألته أمي:

— معرفة شخصية؟

واصل الرجل هز رأسه، في حين واصلت أمي حديثها:

— كنت أعمل في بيت والدته في الكويت .. انقطعت أخباره منذ الحرب إلى يومنا هذا.

عادت ملامح الرجل إلى الهدوء. سألته أمي:

ـــ هل تعرف مصيره؟ . . أين هو الآن سيدي؟

لم يجبها. نظر إلى أوراقه على المكتب أمامه.

ـــ إنه هنا . .

التفتت والدتي نحوي وهمست لي بالفلبينية حتى لا يفهم الرجل:

ـــ يبدو هذا الرجل مجنونا!

بالفلبينية، قال الرجل الكويتي لأمي وهو يبتسم:

ـــ لستُ مجنونا . .

احمرّ وجه أمي. واصل الرجل بالإنكليزية:

ـــ كنت في الكويت أثناء الحرب . . كنا مجموعة مقاومة . . وراشد كان أحد أفراد هذه المجموعة . .

وضع الرجل يده على الأوراق:

ـــ هذه رواية عن نشاطنا وأحداث أشهر الاحتلال السبعة . . بدأتُ في كتابتها منذ خمسة أعوام . . والغريب في الأمر . . ليلة البارحة . . ليلة البارحة فقط . . انتهى دور راشد فيها عندما وقع في أسر[١٨] قوات الاحتلال!

لم تقل أمي كلمة. صامتة كانت في السيارة، وفي البيت. لا تحمل سوى خبر وقوع أبي في الأسر.

لم تخبره أمي أنها زوجة راشد . .

وأني . . ولده الوحيد . .

* * *

١٨. وقع في الأسر = was taken as prisoner

(15)

منذ أخبرنا إسماعيل الكويتي عن وقوع أبي أسيرا في الحرب، ماتت فكرة العودة إلى بلاد أبي. وبالرغم من ذلك، كانت أمي تكرّر بين حين وآخر: "سيتحقق الوعد". تسألها خالتي آيدا:

— وماذا لو كان راشد . .

— لو مات راشد . . وعده لن يموت . .

كنت أحزن على أمي. أي إيمان هذا الذي لم يتغير طيلة هذه السنوات؟ ما زالت تبني آمالا على رجل فُقِد في الحرب منذ زمن. كنت قد فقدت أملي بالرحيل إلى بلاد العجائب، رغم إيمان أمي.

ماذا لو تحقق الوعد؟ كنت أتساءل . . ماذا لو عاد ذلك الذي اسمه راشد؟ هل ينتظرني مصير نبتة البامبو؟

*   *   *

في عام 1997، بدأت أمي تعمل خادمة عند عائلة ثرية في مانيلا. تقضي النهار كله تعمل في منزلهم، لتعود آخر اليوم، تتناول معنا العشاء، ثم ترحل مع أدريان إلى بيتها.

ابتعدت أمي عني شيئا فشيئا، هكذا كنت أشعر، غيابها في العمل، وانشغالها مع أدريان واحتياجاته الخاصة، مزاجها السيئ، ابتسامتها التي اختفت. تغيرت أمي كثيرا، ولكني أتفهم أسباب كل ذلك. لست ألومها.

مقابل ابتعاد أمي، كان اقترابي من خالتي آيدا وميرلا. كنت قريبا منهما، رغم بعدهما عن بعضهما. لم أسمع ميرلا يوما تنادي خالتي بـ "ماما"، بل كانت تناديها باسمها: آيدا. تخرج من دون إذن، وتعود في ساعات متأخرة من الليل، وتقوم برحلات إلى مناطق بعيدة خارج مانيلا، ولا تستطيع خالتي

آيدا أن تمنعها. ورغم أن خالتي كانت تحسن معاملة ابنتها، فإن الأخيرة كانت على العكس، لم تحسن معاملة أمها قط.

ولكني تعاطفتُ مع آيدا. سمعتها ذات مساء تشكو[١٩] لأمي: "هي لا تناديني ماما". ومنذ ذلك الحين أصبحتُ أناديها: "ماما آيدا". وأي تأثير تركه فعلي هذا على خالتي!

* * *

١٩. شكا— يشكو = to complain

(16)

بلغت الثانية عشرة في عام 2000، وكان عليّ أن أزور الكنيسة لإجراء طقس التثبيت.

— جوزافين! بلغ هوزيه الثانية عشرة . .

حول طاولة الطعام في المطبخ كنا نجلس. أجابت أمي:

— اهتمي بتدخينك يا آيدا واتركي هوزيه . .

— تركت تدخين الماريجوانا جوزافين . .

— منذ؟

— منذ اليوم . . يجب أن نأخذ هوزيه إلى الكنيسة جوزافين . .

— عاجلا أم آجلا . . سيتحوّل هوزيه إلى الإسلام في بلاد أبيه . .

ثم أضافت أمي:

— يبدو أن إيمانك أصبح كبيرا . . بلغت ابنتك السادسة عشرة . . أصلحي سلوكها . . ثم خذيها إلى الكنيسة . . أو إلى الجحيم . .

لم تقل ماما آيدا كلمة واحدة . .

* * *

كانت زيارتي الأولى لـ كاتدرائية مانيلا، بصحبة ماما آيدا، التي أصرّت أن أقوم بطقس التثبيت. طلبت ماما آيدا من خالي بيدرو وزوجته الحضور. وافق الإثنان، وبقيت أمي على رأيها: "سيكون مسلما عاجلا أو آجلا"، ولم تحضر.

دخلنا من البوابة الخشبية الكبيرة. توقفنا أمام تمثال، ورسمنا علامة الصليب.

جلست ماما آيدا وخالي بيدرو وزوجته يصلّون. شعور جديد يشبه الإيمان لم أعرفه قبل زيارتي تلك. هدوء، علامات الصليب، النوافذ بزجاجها

الملون، الشمس وهي تعكس ألوان النوافذ على أرض الكاتدرائية، وتمثال السيّدة العذراء، بثوبها الأبيض وعباءتها الزرقاء.

كان هناك الكثير من الصبية، في سنّي، بانتظار القس ليُجري طقس التثبيت.

انتهينا من طقس التثبيت، وباركنا القس بالماء المقدّس، بعد الإجابة على أسئلة القس: "هل ستبقون بعيدا عن الشر؟ هل تؤمنون بالرب خالق السماوات والأرض؟ هل تؤمنون بيسوع المسيح ابن الرب؟ .. الحياة الآخرة؟ .."

ما أصعب أسئلتك يا أبانا .. وما أسهل إجاباتي: نعم .. نعم .. نعم! محظوظ أدريان .. لا تسبب له هذه الأسئلة أي قلق أو خوف. لو كنت مكانه!

أهدتني ماما آيدا قبل خروجنا من الكاتدرائية صليبا ألبسه. سعادة ماما آيدا في ذلك اليوم .. كانت أجمل ما في طقس التثبيت.

*   *   *

(17)

"هوزيه .. هوزيه .. هوزيه .."

يتردد هذا الاسم عشرات المرات في اليوم الواحد، على لسان جدّي، وهو ما جعلني أتمنى أن أكون بلا إسم، حتى لا يتمكن من مناداتي طوال الوقت. لا يناديني رغبة في الحديث معي، بل ليأمرني بشيء ما: "ضع الماء للديوك .. نظّف الحظيرة .. احمل بقايا الطعام إلى وايتي ..".

كم كرهت اسمي حين يخرج من بين شفتيه، صارخا بصوته المزعج: "هوزيييييه!".

قصير القامة كان، داكن البشرة. يسعل باستمرار بسبب التدخين. في بيته الصغير، يستلقي على سريره كل يوم. جزؤه العلوي عار[٢٠]. أما أنا، رغم صغر سنّي آنذاك، فقد كنت أحسن التدليك، فلقد كنت أقوم بذلك بشكل يومي. أجلس فوق مؤخرة ميندوزا. أضع على ظهره قليلا من زيت رخيص. أضغط أسفل ظهره، إلى أن أصل إلى رقبته. "آآآآه" يقول جدّي: "واصل الضغط" يأمرني. كنت أنتظر دائما انتهاء ذلك التدليك الذي كنت أكره، ولكني لم أكن أستطيع ترك جدّي قبل أن ينام.

* * *

---

٢٠. عاري = naked

(18)

تكبرني ميرلا بأربعة أعوام. لها شخصية قوية، ذكية، قيادية منذ كانت طفلة. يخافها صبية الحيّ. لا تستخدم لسانها كثيرا كبقية الفتيات، ولكن يدها تعمل إذا ما غضبت.

طويلة. بيضاء البشرة. شعرها بنيّ متموّج. عيناها ملوّنتان، ما يجعلها مستيزا بامتياز، وإن كانت تكره هذه الصفة فيها. فملامحها الجميلة تذكرها بأبيها الأوروبي المجهول الذي تكره. بسببه كرهت ملامحها وكل ما هو أوروبي.

كم كنتُ أفتقدها وأنا هناك، بعيدا عن .. هنا. كنت أشتاقها كاشتياقي إلى اللون الأخضر الذي لم أعد أراه.

غامضة²¹ كانت، رغم الوقت الذي كنت أقضيه معها، فقد كانت تخفي جانبا أجهله. سألتها ذات يوم، بعد أن عادت إلى البيت، عن حرفي MM موشومان²² على ذراعها.

— ميرلا .. حرفي الأول. ولأنني أحب نفسي كثيرا .. فإن حرف M واحد لا يكفي.

لم أنتبه يوما إلى جمالها الصارخ .. أنوثتها، جسدها، لونها، جنون شعرها، شفتيها .. إلى أن بلغت الرابعة عشر وزارتني في حلمي أول مرة. مجنونة كانت، وبالمثل كنتُ. صحوت غير مصدق بأن تجربتي تلك لم تكن حقيقية. الإحساس الذي شعرت به في نومي .. الملمس .. الطعم .. الرائحة .. لم أتمكن من إبعاد مشاهد الحلم من رأسي كلما رأيت ميرلا. هي الفتاة نفسها التي كبرتُ معها في بيت واحد. عيناي هما اللتان أصبحتا تنظران لها بصورة مختلفة.

---

٢١. غامِض = mysterious
٢٢. مَوشوم = tatooed

كان مستحيلا إقامة علاقة مختلفة، فبالإضافة إلى فارق السن، الذي كنت أراه كبيرا، كانت ميرلا ابنة خالتي.

قلت لوالدتي ذات يوم، عندما كنت في السادسة، في حين كانت ميرلا في العاشرة:

— ماما . . أريد أن أتزوج ميرلا . .

انفجرت والدتي ضاحكة:

— يبدو لي أنك ستدخل الإسلام بسرعة!

ظهرت الدهشة على ماما آيدا:

— وهل يجيز الإسلام زواج أبناء العمومة؟!

هزّت أمي رأسها إيجابا. قلت لهما:

— إذن! فأنا مسلم . .

— لا تفكر في هذا! أنا وابنتي كاثوليكيتان . . عُد إلى بلاد أبيك . . وتزوج من جدّتك إن أردت!

ميرلا. شجاعتها، تمرّدها وأحاديثها المجنونة . . كنا نتمشّى، الفتاة الـ Mestiza والشاب الـ Arabo ، في شوارع مانيلا، نشرب الشاي المثلج. زيارتنا لـ فورت سانتياغو، المعسكر الإسباني القديم. رحلاتنا في الجبال.

كنا نحصل، في رحلاتنا تلك، على سعادة مجانية كما تقول ميرلا. بمبلغ بسيط لوسائل النقل وأحيانا تذكرة، كنا ندخل عالما لا ينتهي. وكل شيء في الداخل مجاني . . لا أحد يسألك المال مقابل ساعات تقضيها في الجبل، أو إذا ما جلست أسفل شجرة عملاقة نبتت من قلب صخرة عظيمة، وليس هناك من يمنعك من أن تأخذ ثمرة لذيذة من شجرة . . تشارك بها من تحب.

تقول ميرلا: "أرأيت؟! تعطينا الطبيعة سعادة مجانية"

— ولكننا اشترينا تذكرة الدخول!

— لقد قمنا بشراء التذكرة لنتجاوز البوابة فقط . . وكل ما بعد ذلك هو مجاني! المشكلة في الناس. أما الطبيعة . .

لم أرد على ميرلا، فقد كنت أراها، بسبب فارق السن الذي يبدو كبيرا، آنذاك، حكيمة تفهم في كل شيء. كنت في الرابعة عشرة وقتئذ، وكنت قد سلمت عقلي لابنة الثامنة عشرة.

كنا، ذلك اليوم، في بياك—نا—باتو، في أحد أيام 2002، في ذلك المكان حيث الأشجار تصل إلى السماء، والجبال الصخرية عظيمة. كانت أول رحلة لي مع ميرلا بعيدا عن منطقتنا. كنت أبدو مثل الرحالة الذين كنت أشاهدهم في التلفزيون. أحمل، كمستكشف، حقيبة على ظهري تحتوي على كل ما نحتاجه للرحلة. ألبس بنطالا تحت الركبة وحذاء ذا عنق طويل. أما ميرلا، فقد كانت تحمل في يدها مِصباحا[٢٣] يدويا نستخدمه داخل الكهوف المظلمة. ترتدي قميصا أبيض، وشورت جينز قصيرا جدا، وتربط شعرها خلف ظهرها. تبّا لها .. لو لم تكن ابنة خالتي!

كانت قد زارت المكان من قبل، وكنت أستمع لشرحها: "استقر أبطال المقاومة، قبل سنوات طويلة، في هذه الكهوف الصخرية، يرسمون خططهم للثورة بعيدا عن أعين المحتل الإسباني".

تحدثت كثيرا عن تاريخ المكان. قالت عندما وصلنا إلى جسر خشبي مُعلّق: "لم تكن هذه الجسور موجودة في زمن أبطال الثورة".

— كيف كانوا يتنقلون بين الكهوف العالية إذن؟

— كانوا أبطالا!

الحكايات، مع ابنة خالتي، كانت تصبح خيالية. كان لها قدرة غريبة في تحويل أبسط الحكايات إلى أساطير .. ميرلا ..

كانت تسير، وكنت أحدّق في جسدها من الخلف .. حركاتها أثناء السير .. ساقيها .. والوشم على ذراعها يحمل حرفها مُكررا MM أتمنى أن أغير أحدهما لأضع بدلا منه حرف الـ J .. كان الحلم الذي زارني قبل أيام يقف بيني وبينها.

٢٣. مِصباح = lantern

في منتصف جسر خشبي كبير، مُعلّق فوق بحيرة كبيرة، توقفت ميرلا، ثم أشارت نحو الأسفل:

— مات الكثير من العمّال في هذه البحيرة، أثناء بناء هذا الجسر . .

نظرتُ إلى الأسفل وشعرت بالخوف والتوتر.

أمسكَت كتفي . . داخلني شعور غريب . . قرّبت وجهها من وجهي . . أغمضتُ عينيّ. قرّبتُ وجهي أيضا. وقبل أن . .

ضربتني بمصباحها اليدوي على رأسي!

— ماذا تفعل يا غبي؟!

ارتبكتُ، تحسّست مكان الضربة، في مقدّمة رأسي. لم أقل شيئا، فقد كان ما كنت سأفعله واضحا. تجاوزت ميرلا ما حصل، وكأن شيئا لم يكن. ثم أكملت قصتها عن العمّال وبناء الجسر.

قالت ميرلا في حين كانت تحدق في البحيرة أسفل الجسر المعلّق: "أتمنى أن أنهي حياتي قفزا من هذا الجسر". نظرتُ إليها مستغربا أقول: "ولكن أمي تقول لا ينتحر سوى إنسان جبان فشل في مواجهة الحياة". لم تسمعني، أو لعلها تظاهرت بذلك.

اختفت الطيور من السماء فجأة، في حين كنا فوق الجسر الخشبي المعلّق لا نزال. قالت ميرلا: "أسرع . . سوف تمطر". نظرتُ إلى السماء من بين الأشجار، ولكنني لم أجد أية سحب.

— وكيف عرفتِ ذلك . . ميرلا؟

أشارت نحو الأشجار:

— انظر كيف اختفت الطيور هناك . .

— وما علاقة ذلك في المطر؟!

— أنت لا تفهم شيئا!

كم كنت أكره تظاهرها بمعرفة كل شيء. تواجهني أحيانا بعض الأسئلة التي لا أجد لها إجابات. أريد أن أسأل ابنة خالتي، ولكنني أتراجع خوفا من أن تُسمعني جوابها المُعتاد: "أنت لا تفهم شيئا".

74

أكملنا السير بين الصخور العظيمة. تجمعت السحب بعد دقائق أمام الشمس. بدأ الرعد، ثم مطر غزير وكأن السُحُب تقول لي أنني لا أفهم شيئا بحق.

ركضنا بين الصخور، إلى أكبر الكهوف. فوق صخرة كبيرة، داخل الكهف، جلست وميرلا. كان المكان شديد الرطوبة في الداخل. أضاءت ميرلا مصباحها اليدوي.

كنت ملتصقا بميرلا. ساقي لصق ساقها. مشاعر مختلفة تداخلت فيّ، ليس الخوف أحدها. فلا خوف مع ميرلا وإن كنا بمواجهة الموت.

تذكرت الحلم. شعور غريب ولذيذ يصل جسدي من الجزء الذي يلامس ساقها. تسارعت ضربات قلبي.

— بماذا تفكر؟

سألتني ميرلا.

— لا شيء!

على من كنتُ أحاول الكذب يا ترى؟!

— لا تظن أنني لا أفهمك . .

تسارع سقوط المطر خارج الكهف، كان بسرعة ضربات قلبي. أكملت ميرلا:

— منذ فترة . . نظراتك . . تصرفاتك . .

قرّبت وجهها إلى وجهي. عيناها في عيني تحدقان.

— مستحيل ما تفكر به . . هوزيه . .

خوف لم أكن أعرفه في حضرتها . . تملّكني. وافقتها قولها:

— نعم . . نعم . . مستحيل . .

وجهها مقابل وجهي لا يزال. سألتني:

— أين الاستحالة؟ هل تعرف؟

— ابنة خالتي . . أنتِ . .

ابتسامة ارتسمت على نصف وجهها:

– سبب كهذا لن يمنعني لو رغبت . .

أدارت وجهها نحو فتحة الكهف . .

– سبب آخر يمنعني . .

أتمّت:

– لو لم تكن رجلا . .

* * *

(19)

"هوزيه . . هوزيه . . هوزيه . ."

تعبت من نداءاتك يا جدّي!

أترك نافذتي مفتوحة طوال الليل، بعد يوم طويل من العمل، لتصلني أصوات الليل إلى الداخل. ولكنها لم تكن تجيء لوحدها . .

— تبًا لكم . . أوغاد!

صوت ميندوزا المخمور يصاحب أصوات الليل . .

— ميييرلا . .

يلفظ اسم ميرلا بصوت خفيض . . ثم يصرخ باسمي:

— هوزيييه!

لا أرد . .

— لا آباء لكم . .

أفتح عينيّ . . ظلال سيقان البامبو تتراقص على جدران غرفتي . .

— هوزيييه!

أدخل إصبعي في أذنيّ . . يقتلني الصمت . . أخرج إصبعيّ . . أستمع . .

أصوات الليل تعود . . و:

— هوزيييه!

أتظاهر بالنوم . .

— أعرف أنك تسمعني . .

صوت كوب الـ توبا على الطاولة:

— أكره مجهولي الآباء!

— لست مجهول الأب!

يصمت ميندوزا . . أتراه سيدخل من باب الغرفة؟ . . الخوف يتملّكني . .

صمته لا يطول:

— هل تستطيع أن تثبت ذلك؟

ينفجر ضاحكا . .

* * *

— هوزيييه!

يأتيني صوته في صباح اليوم التالي . .

— أحضر لي موزة . .

يضيف بعد لحظات صمت . .

— موزة صفراء.

من الطبيعي أن تكون صفراء، لماذا يصر جدّي على تحديد اللون؟! آه! هو يعلم أن أشجار الموز حول بيوتنا تحمل موز صغير أخضر، ليس ناضجا بعد. أكرهك يا ميندوزا!

— لا يزال الموز أخضر . . جدّي!

يتظاهر بالغضب. يجيب بصوته المزعج:

— لا بد أن تجد موزة صفراء!

— لا يوجد.

— أأنت متأكد؟

— نعم . . متأكد.

يرفع صوته أكثر:

— حسنا . . أتمنى أن تنبت لك ألف عين لتتمكن من رؤية الأشياء بوضوح!

— سأصلي للرب كي تتحقق أمنيتك . . جدّي.

يصمت. وأنا على يقين بأنه يكاد ينفجر من الغضب.

كنت قد بلغت الرابعة عشرة، ولم تعد تلك الأمنية تُخيفني كما في الماضي.

* * *

في الماضي، كنت أستيقظ صباح كل يوم على صراخ العجوز: "هوزييييه!". وما إن أفتح عينيّ حتى ألمس وجهي أتحسسه. وأشكر الرب لأنه لا يزال هناك.

لئيم[٢٤] كان جدّي. يعرف أن الأسطورة القديمة تركت أثرا في نفسي حين كنت طفلا. أسطورة پينيا.

كان يخيفني بمصير يشابه مصير بطلة الأسطورة. وكان إذا لم يجد شيئا يفعله، يطلب مني إحضار شيء ما، أي شيء من أي مكان. ولأنه يعرف أن ذلك الشيء ليس هناك، فلقد كان يقول في وجهي عبارته اللئيمة: "أتمنى لو تنبت لك ألف عين حتى ترى الأشياء بوضوح".

لم أكن قد بلغت السابعة بعد، عندما بدأ ميندوزا يخيفني بهذه الأمنية. ما إن يقولها، حتى أجدني، كالمجنون، أجري، يتملّكني الخوف، باحثا عن حاجته في المكان الذي قاله، وفي أماكن أخرى، في حين ينفجر هو ضاحكا.

* * *

قصة من القصص الكثيرة التي كانت تحكي لي إياها أمي أو ماما آيدا قبل النوم. كنت أطلب منهما إعادة الحكايات، وكنت أستمتع بها في كل مرة وكأني أسمعها للمرة الأولى، إلا أسطورة پينيا. كرهتها منذ المرة الأولى، وطلبت من ماما آيدا ألا تعيد قصّها عليّ. ورغم ذلك، لم أتمكن من نسيانها.

* * *

في قرية ما، قبل زمن، كانت هناك امرأة لديها ابنة جميلة، وحيدة، ولأنها كذلك، كانت مدللة[٢٥]، كسولة. وكانت جميع طلباتها مُستجابة من قِبل أمها التي ما أحبت شيئا في العالم كحبها لـ.. پينيا.

ذات يوم، مرضت والدة پينيا، وكانت تحتاج إلى مساعدة ابنتها.

— پينيا.. پينيا..

٢٤. لئيم = mean

٢٥. مُدلّل = spoiled

نادت الأم ابنتها، غير قادرة على القيام من السرير.

— تعالي يا ابنتي .. أحتاجك في شيء.

قالت الأم لابنتها المشغولة في اللعب.

— حسنا ماما .. ماذا هناك؟

أمام سرير أمها وقفت پينيا تسأل. قالت الأم:

— إني تعبة .. أشعر بالجوع وأحتاج أن آكل شيئا. أريدك أن تحضّري طبق لوغاو.

استغربت پينيا. أكملت الأم:

— الأمر بسيط يا پينيا، ضعي قليلا من الرز، أضيفي له ماء، وقليلا من السكر، ثم اتركيه يغلي لفترة من الوقت.

— ما أصعب هذا العمل يا أمي!

— عليك عمل ذلك پينيا .. ماذا ستأكل أمك المسكينة إن لم تفعلي؟

اتجهت پينيا إلى المطبخ دون رغبة حقيقية.

جهّزت پينيا الرز والماء والسكر، ولكنها لم تجد المغرفة[٢٦]. "كيف أحرّك الأكل من غير المغرفة؟!" تساءلت پينيا. رفعت صوتها تسأل والدتها:

— ماما! أين يمكنني أن أجد المغرفة؟

أجابت الأم بصوت ضعيف:

— إنها مع أدوات المطبخ .. أنت تعرفين أين أضعها .. پينيا!

ولكن پينيا لم تجد المغرفة مع أدوات المطبخ، ولم تبحث عنها في مكان آخر.

— لم أجدها ماما! لن أصنع لكِ الـ لوغاو.

— أنتِ لم تنظري، حتى، إلى مكان آخر!

٢٦. مغرفة = scoop

أتمت الأم كلامها غاضبة:

— أتمنى أن تنبت لكِ ألف عين كي تتمكني من مشاهدة الأشياء!

فور قول الأم تلك الكلمات توقفت كل الأصوات في المطبخ. "ربما بدأت في الطبخ"، قالت الأم.

مر وقت طويل، والصمت في المنزل لا يزال. لا صوت في المطبخ، ولا رائحة أكل. بدأت الأم تقلق على پينيا. صرخت تنادي: " پينيااا . . پينيااا". ولكن پينيا لم ترد. سمع الجيران نداءات الأم وبكائها. "أوه! أنت تعلمين كيف هي پينيا! . . لا تقلقي . . لا بد أنها تلعب مع صديقاتها في مكان ما . . ستعود إليك قريبا"، قال أحد الجيران. اطمأنت[٢٧] الأم لقول الجار، ولكن اطمئنانها هذا لم يطل. قامت من سريرها بصعوبة تبحث عنها في القرية وتسأل الناس، ولكن، لم تجد پينيا. تعبت الأم . . بكت . . وطال غياب پينيا.

في نهار مشمس، وبينما كانت أم پينيا تنظّف ساحة المنزل الخلفية، رأت ثمرة غريبة الشكل، لم ترها من قبل، كانت بحجم رأس طفل صغير. لها أوراق خضراء نبتت أعلاها. اقتربت الأم من الثمرة والدهشة تبدو على وجهها. "تبدو غريبة . . لها ألف عين"، قالت الأم، ثم كررت جملتها الأخيرة وقد تكشف لها شيء ما: "لها ألف عين!". تذكرت أمنيتها لابنتها!

عرفت الأم أن ابنتها تحوّلت إلى هذه الثمرة، وأصبح لها، كما تمنت، ألف عين، ولكنها لم تكن قادرة على الرؤية أو البكاء.

ولأن أم پينيا كانت لا تزال تحب ابنتها كما لا تحب شيئا آخر في هذا العالم، فقد اعتنت الأم بالثمرة وزرعتها في الساحة الخلفية للبيت لتحفظ ذكرى ابنتها. أصبحت تعطي الجيران وأهل القرية من تلك الثمار التي أصبحت تعرف باسم Pinya/پينيا، أو Pineapple . . أناناس.

---

٢٧. اِطمَأنّ — يطمَئِن = to be calmed

ما عادت تلك الأسطورة تُخيفني، وإن كرر جدّي ميندوزا أمنيته كل يوم: "أتمنى لو تنبت لك ألف عين لتتمكن من رؤية الأشياء بوضوح". ولكن، رغم ذلك، ما زلت غير قادر، منذ معرفتي بتلك الأسطورة، أن آكل الأناناس.

شيء بداخلي يقول بأنها كانت .. پينيا .. الفتاة الفلبينية الصغيرة.

* * *

(20)

في عام 2004، ظهرت ماريا في حياتنا، صديقة مقرّبة لـ ميرلا. فهمت ذلك الوشم الذي كان على ذراع ميرلا: MM.

فتاة غريبة، ماريا. كنت أسمع عنها من ميرلا منذ مدة طويلة، ولكنني لم أرها قبل ذلك. وعندما أصبحت تزورنا في البيت لم يطمئن لها أحد من العائلة. كانت تزور بيتنا، تقضي وقتا طويلا بصحبة ميرلا في غرفتها. ولم تكن ماما آيدا تحبها، وكانت تقول ذلك لميرلا، وهذا ما خلق الكثير من المشاكل بين ماما آيدا وميرلا. شجارات متكررة . . تفعل ميرلا ما تريد . . وينتهي اليوم ببكاء ماما آيدا.

كرهتُ ماريا أيضا، ولكن ليس بسبب ما كانت تراه ماما آيدا. رغم شكلها الغريب، وشعرها القصير، وملابسها الفضفاضة، ومشيتها التي لا تناسب فتاة، كرهتها لأنها أخذت منّي ابنة خالتي الوحيدة . . ميرلا.

لم يعد يجمعني شيء بميرلا، حتى سهراتنا الليلية في غرفتي، ورحلاتنا إلى المناطق البعيدة. لم تكتفِ ميرلا بالأوقات التي تقضيها مع صديقتها الغريبة في الخارج أو في البيت، بل جاءت بهاتف إلى غرفتها لتتحدّث معها طوال الليل.

بيتنا لم يعد كما كان بعد أن أصبحت ميرلا لا تعود إليه إلا في ساعات الصباح الأولى . . تتحدث مع ماريا عبر الهاتف . . تنام . . تصحو متأخرا . . تقضي بقية اليوم في الخارج بصحبة صديقتها.

في يوم من الأيام، غادرت ميرلا على ظهر دراجة نارية بصحبة ماريا، إلى مكان غير معلوم.

رغم ذلك لم تخرج ميرلا من قلبي . . واستمرت في زيارتي في أحلامي.

* * *

استيقظتُ في أحد أيام تلك السنة في ساعة متأخرة من الليل. صراخ ماما آيدا وضربات قوية على أحد الأبواب في الطابق العلوي.

— ماذا يجري ماما؟!

— ألا تشم الرائحة؟ هذه الفتاة مجنونة!

رائحة السجائر من غرفة ميرلا.

— ما الجديد ماما؟ أنت تعرفين أن ميرلا تدخن!

تضرب على الباب بهيستيريا:

— هذه ليست سجائر . .

تضرب الباب مرة أخرى:

— افتحي الباب وإلا . . !

تقول لي ماما آيدا:

— ميرلا تدخن الماريجوانا!

في الخارج، كان صوت دراجة ماريا النارية وسط الليل. بكاء ماما آيدا يمزق هدوء البيت في الداخل. تمسك يديّ ابنتها:

— أرجوك . . لا تذهبي . .

تنظر ميرلا بعيدا عن ماما آيدا، تحمل حقيبة ملابسها، وتخرج.

— ميرلا أرجوكِ . . أرجوك لا تفعلي . .

— ابتعدي آيدا!

جلست ماما آيدا على الأرض تبكي.

— ليست هذه الحياة التي أريدها لكِ ميرلا . . أرجوكِ . . أريد لكِ حياة حقيقية . . بيت . . زوج وأولاد . .

— هذا يكفي! تقولين زوج وأولاد؟!

بكيتُ لبكاء ماما آيدا، وكانت ميرلا تواصل صراخها:

— بعد كل ما سمعته منكِ عن الديوك تريدين لي زوجا وأولادا؟! أُنظري إليّ! . . أين أنا؟ أين أبي؟!

انفجرت ميرلا باكية.

— انظري إلى نفسك . . إلى أبيك المخمور في بيته . . أين هو؟ أين أنت؟

أشارت نحوي. قالت:

— انظري إليه! انظري إلى الجميع هنا!

اندفعت ميرلا إلى الباب بكل قوتها.

— لا . . لا ميرلا أرجوكِ . .

ولكن ميرلا، كما هي دائما، كانت . . الأقوى.

صوت الدراجة النارية في الخارج يبتعد . . يبتعد . . يختفي . .

* * *

الشك في الله يؤدي إلى الشك في كل شيء

خوسيه ريزال

الفصل الثالث

عيسى .. التيه الأول

(1)

مع رحيل ميرلا عن البيت، لم يعد لي سببا في بقائي. خصوصا بعد عودة آيدا للشرب والتدخين بعد حادثة ميرلا.

كنت في السادسة عشرة. تركت المدرسة. وأردت أن أبحث عن عمل.

بهذا القرار أردت أن أحرّر نفسي من ميندوزا، ومن طلباته التي أصبحت لا تنتهي. كنت على استعداد للقيام بالأعمال نفسها التي يطلبها مني شرط أن تكون في مكان آخر، ومقابل راتب.

حاولت أمي أن تغير قراري، ولكنني كنت مُصرًا وعنيدا[1] مثل ميرلا. لم يقف إلى جانبي، في قراري هذا، سوى خالي بيدرو. أعطاني بعض المال، وقدّم لي هاتفا نقالا. "ابق على اتصال"، قال لي. ثم رتّب لي لقاء مع تاجر موز يعرفه، قال إنه سوف يساعدني.

* * *

كانت صحة جدّي قد ساءت. زادت طلباته، وازداد هذيانه في ساعات الليل مع شراب الـ توبا ومن دونه. أما ساعة التدليك اليومية فقد أصبحت ساعات. وصراخ الليل، تحول إلى حوارات، من طرف واحد، مع زوجته المتوفاة. وأصبح يكرّر أسماء لم أسمع بها من قبل، كانت لأفراد من عائلتنا ماتوا منذ زمن طويل. ثم بدأ أيضا يصرخ بشكل مرعب: "النجدة .. النجدة .. إنه ينظر إليّ!". أركض إليه تاركا سريري، أنظر إلى الزاوية في سقف غرفته حيث ينظر، ولكن لا شيء هناك. "أُنظر له هوزيه .. هل تراه؟ .. إنه يدعوني للذهاب معه!" .. "النجدة .. لا أريد الذهاب .. لا أريد".

— لا شيء جدّي .. لا شيء هناك!

---

١. عنيد = stubborn

— أُنظر إليه! إنه هناك..

أتقدم نحو الزاوية.

— لا شيء هنا.. جدّي!

— اقترب منه أكثر هوزيه.. اقترب.. تبّا لك!.. أتمنى أن تنبت لك ألف عين لترى هذا الشيء بوضوح!

ذهبت إلى المطبخ. حملت ثمرة أناناس ثم عدت إلى غرفة جدّي. على الطاولة الصغيرة، وضعت ثمرة الأناناس. خرجت وأغلقت الباب خلفي.

* * *

أمام عربة موز، في مانيلا تشاينا تاون، كنت أقضي نهاري كله. أحصل، من بيع الموز، على مبلغ لم يكن يساوي شيئا.

كنت أعمل مع تشانغ، وهو بوذي من أصول صينية، وُلد في عام 4683، سنة النمر[٢] حسب التقويم الصيني. كان في الثامنة عشرة آنذاك. سألني حين طلبت السكن معه: "في أي تاريخ وُلدت؟"، أجبته بأني من مواليد الثالث من أبريل 1988، فكر قليلا ثم أجاب: "4685 سنة التنين.. ممتاز كلانا من عنصر الخشب". لو كنتُ من مواليد سنة الأفعى أو الحصان أو الخروف لما سمح لي تشانغ بمشاركته غرفته، لأنها من العنصر الناري، والنار لا تجتمع مع الخشب حسب قوله.

شاركت تشانغ غرفته الصغيرة، في مبنى قديم قريب من مانيلا تشاينا تاون. غرفة صغيرة، بنافذة واحدة تطل على معبد سينغ—غوان البوذي. سألته في أول ليلة عن سبب قبوله لي رغم صغر المكان، "أحتاج إلى صوت أسمعه.. غير صوتي"، أجاب.

ذات ليلة، قال لي تشانغ، بعد أن حدثته عن بلاد أبي:

---

٢. نِمر = tiger

— كويت .. قرأت هذا الاسم ذات يوم. أين تقع هذه البلد؟

— هي قريبة من السعودية ..

— هم لا يزرعون الموز .. يستوردونه من هنا ..

ثم ضحك:

— ربما لو كنتَ موزة لتمكنتَ من الذهاب إلى بلاد أبيك!

أي مصير أختار؟ ثمرة أناناس لدى ميندوزا، أم موزة مستوردة في بلاد أبي؟

*   *   *

(2)

من نافذة غرفة تشانغ، كنت أرى معبد سينغ—غوان في الليل. المعبد يشبه البيوت الصينية وفيه تماثيل وزخارف[٣] جميلة. أحببت المكان، وصار عندي فضول لما يحدث بداخله، ولكنني، رغم فضولي، لم أفكر في دخول المعبد.

أخذني الفضول، بدلا من زيارة المعبد، إلى قراءة كتاب من كتب تشانغ عن تعاليم بوذا .. حياته .. تلاميذه .. جلوسه بوضعية اللوتس تحت الشجرة ..

سحرتني شخصيته. تُرى .. لو واصلت جلوسي تحت شجرتي في أرض ميندوزا .. هل كنت سأصبح .. بوذا؟

لاحظ تشانغ اهتمامي بكتبه، وكثرة أسئلتي حول ديانته وطقوسها. أصبح، بعد ذلك، كل ليلة، يحكي لي عن بوذا، وفي المقابل، يسألني عن يسوع المسيح. نقارن بينهما والتشابه في ولادتهما، وحياتهما.

ما أعظمهما ..

هل أخون أحدهما إذا اتّبعت تعاليم الآخر؟

كلاهما يدعو للمحبة والسلام .. التسامح والخير والمعاملة الحسنة.

* * *

دعاني تشانغ ذات يوم للذهاب معه إلى المعبد. ترددت في البدء، خوفا من أن يكون الأمر غير مسموح به، ولكنه أكد لي أن المعبد يستقبل البوذي وغير البوذي. "سوف تشعر بالإطمئنان في الداخل"، قال لي.

قبل الغروب، بعد العمل، ذهبت وتشانغ إلى معبد سينغ—غوان. لم يكن يشبه الكنيسة في شيء، ولكن الشعور .. هو ذاته.

كان أمامي ثلاث غرف زجاجية كبيرة، بداخلها ثلاثة تماثيل ذهبية لـ بوذا.

---

٣. زخرَفة— زخارِف = decoration

كنا فقط، تشانغ وأنا، في المعبد. تقدّم تشانغ نحو الغرفة الزجاجية الوسطى وبدأ في الصلاة.

حواسي، كلها، تستكشف وتجرب كثير من الأشياء مجانا، كما قالت ميرلا ذات يوم. كنت مسحورا بكل شيء. البخور. رائحة الأزهار المنتشرة في كل الزوايا. والصمت .. وحده الصمت قادر على تحريك أصوات بداخلنا.

انتهى تشانغ من صلاته. أشعل عود بخور وغرسه في طبق فيه رمل ناعم.

قبل أن يخرج تشانغ، تقدّمت أنا نحو الغرفة الزجاجية الوسطى. رسمت علامة الصليب أمام وجهي. وعندما رفعت رأسي، وجدت ملامح بوذا، كما كانت، بالهدوء نفسه ..

أشعلت عود بخور. غرسته في الرمل الناعم. ثم انصرفنا .. تشانغ وأنا.

* * *

(3)

ذات مساء، قال لي تشانغ: "هوزيه! سخن الزيت وقم بعملك .."

— ليس الأمر مضحكا .. كلمات كهذه تسببت في تركي لأرض ميندوزا!

— لست أمزح .. ألم تقل لي إنك مستعد للقيام بالأعمال التي يطلبها

منك جدّك، ولكن في مكان آخر مقابل راتب؟

— وهل ستدفع لي مقابل ذلك؟!

— قم بعملك أولا وسوف أخبرك لاحقا.

فعلت من دون فهم.

— أحتاج زيتا!

أشار بإصبعه إلى زاوية الغرفة:

— هناك ..

* * *

نصف ساعة بين يدي، ثم نام تشانغ.

— تشانغ! تشانغ!

أيقظته.

— هوزيه .. في الغد في الغد أرجوك ..

— لن تضحك عليّ تشانغ! هل تفهم؟!

قلت له غاضبا.

جلس تشانغ، وبعينين نصف نائمتين قال:

— وظيفة بيع الموز لا تناسبك يا مجنون ..

— كان اختياري الوحيد ..

— انظر هوزيه .. سأصطحبك صباح الغد إلى المركز الصيني ..

— ولكني لا أعرف الصينية!

ضحك.

— يديك تعرف ..

*　*　*

بعد اختبار عملي في المركز الصيني، قال لي المسؤول:

— لا بأس .. ولكن .. هذا لا يكفي .. يجب أن تتعلم وتتدرب على التدليك الصيني التقليدي .. التايلندي .. والتدليك بالحجارة الساخنة ..

بعد التدريب عملت في المركز الصيني مقابل راتب شهري بالإضافة إلى بقشيش الزبائن. أصبح راتبي أكثر بكثير مما كنت أكسبه من بيع الموز في مانيلا تشاينا تاون.

*　*　*

(4)

بعد شهر في بيع الموز في مانيلا تشاينا تاون، وشهر آخر في عملي لدى المركز الصيني، قررت زيارة بيتنا في فالنسويللا، حاملا بداخلي شوقا للمكان، ومظروفين من المال، أحدهما لـ ماما آيدا والآخر لأمي وأدريان.

في الباص، عدد الواقفين أكثر من عدد الجالسين. وجوههم تعبة، روائح مختلفة في المكان. رطوبة .. عرق[٤] .. فاكهة .. عطور رخيصة.

كنت أنظر في الوجوه باحثا عن شيء. عُمّال أحرقت الشمس وجوههم، موظفون وموظفات بلباسهم الرسمي، أطفال يتزاحمون على النوافذ. أحدق في الوجوه أقرأ قصصها.

لم أجد مكانا للابتسامة، داخل الباص، سوى في وجوه الاطفال المطمئنة. أما بقية الوجوه، فلم أشاهد في ملامحها سوى خوف وحزن وغضب و .. استسلام.

كنت كمن يقف في منتصف جسر ممتد بين مدينتين، مدينة طفولة مطمئنة، ومدينة رجال ونساء يصارعون الحياة.

في منتصف الجسر كنت أسير حاملا سنواتي الستة عشر.

تملّكني الرعب! .. "أي مصير ينتظرني هنا؟".

تمنيت أن يظهر لي أرنب آليس في منتصف الجسر .. يقودني إلى حفرة تأخذني إلى بلاد أبي .. بلاد العجائب ..

* * *

سألت أمي:

— ما زلتِ غاضبة؟

— كلا هوزيه .. لم أغضب منك يوما.

---

٤. عَرَق = sweat

نظرت إلى وجهي والحزن في وجهها. قالت:

— كل ما في الأمر أنني أخشى عليك. لا أريدك أن تنس السفر إلى بلاد أبيك . . عندما يجيء الوقت.

— ماما! . .

— هوزيه! . . حضرت نفسي، منذ زمن طويل لذلك اليوم. هل تفهم؟

كانت على وشك البكاء:

— أحبك هوزيه . . أحبك كثيرا . . ولكنك لم تخلق لتعيش هنا. حضرت نفسي لذلك كي لا أتعلّق بك. انتقلت إلى بيت ألبيرتو من دونك، واهتممت أكثر بأدريان ليس لأني لا أحبك . . بل خوفا من التعلّق بك . . تركتك في البيت هنا مع آيدا وميرلا حتى إذا ما جاء الوقت . . يصبح رحيلك أسهل.

نظرتُ إلى الساعة في يدي لتفهم أمي بأن وقت زيارتي قد انتهى.

— ألن تذهب لزيارة جدّك؟

هززت رأسي إيجابا:

— سأفعل.

* * *

عند باب بيت جدّي توقفت مترددا. قالت أمي إن ميندوزا أصبح يتكلم مع الأموات كل ليلة. "يبدو أنه فقد عقله"، تقول أمي.

أدرت ظهري إلى باب ميندوزا. يكفيني ما رأيته من هذا الرجل، ولا حاجة لي برؤية المزيد. وفي حين كنت أسير أبتعد عن أرض جدّي، سمعت صوته:

— هوزيه تحول إلى ثمرة أناناس . . هوزيه تحول إلى ثمرة أناناس . .

توقفت ما إن سمعت كلماته. "يا إلهي! هل جُنَّ ميندوزا بسببي؟"، تساءلت. وقبل أن أواصل السير، جاء صوته من ورائي:

— جوزافيين . . بيدرووو . . آيداا . . ميرلاا . . هوزيه تحول إلى ثمرة أناناس . .

أخذتُ في البكاء. "هل أعود إليه لأطمئنه إلى وجودي؟". ترددت. ثم ..
واصلت السير. تاركا كل شيء خلفي، بيتنا ونداءات جدّي:

— هوزيييه .. سامحني أنا آسف .. هوزيييه هل تسمعني؟ .. أنا

آسف ..

"هوزيه .. هوزيه .. هوزيه .."

*　　*　　*

(5)

قبل أن أتمم الشهر السادس في وظيفتي الجديدة، أخبرني المسؤول في المركز الصيني بضرورة البحث عن عمل جديد لأن عدد الزبائن قلّ ولم يعد يحتاج إليّ، وبأنه يعطيني أسبوعا أخيرا في العمل.

وجدت وظيفة جديدة في أحد فنادق جزيرة بوراكاي في جنوب مانيلا، بمساعدة أحد زبائني. وظيفة براتب لا يكفي لأعيش إلى نهاية الشهر، ولكنه قال لي إن بقشيش السيّاح جيد. "هذا أكثر ما يمكنني تقديمه لشاب لم يكمل تعليمه"، قال لي الرجل.

"متى سيتحقق وعد أبي؟ متى؟"

كانت الأبواب في بلاد أمي قد بدأت تغلق في وجهي..

* * *

وصلت إلى جزيرة بوراكاي. كان عملي على ظهر مركب. مركب صغير. كانت مهمتي الوقوف في مقدّمة المركب، حاملا قصبة طويلة من البامبو، أستشعر بها اقترابنا من الشاطئ. لحظة الوصول، أربط المركب، ثم أمدّ لوح[٥] خشبي من المركب إلى الشاطئ ليتمكن الركاب من العبور[٦]. أتبعهم حاملا حقائبهم إلى السيارة التي تأخذهم إلى الفندق.

تغيّر لون بشرتي بسبب المياه المالحة والشمس. تغيّر شكلي كثيرا في فترة قصيرة.

في بوراكاي، افتقدت جدا اللون الأخضر، ولكن الأزرق كان لطيفا معي. يا له من لون! أيني من سحره كل هذه السنوات؟ لون لا بدايات له، ولا نهايات. أحببت اللون الأزرق في السماء وفي البحر وأنا الذي ما كنتُ أراه سوى في.. عينيّ ميرلا.

---

٥. لَوح = plank

٦. عُبور = passing, crossing

في عملي هذا، رأيت الكويتيين لمرة ثانية، بعد لقائنا القديم بإسماعيل الكويتي. أزواج جدد جاؤوا لقضاء شهر العسل، أو مجموعات شبابية مرحة، كل مجموعة تضم خمسة أو ستة شباب أو أكثر، جاؤوا للجزيرة لإجازة الصيف. ما أسعدهم .. كم أحببت الجو الذي يضفونه حولهم أينما ذهبوا .. مجانين. يغنون على المركب، بلغة أبي التي أجهلها، يصفقون بطريقة تثير الإعجاب. يجلسون حول واحد منهم، يصفقون، في البدء، كما لو أنهم رجل واحد، ثم يتحول التصفيق وكأنه لمئة رجل، في حين يرقص الذي في المنتصف رقصات غريبة.

كم أحببتهم. وكم كنت أطير فرحا إذا ما علمت أن المركب يضم شبابا كويتيين. في البدء كنت أميّز السيّاح العرب، أما لاحقا، فقد أصبحت أميّز الكويتيين من بينهم. "لأنني واحد منهم"، كنت أقول لنفسي.

ثيابهم .. أحذيتهم .. نظاراتهم الشمسية وعطورهم .. لا تتناسب والمكان الذي يزورونه. يبدون أغنياء بثيابهم، وإن كانوا بسطاء بتصرفاتهم.

كنت أحصل، من بعضهم، على الكثير من البقشيش، وكأن المال لا يعني، لبعضهم، شيئا.

تتملّكني رغبة في أن أتبعهم .. أن أناديهم: "هييّ! توقفوا .. إسمي عيسى .. أنا واحد منكم .. انتظروني ..".

* * *

(6)

كويتيون .. شباب .. خمسة يجلسون أمام الشاطئ. أحدهم يمسك بآلة تشبه الغيتار. يعزف ويغني في حين الأربعة الآخرون يستمعون في صمت.

كنت أجلس قريبا منهم. استمعت إليهم قليلا، ثم وجدتني أذهب إليهم:

— سلام عليكم ..

قلت كما علمتني أمي. نظروا إليّ، بعد أن نظر واحدهم إلى الآخر. بصوت واحد أجابوا:

— وعليكم السلام!

ابتسمت.

— أنتم من الكويت .. أليس كذلك؟

تبادلوا النظرات فيما بينهم مندهشين. قال أوسطهم:

— نعم .. كيف عرفت ذلك؟

— أنا أعرفكم سيّدي.

تبادلوا كلمات لم أفهمها. قال من كان يحمل بيده كأسا بإنكليزية ممتازة:

— تفضل اجلس.

— هل يمكنني ذلك بالفعل .. سيّدي؟

أجاب الخمسة:

— نعم .. نعم .. بكل تأكيد.

سألني أحدهم، في حين كانت يده ممدودة لي بالكأس.

— هل تشرب؟

— قانونيا .. لا يُسمح لي بالشرب .. ما زلت في السابعة عشرة .. ولكن يسعدني أن أقبل دعوتك.

تناولت الكأس من يده.

— معروف أن شراب ريد—هورس قوي التأثير .. هل هذا صحيح؟

سألته.

— جربها بنفسك.

ضحك الجميع. وسكب لي صاحب الكأس المزيد. سألت أوسطهم:

— ألن تعزف يا سيّدي على .. ما اسم هذه الآلة؟

— العود.

أجاب الشاب. تذكرت ما كانت تحدثني به أمي عن غسان— صديق
والدي— الذي يعزف على الآلة ذاتها.

*   *   *

كأس بعد الأخرى .. رأسي بدأ يثقل .. العزف مستمر .. والغناء كأجمل ما
يكون.

وقفتُ والأرض تدور من حولي. "Stop .. Stop"، قلت لهم. توقف
أوسطهم عن الغناء. نظر خمستهم إليّ. قلت:

— انظروا يا شباب .. سأكشف لكم سرّا!

لم يقل أحدهم كلمة.

— أنا كويتي ..

رفعت رأسي بصعوبة أشاهد وجوههم. كانت الدهشة.

— اسمي عيسى ..

تبادلوا النظرات في ما بينهم.

— إن كنتم لا تصدقون .. سأثبت لكم ذلك ..

نظر إليّ باهتمام الشاب الذي كان يعزف.

— هل يمكنكم أن تصفّقوا .. من فضلكم؟

بدأوا في التصفيق والدهشة على وجوههم لا تزال. أوقفتهم:

— لا .. لا .. ليس هكذا.

توقفوا عن التصفيق ينظرون إليّ.

— صفّقوا بالطريقة التي يصفق بها الكويتيون.

الدهشة تحولت إلى ابتسامات، تبادلوا كلمات لا أفهمها. بدأوا بالتصفيق بتلك الطريقة المجنونة. وأنا بدأت أرقص مثلما يفعل الكويتيون.

انفجروا ضاحكين . .

— نعم . . أنت على حق . . كويتي . . ولكن Made in Philippines.

واصلوا ضحكهم بأعلى ما يكون.

جاء رجل حراسة الفندق راكضا: أرجوكم! . . أرجوكم! . . الناس نائمون!

ثم انتهت الجلسة.

*   *   *

(7)

"هوزيه .. هوزيه .. هوزيه .."

لم يكن ميندوزا صاحب النداءات هذه المرة. كانت والدتي، عبر الهاتف،

في اتصال بعد منتصف الليل، تبكي:

— هوزيه .. هوزيه .. ! قبل قليل .. مات أبي!

واصلت بكاءها ..

— احضر حالا .. يجب أن تكون هنا!

* * *

على ظهر المركب كنت، بصحبة نفس الشباب الكويتيين. لم أكن وقتئذ أقف

في مقدّمة المركب. كنت أغادر الجزيرة، وإن كنت أظنها مغادرة مؤقتة.

الكويتيون كما هم. مرحهم. أغنياتهم. ضحكاتهم. هم بالجنون نفسه،

في الفندق، في المركب، وفي الطائرة.

على الطائرة كان أولئك المجانين، بأغنياتهم وتصفيقهم بطريقتهم

التقليدية المدهشة. صاحب الآلة الموسيقية يعزف ألحانا سريعة، والبقية

يغنون بعد أن وقف أحدهم في منتصف ممر الطائرة يشرح للركاب:

— سيّداتي .. سادتي ..

يشير إلى أصحاب المقاعد في جهة اليمين:

— أنتم تصفقون هكذا .. تك .. تك .. تك .. بهذا الإيقاع ..

يلتفت إلى الركاب عن يساره:

— وأنتم .. تصفقون بهذا الإيقاع: تك تك تك .. تك تك تك .. هل هذا

واضح؟

عاد إلى مقعده، قال بصوت عال:

— واحد .. إثنان .. ثلاثة .. الآن!

أي جنون هذا الذي أضفاه الكويتيون على هذه الرحلة؟! الوجوه الباسمة .. الضحك .. كاميرات الفيديو تسجل كل شيء .. الكاميرات الفوتوغرافية ..

وأنا، وسط هذا الفرح، نسيت ميندوزا. لم أشعر بحزن لموت جدّي، ولكن الحزن كان بسبب أولئك المجانين الذين قرروا الرحيل إلى بلاد أبي .. من دوني.

عند بوابة المطار، وأنا أبحث عن سيّارة أجرة، ناداني أحدهم: "عيسى! .. عيسى!". لم أسمع.

أمسك بكتفي:

— أليس اسمك عيسى؟!

كان الشاب صاحب الكأس. أجبته:

— نعم .. سيّدي.

أشار نحو أصدقائه داخل سيارة قريبة. ينظرون إليّ من خلف زجاج النافذة بوجوه باسمة:

— أصدقائي .. وأنا .. ذاهبون إلى مطار نينوي أكينو الدولي .. لنعود، من هناك، إلى الكويت.

أعطاني مالا كثيرا:

— ليس لدينا الوقت لصرف هذه الأموال .. إنها لك ..

— ولكن .. هذا كثير .. سيّدي!

حدق في وجهي. قال:

— لستُ متأكدا من صحة ما تقول .. كونك كويتيا .. ولكن ..

صمت قليلا. أردت أن أؤكد له بأن والدي كويتي .. وأني ولدت هناك ولدي أوراق تثبت ذلك. تركته يكمل ما أراد قوله:

— ولكن، لا تفكر بالسفر إلى هناك.

عاد إلى أصحابه في السيارة. نظرت إليهم والمال في يدي، والحيرة في وجهي. وقبل أن يركب السيارة، التفت إليّ قائلا:

— ابقَ هنا يا صديقي .. واشرب الـ ريد—هورس ..

— أشربه هناك ..

قلت له والدهشة تتملّكني. قال قبل أن يدخل في السيارة:

— الـ ريد—هورس هناك .. لن يقبل وجودك .. وسيدهسك[٧].

وفي حين كانوا يبتعدون أطل صاحب الآلة الموسيقية من النافذة، وصاح[٨] بصوت عال:

— لا ندري ماذا قال لك هذا المجنون، ولكن، عد للكويت إن كنت صادقا بما تقول .. لك، هناك، حقوق كثيرة ..

اختفت السيّارة بين الزحام. اختفى المجانين، تاركين لي مبلغا كبيرا من المال، وحيرة أكبر.

* * *

٧. دهس— يدهس = to smash

٨. صاح— يصيح = صرخ— يصرخ

(8)

في كنيسة حيّنا الصغيرة، حيث تم تعميدي قبل سنوات طويلة، كان جثمان جدي. استقبلت عائلتي أناس كثر، جاؤوا من أماكن مختلفة، بعضها قريب، وبعضها الآخر بعيد.

* * *

وصلت ميرلا في اليوم الثالث بعد وفاة جدّي. وكانت العائلة قد قررت أن تبقي جثمان ميندوزا في الكنيسة خمسة أيام ليراه جميع أفراد العائلة قبل دفنه.

دخلت ميرلا بصحبة ماريا إلى الكنيسة. جلست الأخيرة في الصف الأخير، وتقدّمت ميرلا إلى الصف الأمامي. ألقت التحية ثم قالت: "أنا آسفة لسماع هذا الخبر". جلست بجانبي.

كان أفراد العائلة والمعارف قد بدأوا بالخروج. ومع الغروب، لم يكن هناك أحد في الداخل سوانا أنا وميرلا. التفتت إليّ:

— لا تتظاهر بالحزن على موته هوزيه . .

— بل أنا حزين ميرلا . . لم أنظر إلى وجهه حتى الآن. لو أنني قابلته قبل موته لأقول له: "سامحتك ميندوزا".

— المهم أنك سامحته . . الأمر يخصّك . . لا يخصّه . .

بعد قليل، قالت ميرلا: "ألن تلقي نظرة أخيرة على ميندوزا يا هوزيه؟". تقدّمت ميرلا نحو الجثمان. تبعتها دون رغبة مني.

كان تابوت جدّي، المفتوح، على طاولة فيها أزهار بيضاء. إلى جانبه صورة جدّي ومكتوب: سيكستو فيليب ميندوزا . . ميلاد السادس من أبريل 1925 — وفاة الحادي والعشرون من يونيو 2005 — 80 عامًا.

تقدّمت نحو التابوت حيث تقف ميرلا تصلّي. كان جدّي مُغمض العينين. يبدو محترما كما لم أره في حياتي. يرتدي بنطالا أسود، وقميصا أبيض.

على غطاء التابوت، من الداخل، كانت أمي قد ثبّتت شرائط[٩] من القماش، تحمل كل شريطة اسم أحد أفراد عائلته المقربين: آيدا . . جوزافين . . بيدرو وزوجته وأبناءه . . ألبيرتو وأدريان . . ميرلا و . . هوزيه.

تصبح هذه الأسماء، في داخل التابوت، أمام وجه الميت، ليتذكر أفراد عائلته في العالم الآخر.

— هيا لنذهب هوزيه . .

قالت ميرلا. رسمنا علامة الصليب أمام الجثمان قبل أن نتركه في سكون الكنيسة.

في الطريق إلى البيت، طلبت من ميرلا أن تنتظرني هناك:

— لدي ما أفعله . . سوف أتبعك.

توجهت إلى الكنيسة، حيث جثمان جدّي. نظرت إلى وجهه. ثم إلى غطاء التابوت. مددت يدي وأخذت الشريطة التي تحمل اسمي من بين أسماء أفراد العائلة.

— أنا آسف يا جدّي . . سوف لن تتذكر أن لك حفيدا اسمه هوزيه . .

عند الباب توقفت. نظرت إلى التابوت وأنا على يقين بأنني لن أستمع إلى نداءات ميندوزا بعد اليوم:

"هوزيه . . هوزيه . . هوزيه . ."

* * *

٩. شريطة — شرائط = ribbon

(9)

ظهر أرنب آليس في اليوم الخامس لوفاة ميندوزا. أتراه كان ينتظر موت جدّي؟

لقد انتظرتك كثيرا يا أرنب، تظهر أمامي بشكلك الغريب، أتبعك . . أسقط في حفرة تأخذني إلى بلاد أبي: "قبل أسبوع، تسلمت عائلة الطاروف رُفات^{١٠} راشد من إحدى المقابر الجماعية في جنوب العراق". قال الأرنب.

*   *   *

في اليوم الخامس لوفاة جدّي، سيارة ليموزين فخمة، مُحمّلة بأعداد كبيرة من الزهور، كانت تحمل جثمان ميندوزا، جدّي الذي لم يركب مثل هذه السيارة في حياته، يركبها ميتا.

*   *   *

بعد توديع جدّي ميندوزا وعودتنا إلى البيت، اتصل الأرنب!

"نعم . . أنا جوزافين"، قالت أمي للمتصل: "كيف لا أتذكرك! بالطبع أتذكرك يا غسان!".

غسان! صديق أبي . . صائد السمك . . العسكري . . الشاعر الذي يعزف على آلة العود!

ما إن نطقت أمي اسم غسان حتى اتجهتُ حيث الهاتف الآخر. أخذتُ السماعة أستمع لحوارهما، أمي وغسان:

— الوقت قد جاء لعودته . .

قال غسان بصوت العسكري. واصل:

---

١٠. رُفات = remains

— كانت هذه رغبة راشد، منذ خمسة عشر عاما .. كان أملي كبيرا بعودته من الأسر .. أنا آسف .. ولكن ..

اختفى صوت العسكري .. ثم واصل حديثه بصوت الشاعر:

— قبل أسبوع، تسلمت عائلة الطاروف رفات راشد من إحدى المقابر الجماعية في جنوب العراق.

لم تقل أمي كلمة. سألها غسان:

— أليست لديه رغبة في العودة إلى الكويت؟

بدأت أمي تبكي، في حين أجبته أنا من الهاتف الآخر:

— نعم .. أريد أن أعود .. أريد أن أعود ..

قال غسان: "أعرف أناسا يمكنهم مساعدتنا في شأن عودته. أعطوني بعضا من الوقت لأحضر أوراقك، وأستخرج جواز سفر كويتي". قال إنه كان يتمنى لو يحضر إلى الفلبين، ليأخذني إلى الكويت بنفسه، ولكن سببا كان يمنعه من ذلك.

أنهى الأرنب مكالمته: "سأكون على اتصال بكما".

* * *

(10)

في اليوم الخامس لوفاة ميندوزا وصلنا خبر وفاة راشد. وبعد مرور أسبوع ماتت إينانغ تشولينغ.

ذات صباح سمعنا ماما آيدا تصرخ: "جوزافين! . . تعالي بسرعة!"، ثم انفجرت باكية: "ماتت العجوز . . ماتت . .". ثم جلست على الأريكة تبكي بكاء هيستيريا. كنت في حالة صدمة، "هي لم تبكِ لوفاة والدها!"، فكرت. دخل خالي بيدرو بوجه حزين، ثم دخلت أمي وألبيرتو وجلست إلى جانب ماما آيدا، وقالت باكية: "ماتت المسكينة بعد أن طال انتظارها . . ماتت بموت أملها الوحيد". ماذا يجري هنا؟ تساءلتُ. نظرت إلى الوجوه من حولي . . بكاء ماما آيدا . . وأمي . . حزن خالي بيدرو . . صمت ألبيرتو . .

صعدت إلى الدور العلوي وأخذت سماعة الهاتف. "ماتت إينانغ تشولينغ!"، قلت لـ ميرلا. أجابت: "أمر مؤسف، ولكن، ما بصوتك هوزيه؟ المرأة قاربت المئة. هل صدّقت أساطير أطفال الحيّ وحكاياتهم حول إينانغ تشولينغ الساحرة التي لا تموت؟!". قلت لها: "تعالي ميرلا . . شيء غريب يحدث في الأسفل . . أمي . . أمك وخالي بيدرو . .".

* * *

ذهب الجميع، إلا أنا، إلى منزل إينانغ تشولينغ. جلست أنتظر ميرلا، وفور وصولها سألَت: "أين ذهب الجميع؟".

— إلى منزل العجوز . .

أجبتها. نظرت ميرلا إلى وجهي باستغراب. قالت:

— هوزيه! لقد أخَفتني . . ماذا يجري؟

— لست أدري . . ولكن . .

— هيا ننظر على منزل العجوز من الداخل.

— مجنونة أنتِ؟ هل ستدخلين منزل الساحرة؟

نظرت إليّ والدهشة تعلو وجهها:

— لماذا طلبت مني المجيء هوزيه؟!

— لا أدري ميرلا.. ولكن أمك كانت حزينة جدا.. أمي وخالي بيدرو كذلك.. رد فعلهم كان غريبا!

— كل شيء غريب في أرض ميندوزا.. كل شيء..

— ولكن.. أمي تقول إن العجوز انتظرت طويلا..

— عجوز في مثل سنّها ماذا ستنتظر سوى الموت!

— هيا بنا لنرى بيت الساحرة..

* * *

أمام منزل إينانغ تشولينغ اجتمع الجيران، النساء والرجال، وأطفالهم. أمام سرير خشبي كانت أمي وماما آيدا تصليان، في حين جلس خالي بيدرو إلى كرسي قريب منهما. على السرير الخشبي كانت إينانغ تشولينغ تحت غطاء أبيض لا يظهر منها سوى كتفيها ورأسها. كان قس كنيسة الحيّ يمسح على جبينها بالزيت المقدّس ويصلي. كان فمها مفتوحا على اتساعه، كاشفا عن أسنان متفرقة. كان الخوف يتملّكني.. وضربات قلبي متسارعة. فجأة، أشارت لي ميرلا بعينيها إلى أحد الجدران. نظرتُ حيث أشارت. فتحتُ عينيّ على اتساعهما غير مصدّق! صور لميندوزا بالأبيض والأسود. صورة كنت قد رأيتها في بطاقة الهوية الخاصة بالجيش. صورة أخرى يقف فيها مع مجموعة من الرجال بزيّهم العسكري. وأخرى يجلس فيها إلى كرسي مع امرأة، يجلس بينهما طفلتان وصبي. ومجموعة أخرى من الصور القديمة لميندوزا لم أكن رأيتها قط.

خرج القسّ بعد أن انتهى. ثم سألت ميرلا بصوت خفيض: "صوَر جدّي.. على جدار إينانغ تشولينغ.. لماذا؟".

خرج خالي بيدرو يتبع القسّ. تظاهرت أمي بالانشغال بترتيب المكان. وأجابت ماما آيدا:

— ليس غريبا أن تزّين الأم جدرانها بصوَر ولدها الوحيد ..

تبادلنا، أنا وميرلا، النظرات غير مصدقين. سألتُ ماما آيدا.

— إينانغ تشولينغ هي والدة ميندوزا؟!

هزّت رأسها إيجابا والدموع تسيل على وجهها، في حين كانت أمي تتظاهر بالانشغال في شيء ما. كانت تبكي. تقدّمتُ نحوها. نظرتُ في عينيها. سألتها:

— تلك العجوز والدة ميندوزا .. من يكون والده؟

فاجأني قولها:

— ليس له أب ..

*   *   *

(11)

بعد ستة شهور من مكالمة غسان الأولى، وصل جواز سفري من سفارة الكويت في مانيلا. ومن السفارة إلى كاتدرائية مانيلا توجهت على الفور.

في الكاتدرائية. جلستُ في الصف الأمامي. وضعت يدي على الصليب المُعلّق من رقبتي، وأخذت أصلي: أبانا الذي في السماء . . ليتقدّس اسمك . . لتكن مشيئتك . . كما في السماء كذلك على الأرض . . واغفِر[١١] لنا ذنوبنا . . لك المُلك والقوة والمجد . . من الأزل إلى الأبد . . آمين.

أبانا . . إني عائد إلى حيث وُلدت . . إلى بلاد أبي الذي لم أره . . إلى مصير أجهله ولا غيرك يعلمه . . تقول أمي أن حياة جميلة تنتظرني هناك . . ولكن، لا أحد يعرف ماذا ينتظرني سواك. أبانا الذي في السماء . . في يدي جوازي الأزرق . . وفي قلبي شيء من إيمان أخشى أن أفقده . . ساعدني على الإيمان بك . . وكن معي في سفري . . ووجهني إلى الخير. أبانا الذي في السماء . . هل أنت حقا في السماء؟ أجبني . . بحق ابنك المسيح والعذراء.

* * *

من الكاتدرائية ذهبت إلى مانيلا تشاينا تاون، إلى معبد سينغ—غوان. وفي سيارة الأجرة كان السائق معلّقا على المرآة صليب. وتحت المرآة تمثال صغير لـ بوذا. سألت سائق سيارة الأجرة:

— لماذا الصليب؟

نظر إليّ الرجل والشك في عينيه. أجاب:

— لأنني مسيحي!

أشرت بنظري إلى تمثال بوذا. سألته.

— ولماذا الآخر؟

---

١١. غفر— يغفِر = to forgive

ابتسم، وقد فهم السؤال. أجاب:

— جلباً للرزق[١٢] . .

أمام معبد سينغ—غوان توقفت سيّارة الأجرة. قال السائق وأنا أنزل من السيارة:

— أراك تحمل حول رقبتك صليبا . . لماذا؟

أجبته باسما:

— هذا ما اختارته لي خالتي . .

أشار نحو بوابة المعبد. بابتسامة أكبر سألني:

— سينغ—غوان . . لماذا؟

أدرت له ظهري واتجهت إلى المعبد.

— هيي! . . أجبتك حين سألتني . .

صاح الرجل:

— هيا كُن عادلا[١٣]! لماذا؟

توقفت عند البوابة. واجهت سيارة الأجرة. كان لا يزال الرجل ينتظر إجابتي. نظرت إلى الأعلى، ثم إليه. قلت:

— جلبا لـ . . لشيء لستُ أدريه . .

* * *

أمام الغرفة الزجاجية الوسطى، حيث تمثال بوذا الذهبي وقفت.

ابن الرب . . لست أدري كيف أصلي لك . . ولكن، إن كنت ابن الرب ومخلّص الناس، كما يقولون . . ستسمعني وتقبل صلاتي كما هي . . لا أعرف كيف أصلي أمامك . . ولكنني أعرف كيف أشعل البخور وأغرسه في طبق الرمال الناعمة . . وإن كنت أجهل لماذا أفعل ذلك . . ابن الرب . . ساعدني

١٢. رِزق = sustenance

١٣. عادِل = fair

على الإيمان بك إن كنت حقا كذلك . . بحق رسالتك . . بحق تلاميذك . . بحق أمك العذراء مايا. إن كنت إلَها[١٤] . . نبيّا أو قدّيسا . . ساعدني . . لأرى النور.

* * *

١٤. إله = god

تسلّط البعض لا يمكن حدوثه إلا عن طريق
جُبن الآخرين
خوسيه ريزال

الفصل الرابع

عيسى .. التيه الثاني

(1)

مطار كئيب ذلك الذي نزلت به الطائرة في الخامس عشر من يناير 2006. الوجوه تشبه مطارها، كئيبة، بشكل لم أجد له سببا. الناس في طوابير، أمام موظفي المطار، يختمون جوازاتهم. وفي مقدّمة كل طابور، في الأعلى، لافتات، كتب على بعضها: "G.C.C CITIZENS"[١]، وكتب على بعضها الآخر: "مواطنو الدول الأخرى". وقفت في حيرة. هل أتوجه للطوابير التي يقف فيها الفلبينيون الذين كانوا معي في الرحلة؟ أم تلك الطوابير التي يقف فيها أناس لا يشبهونني؟

وقفت في أحد طوابير الـ G.C.C، خلف رجال يرتدون تلك الثياب الفضفاضة مع أغطية الرأس العربية .. لابد أنهم، مثلي، كويتيون.

كان الموظف يختم على جوازات السفر، إلى أن جاء دوري. أدخلت يدي في جيب البنطلون، وقبل أن أخرج منه الجواز صرخ بي الرجل. أشار بيديه نحو الطابور الآخر، حيث يقف الفلبينيون ومواطنو الدول الأخرى. قال كلاما لم أفهمه. ذهبت مسرعا إلى الطابور الآخر، في حين كان الموظف لا يزال يتحدث بصوت عال، مُشيرا إلى اللافتة في الأعلى. كلماته غاضبة. كنت أرتعش[٢]، والناس تنظر إليّ. هل هو ممنوع الوقوف في ذلك الطابور؟ أهي منطقة عسكرية؟

في الطابور الآخر، قال لي شابٌ فلبيني: "كنت تقف في المكان الخطأ .. ذلك الطابور خاص بالكويتيين ومواطني دول الخليج". هززت رأسي شاكرا وأنا أفكر في نفسي: "رفض وجهي قبل أن يرى جواز سفري!".

قدّمت جوازي الأزرق إلى الموظف الثاني. أمسك به ونظر في وجهي. قال لي باسما: "أعتذر عما فعله زميلي .. يمكنني أن أختم لك الجواز هنا، ولكن .. هل تقدر أن تعود إلى زميلي؟". نظرت إلى الموظف الأول. هززت

---

١. مواطنو دول مجلس التعاون الخليجي (المترجم).

٢. ارتعش— يرتعش = to tremble

رأسي رافضا. قال: "أرجوك .. هذا حقك ..". أرجع لي الجواز. قال بابتسامة كبيرة: "أهلا وسهلا بك في بلدك، ولكن ليس عبر مدخل الأجانب".

قدّمت جوازي للموظف الغاضب. زرقة جوازي غير لون وجهه إلى الأحمر. من دون أن ينظر في وجهي، ومن دون أن يقول كلمة، ختم على الجواز.

* * *

كانت المحال التجارية والمطاعم والمقاهي في المطار مغلقة. نظرت إلى وجوه الناس التي جاءت تستقبل العائدين من أسفارهم. كانت الوجوه حزينة، صامتة. "لماذا يستقبلون العائدين من السفر إذا كانوا بمزاج سيء؟!"، سألت نفسي.

كان واقفا يحمل ورقة تحمل اسمي العربي، أو، رقمي الفلبيني"Isa". كان يرتدي الثوب العربي. شاربه، كما رأسه، فضّي. عيناه حزينتان بشكل لم أر مثله. لو سُئلت يوما، كيف يبدو الحزن؟ سأجيب: "وجه غسان".

* * *

كان الطقس باردا في الخارج، ليس كما صوّرته لي أمي في أحاديثها عن الكويت. كانت الشوارع مزروعة بشكل جميل. بعد خروجنا من المطار، سألت غسان ناظرا من نافذة السيارة:

— طريقتنا مختلفة في رفع الأعلام عن طريقتكم.

أشرت باتجاه الأعلام. واصلت:

— في الفلبين، يكون العلم في الأعلى، ليس في وسط السارية.

— وفي الكويت كذلك، وفي كل مكان، ولكن الدولة في حِداد.

— حِداد؟!

— مات أمير البلاد اليوم.

* * *

(2)

كان علينا أن نذهب، فور وصولي، إلى منزل جدّتي غنيمة، هذا ما قاله غسان، ولكن، بسبب الحداد، ومزاج جدّتي في ذلك الوقت .. كيف ستتقبل مجيئي إلى الكويت في الوقت الذي توفي فيه الأمير؟ ألا يكفي ما سببناه أنا وأمي من قبل؟ وصول أمي وقت التفجيرات التي استهدفت الأمير في منتصف الثمانينيات، ولادتي واختطاف الطائرة! "وجودك، في هذا الوقت، يؤكد فكرة لعنة جوزافين التي تؤمن بها الخالة غنيمة"، قال غسان. ولهذا السبب، تأجّل لقائي بجدّتي شهرا كاملا.

يسكن غسان في شقة صغيرة، في منطقة الجابرية، وهو اسم الطائرة التي اختطفت قبل سنوات، والتي كان غسان ووليد يسافران عليها، والاسم يعود إلى جابر، اسم أمير الكويت الذي بكاه الناس يوم وصولي.

لم نخرج من الشقة في الأيام الثلاثة الأولى، ولم يذهب غسان إلى العمل بسبب الحداد الرسمي. كان غسان يشاهد التلفاز. يحدثني قليلا، ثم يعود للمشاهدة. يمسح دموعه. وفي الشاشة يظهر الأمير محمولا على الأكتاف، مغطّى بعلم الكويت، والناس من حوله بالآلاف. صوت مُذيع الأخبار حزين، لا أفهم ما يقول، يكاد يبكي. النساء يلبسن الأسود. يبكين. فتيات صغيرات يحملن صورا لأميرهن الراحل. عجائز يبكين في الشوارع!

حزينة كانت الكويت في الأيام الأولى لوصولي. كان الحزن قد احتل كل شيء: الأرض والسماء والهواء.

صور الأمير الراحل على التلفاز، وصوت رجل يغني من دون موسيقى، أو .. لعله كان يصلي أو يقرأ القرآن .. لست متأكدا.

* * *

— سيّدي! قلتَ لأمي في مكالمتك الأولى إن هناك ما يمنعك من السفر .. قلت لغسان ذات صباح بعد وصولي بأيام قليلة.

— عيسى! ليس غسان اسم صعب . . لماذا تناديني بـ سيّدي؟!

صمت قليلا ثم قال:

— نعم، لست أستطيع السفر. فأنا لست كويتيا . .

لم تخبرني أمي أن غسان ليس كويتيا، ثم إنني لم أفهم ما العلاقة بين أن يكون الإنسان غير كويتي وعدم قدرته على السفر!

— من أين أنت إذن؟

— بدون . .

— حقا؟! ظننتك كويتيا! بدون . . لم أسمع بهذه الدولة من قبل!

بقي غسان صامتا. سألته بغبائي المعتاد:

— هل البدون من دول الـ G.C.C؟

ضحك ضحكة تشبه البكاء.

* * *

تعرفت، من خلال غسان، على نوع جديد وفريد من الناس. اكتشفت أناسا أغرب من قبائل الأمازون، أو القبائل الأفريقية التي يتم اكتشافها بين حين وآخر. أناس ينتمون إلى مكان لا ينتمون إليه . . أو . . أناس لا ينتمون إلى مكان ينتمون إليه . . كانت الفكرة صعبة الفهم.

— ولكنك سافرت على تلك الطائرة التي تم اختطافها ذات يوم!

— كانت الأمور أسهل مما هي عليه الآن . .

استرجعت كل المعلومات التي سمعتها من أمي عن غسان:

— ولكنك عسكري!

— كنت . . في يوم ما . .

* * *

سألت غسان إلى أن عرفت عنه كل شيء، ومعرفتي بكل شيء لا تعني، بالضرورة، فهمي لكل شيء. ذلك الحزن الذي على وجهه صفة لم يستطع

أن يتخلص منها. هو بدون، أكره هذه التسمية التي لا أفهمها رغم ترجمة غسان لها، هو بلا جنسية، خُلق هكذا. لو كان سمكة سردين في المحيط الأطلسي لأصبح سمكة أطلسية. لو كان طائرا في إحدى غابات الأمازون لأصبح طائرا أمازونيا. أما أن يولد أبواه في الكويت، ويولد هو أيضا حيث وُلدا، يعمل في الجيش، ويدافع عنها زمن الإحتلال .. فهو .. بدون!

— ما هذا يا غسان؟! وُلدتَ وأبواك هنا .. أخوتك، كلهم، كويتيون .. شغلت وظيفة في الجيش .. وبالأمس كنت تبكي وفاة الأمير .. ورغم كل هذا ..

قاطعني:

— عيسى! .. لم تسأل عن أبيك ..

لم أنطق بكلمة. لم أكن أحمل لأبي أي مشاعر لأهتم.

— كان راشد يحبك يا عيسى .. كان دائم الحديث عنك ..

شعور غريب، تجاه أبي، تحرك في أعماقي:

— هل كان أبي كذلك حقا؟

— أكثر مما تتصور ..

ترددت قبل أن أسأل:

— لماذا لم يبقني إلى جانبه إذن؟ لماذا تركني؟

— هناك شخص ما، تحبه وتخشى عليه، أمامه مصيرين. ولسبب ما، هو لا يملك حق الإختيار .. إما أن ترميه في النار .. أو .. في الشوك. أيهما تختار له؟

من دون تفكير أجبت:

— الشوك طبعا ..

— هذا ما فعله راشد ..

*   *   *

(3)

اقتربت من غسان خلال الشهر الذي قضيته في شقته. تلك الشقة التي لم أكن أشعر بالراحة بداخلها .. لم أعتد على هذا النوع من السكن. في غرفة تشانغ، كنت أرى من النافذة الصغيرة معبد سينغ—غوان، أما نوافذ شقة غسان، فلم أجد من بينها نافذة أشاهد من خلالها ما يثير الاهتمام سوى ذلك الشعور بالغربة تجاه الأرض والناس.

يخرج غسان كل صباح إلى العمل، في حين أبقى أنا في الشقة باحثا عن شيء لأقتل الوقت. كل الكتب باللغة العربية. الصحف والمجلات التي يحتفظ بها غسان باللغة ذاتها. أخذت أتصفحها ذات صباح أشاهد الصور. وفي كل مجلة، وكل صحيفة، صورة أو أكثر لغسان. كلام كثير أسفل صوره. تُرى ماذا كان يقول، أو ماذا كُتب عنه؟ كنت أتساءل. أخبرني لاحقا أن تلك الصحف والمجلات فيها قصائده ومقالات عنه، أو لقاءات صحفية.

طلبت منه ذات مساء أن يقرأ لي شيئا مما كتب. نظر إلى وجهي باهتمام: "أقرأ إحدى قصائدي؟ بالإنكليزية؟! .. لم أفكر بهذا من قبل .. تبدو فكرة جميلة .. أعطني قليلا من الوقت عيسى .. سأقوم بترجمة فقرة صغيرة .."، قال، ثم أخذ يكتب على ورقة. أشعل سيجارة، ثم بدأ في القراءة بالإنكليزية، بصوت جميل.

— ما رأيك؟

كانت كلمات غسان إنكليزية بالفعل، ولكنها بلا معنى.

— بصراحة ..

قلت مترددا وقد تملّكني الخجل.

— لم أفهم شيئا.

— لو كانت إجابتك مختلفة لعرفت أنك كاذب .. لأنني لم أفهم شيئا مما كنت أقول!

أخذ يضحك. وضحكت أنا أيضا، ناظرا إلى وجهه.

تمنيت لو أنني أستطيع قراءة كلمات غسان بالسهولة التي قرأت بها وجهه.

* * *

"في هذا الدُرج الكثير من الصور لأبيك"، قال غسان ذات صباح، وهو يشير إلى درج المكتب، قبل أن يخرج للعمل.

خرج غسان، ثم أخذت أنظر إلى درج مكتبه حيث أشار إلى صور أبي.

قبل سنوات، حين كنت أشاهد الصور، كانت أمي تحاول أن تعرّفني إلى ذلك الرجل الذي سألتقيه يوما، أما والرجل قد مات، فقد تملّكني شعور غريب تجاه مشاهدة الصور. ترددت كثيرا قبل فتح الدرج، خصوصا بعد أن أخبرني غسان أن أبي كان دائم الحديث عني. لا أريد أن أحب هذا الرجل بعد أن أصبح لقاؤه مستحيلا.

* * *

(4)

ذلك المساء، وبعد أن ذهب غسان إلى غرفة نومه، بقيت أنا في غرفة الجلوس. ذهبت نحو الدُرج الذي فيه صور أبي. جلست أمام المكتب . .

عشرات الصور لمراحل مختلفة من عمره. صور بشارب، وأخرى بدون. صور بنظارة وأخرى من دونها. صور في الكويت . . لندن . . تايلاند. لو كان يبدو حزينا في الصور . . ولكنه كان يبدو سعيدا بحيث جعلني أشعر بألم شديد لموته في هذه السن الصغيرة. مات عن تسعة وعشرين عاما. كل صورة تقول بأن أبي كان مليئا بالحياة. صورة على الشاطئ وهو يحمل سمكة كبيرة . . صورة أخرى في لندن، يقف فيها أبي تحت ساعة بِغ—بِن ببذلة رمادية وربطة عنق حمراء، وإلى جانبه فتاة تبدو كويتية، تلبس تنورة قصيرة . . صورة أخرى له في تايلاند . . صورة لأبي مع غسان، بملابس كرة القدم . . وفي صورة أخرى بلحية طويلة، يرتدي ثوبا أبيض، واضعا على رأسه غطاء الرأس التقليدي. عرفت فيما بعد أنها آخر صورة أخذت له وقت الحرب.

هل أقول بأنني أحببته، من خلال صوره فقط؟ نعم، أحببته واشتقته وافتقدته وأنا الذي ما رأيته قط. شعرت برغبة شديدة في معانقته وسماع صوته. بكيت كثيرا من دون صوت، وانتبهت لأول مرة بأنني لم أقل في حياتي كلمة: "بابا".

فهمت لماذا كان ميندوزا، عندما يشرب الـ توبا، يقول: "أنا وحيد . . أنا ضعيف!". مثلك أنا يا ميندوزا، ومن دون توبا، أعترف . . أنا وحيد . . أنا ضعيف . .

*   *   *

(5)

جميلة هي الكويت، هذا ما كنت أراه في المجمعات التجارية والمطاعم. الشوارع نظيفة. المباني والبيوت .. السيارات .. أوه! ما أجملها.

أثار انتباهي بشدة تبادل القبلات هنا بين الرجال حين يحيّون بعضهم البعض. في الحقيقة هي ليست قُبلة تماما، ولكنها توشك أن تكون. يلامس الرجل بخدّه خدّ الآخر في حين يصافحان بعضهما البعض. فهمت من غسان أنها طريقة التحية التقليدية هنا ليس بين الرجال فقط، بل إن النساء أيضا يفعلن فيما بينهن.

يمر أحدهم أمامنا، يهمس: "السلام عليكم"، ثم يواصل سيره في حين يرد غسان: "وعليكم السلام". أسأله: "هل تعرفه؟"، يهز رأسه نافيا. ثم عند باب المصعد في المجمع التجاري يلقي التحيّة مرة أخرى: "السلام عليك". أسأله مجددا: "هل تعرفه؟". يهز رأسه نافيا: "لا". إذن لماذا يتبادلون التحايا فيما بينهم؟! كنت أسألني.

الوجوه والأشكال والملابس تختلف جدا. يثير انتباهي بعض الأشخاص بأشكالهم. فأسأل غسان: "ماذا يكون؟"، يجيب: "كويتي".

وهذا؟ .. كويتي .. لا لا، لست أعني هذا بل ذاك .. كلاهما كويتي .. والذي يقف هناك؟ .. كويتي .. والفتاة التي ترتدي .. كويتية .. والـ .. كويتي أيضا.

البعض يرتدي ثيابا على الموضة، والبعض بالثياب التقليدية، أناس بالشورت والتي—شيرت، وآخرون يرتدون الجينز .. شباب بشعور طويلة تظهر من تحت غطاء الرأس .. شباب يسرّحون شعورهم بطريقة مجنونة أعجبتني، والبعض بغطاء رأس .. فتيات كثيرات .. تسريحات شعر مختلفة .. ملابس جميلة .. تنانير قصيرة .. أخرى طويلة .. وأخريات يغطين رؤوسهن بالحجاب .. تختلف أشكاله .. ثياب سوداء .. بعضها ضيق .. بعضها الآخر فضفاض .. فتيات تشبهن نجمات هوليوود .. نساء يغطين

وجوههن بقماش أسود لا يُظهر سوى أعينهن . . شعور سوداء . . شقراء . . أناس سُمر . . أناس بيض . . أناس سود . .

مع كل هذه الاختلافات، كنت أقول في نفسي: "سوف أذوب[٣] بين هؤلاء".

* * *

بعد شهر بدأت الكويت تستعيد فرحها شيئا فشيئا. ففي نهاية يناير تولى الأمير الجديد الحكم. صوره بدأت تنتشر في الصحف والشوارع. وفي الأسبوع الأخير من فبراير تغيرت الكويت تماما. رأيت الكويت ترقص فرحا في الخامس والعشرين من فبراير.

أخذني غسان في سيارته، إلى الشوارع جهة البحر. الهواء بارد رغم أن الطقس كان مشمسا. الإزدحام يزداد. الأعلام، بأحجام مختلفة، فوق السيارات. صوت الأغنيات الوطنية يتعالى من النوافذ . . يغنون ويصفقون . . والفرح على الوجوه.

تذكرت المجانين الذين كنت أشاهدهم في بوراكاي، واكتشفت أنهم مثل هؤلاء الذين يرقصون في الشوارع في العيد الوطني.

فجأة سمعت صوتا غريبا. امرأة تضع كفّها بالقرب من فمها، تحرك لسانها بسرعة، تصدر صوتا يشبه ذلك الذي يصاحب أهازيج الهنود الحمر.

* * *

٣. ذاب — يذوب = to melt

(6)

— هل أنت مستعد للقاء جدّتك في الغد؟

— لست أدري . . فقد كانت تكرهني . .

ظل غسان صامتا.

— أتراها لا تزال تكرهني؟

— لا أعرف يا عيسى . . ولكن . .

تردد قبل أن يضيف:

— لا تظن أن الأمر سهلا . .

في صباح اليوم التالي، وأنا جالس إلى جانب غسان، كنت أرتعش، وأعرق. نظر إليّ عندما أوقف السيّارة أمام بيت جدّتي:

— عيسى! . . ما بك؟

— عد بي إلى البيت أرجوك!

كرهت نفسي وبكيت كما طفل. ارتبك غسان وقال:

— هوّن عليك[٤] . . هوّن عليك . .

فتح باب السيارة قائلا:

— ابقَ أنت هنا . . سأقابل الخالة غنيمة لوحدي . . سأتحدث إليها أولا . . وسوف آتي لأدعوك للدخول . .

ابتسم ابتسامة واسعة. أتم:

— كُن قويا . .

مسحت دموعي، بينما هو تحدث إلى خادمة تبدو هندية. دخل وبقي الباب مفتوحا.

٤. هوّن عليك = take it easy

أخذت أنظر إلى البيت الكبير وأتخيل أمي في داخله. كيف كانت تنظف منزل كبير كهذا لوحدها؟

"الله أكبر .. الله أكبر" .. صوت نداء الصلاة من مسجد قريب. "الله أكبر .. الله أكبر" .. لأول مرة أستمع إلى هذا النداء بهذا القرب والوضوح. شعور غريب لامس روحي. شعرت بالطُمأنينة[٥]. تبدو الكلمات مألوفة[٦] رغم عدم فهمي للغتها. شيء ساكن بداخلي أخذ يتحرك. هو النداء ذاته الذي همس به أبي في أذني اليمنى فور ولادتي .. هو الصوت الأول .. شعرت بفضول لدخول المسجد القريب من منزل جدّتي، ذلك الفضول الذي لم أشعر به عندما كنت أمر بجانب المسجد الذهبي أو المسجد الأخضر في كوياپو في الفلبين.

صورة غير واضحة التي أحملها في داخلي للإسلام. الإسلام، بالنسبة لي، كأي دين، كأي حضارة أو حكاية أو فكرة.

كنت أرى الإسلام، عندما كنت صغيرا، باحترام بسبب لاپو—لاپو، سلطان ماكتان الشهير الذي يعتبره الفلبينيون أحد أهم الأبطال القوميين. أول من قاوم الاستعمار في القرن السادس عشر. تماثيله في أهم الساحات في الفلبين. حفظت كل ما يتعلّق بهذا السلطان المسلم وتاريخه.

كان لاپو—لاپو هو الرمز المسلم الوحيد الذي كنت أعرفه في طفولتي، بطل أسطوري. صورة جميلة كنت أحملها للإسلام، ولكن رمز مسلم آخر غيّر كل ما كنت أحمله في داخلي .. أبو سيّاف أوجماعة أبو سيّاف الذين يقتلون ويسرقون رجال الأعمال الأثرياء. حادثة الاختطاف الشهيرة في منتصف عام 2001 اهتم بها الجميع في الفلبين. من بين المختطَفين كان ثلاثة أميركيين. كانت الأخبار مرعبة. قُتل أثناء الحادثة إثنى عشر فلبينيا مختطَفا، ووجدوا جثة أحد الأميركيين مقطوعة الرأس. لابد أن المسلمين في مندناو طيبون ككل الفقراء، ولكن الناس في الخارج لا تعرفهم سوى بجماعة أبو سيّاف.

---

٥. طُمأنينة = calm

٦. مألوف = familiar

السلطان المسلم لاپو—لاپو واحترام الناس له في الفلبين، على اختلاف أديانهم، واعترافهم بدوره في مقاومة المحتل، صور جميلة قرّبتني إلى الإسلام كثيرا . . جماعة أبو سيّاف بقتلهم الأبرياء، أبعدوني عن هذا الدين . . كثيرا.

* * *

انتهى نداء الصلاة. كان السكون من جديد، في حين كنت في السيارة أنظر نحو منزل جدّتي لا أزال. الستارة خلف إحدى النوافذ العلوية تتحرك. فتاة تنظر إليّ من الأعلى. خرج غسان بوجه فهمت معناه.

جلس في السيارة. ثم أشعل سيجارة، ومن دون أن ينظر إليّ قال:

— لا بأس . . سوف نكرر المحاولة . .

لم أنطق بكلمة. كما فعلت أمي تماما، قبل سنوات طويلة، حين خرج والدي من البيت ذاته يحملني بين يديه. بقيت صامتا، وحضرت نفسي للعودة إلى أرض ميندوزا مرة أخرى.

"يبدو أن حتى سيقان البامبو لا تضرب جذورها هنا"، قلت في نفسي.

* * *

— لماذا أحاول مرة أخرى غسان؟

قلت له في شقته. أجاب:

— لأن الخالة غنيمة ستغيّر رأيها . . هي في حيرة من أمرها . .

نظر إلى وجهي:

— سوف يكون الأمر أسهل لولا خشيتها من كلام الناس.

— وما علاقة الناس بقبولي عند أهلي؟ وكيف سيعرف الناس بحكايتي؟!

— كلام الناس هنا سُلطة . . ثم أنها ليست حكايتك، هي حكاية عائلة الطاروف. الكل سيعلم بالأمر، فالكويت صغيرة.

* * *

مات جدّي، عيسى، تاركا لجدّتي ثلاث بنات وولدًا واحدًا، الذي هو راشد، أبي. كان الولد الوحيد، ورجل البيت، هذا ما كنت أعرفه من أمي. أما ما لم أكن أعرفه، وهو الأهم، هو أن أبي كان الوحيد الذي سيورّث اسم العائلة. كانت تتمنى أن ترى أولاد راشد، ليستمر لقب الطاروف، خصوصا أن عيسى الكبير، جدّي، كان آخر من يحمل اللقب بعد وفاة شقيقه شاهين. أما بعد استشهاد أبي أثناء الاحتلال من دون أن ينجب ولدا، فقد أصبح أمر استمرار لقب الطاروف مستحيلا، ولكن، ومع ظهوري المفاجئ فكرت جدّتي في هذا "الشيء"، الذي هو أنا، والوحيد الذي يستطيع أن يضمن استمرار اسم أبيه وجدّه، وتوريث لقب العائلة.

— كيف تبدو ملامح ابن الفلبينية؟

سألت جدّتي غسان في ذلك اللقاء. أجابها:

— فلبينية . .

أخبرني غسان:

— أنت لا تعرف ماذا كان يعني راشد للخالة غنيمة. وأنت، رغم وجهك، ولده الوحيد. هل تفهم ذلك؟

— كلا . . لا أفهم . .

— اسمع . . خولة هي آخر من ينتهي اسمها بلقب الطاروف، وفي يوم ما سوف تتزوج، وسوف يحمل أبناؤها اسم زوجها . . للخالة غنيمة حفيدان آخران يحملان إسم جدهما، عيسى، ولكنهما لا يحملان لقب العائلة، فهما يحملان لقب الأب. أما بعد عودتك، فلا أحد سواك يمكنه أن يضمن استمرار لقب الطاروف.

لم أكن أهتم بما يقول. سألته:

— من تكون خولة؟

*   *   *

وُلدت خولة بعد انتهاء حرب الخليج الثانية بستة أشهر، من دون أن يراها أبي. تزوج أبي، في منتصف العام ١٩٩٠، من إيمان. ولكنه وقع في أسر قوات الاحتلال. أنجبت زوجته في سنة التحرير أختي، خولة. واستقرت، الاثنتان، في بيت جدّتي إلى أن تزوجت إيمان برجل آخر بعد سنوات، لتنتقل إلى بيته تاركة خولة مع جدّتي غنيمة التي وضعتها في مكانة أعلى من عمّاتي الثلاث . . عواطف . . نورية . . وهند.

كانت أختي، في بيت جدّتي غنيمة، خولة . . ابنة راشد . . محبوبة غنيمة. كانت تخشى عليها من الإنس والجن. يقول غسان إن جدّتي، في كل ليلة، تضع كفها على جبين حفيدتها، تقرأ آيات من القرآن. وفي الصباح، تعطيها لتشرب ماء تقدّسه بقراءة آيات قرآنية.

حدثني غسان عن خولة كثيرا. هو يحبها، وهي بالمثل، تعتبره بديلا لأبي. يقول غسان عن خولة: "فتاة رائعة. ذكية. كن قريبا منها يا عيسى، هي بحاجة إلى أخ كما أنك بحاجة إلى أخت".

خولة لا تشبه بنات جيلها. هي مثل أبي بسبب حبها للقراءة. حلمها هو أن تكمل الرواية التي بدأ أبي بكتابتها ومات قبل أن ينهيها. ليس لديها صداقات كثيرة. فغسان وعمتها هند أقرب صديقين.

"أنا فخور بها، كما لو أنها ابنتي"، يقول غسان.

حديث غسان، حول أنني الوحيد الذي يضمن استمرار لقب الطاروف، جعلني أشعر وكأنني ملك شرعي[٧] عاد من رحلة طويلة ليحكم مملكته. ولكن، الشرعية وحدها ليست كافية، فأنا مرفوض من عائلتي، كما أنني لست ملكا.

لم أفهم ماذا يعني استمرار لقب العائلة. وما الذي سوف يحصل إذا ما استمر هذا اللقب. وما علاقة ملامح وجهي في ذلك.

---

٧. شرعي = legitimate

عاشت جدّتي ليلة لقائها بغسان في حيرة، كما عرفت لاحقا. فأنا حفيدها، عيسى راشد عيسى الطاروف، اسم يجيء بالشرف[٨] .. وجه يجيء بالعار. أنا عيسى ابن الشهيد راشد .. وفي الوقت نفسه أنا .. عيسى ابن الخادمة الفلبينية!

* * *

٨. شَرَف = honor

(7)

بسبب خولة، قبلوا دخولي منزل الطاروف.

— فقط زيارة ماما غنيمة . . أرجوكِ . . وقرري بعدها . .

وافقت جدّتي على طلب خولة.

كنت وغسان في صالون شقته عندما رن جرس الهاتف. بعد حديث لم يستمر طويلا، قال غسان:

— محظوظ . . لك أخت شجاعة!

* * *

كل شيء يحدث بسبب ولسبب. يعجبني إيمان أمي، ويثبت لي قولها يوما بعد يوم إن لا مكان للصدفة في حياتنا. لولا أختي لما كان لي الفرصة للاقتراب من ذلك البيت قط.

حمدا لله على خولة.

* * *

في اليوم التالي كنا أمام باب بيت جدّتي. كنت أقف وراء غسان، يتملّكني الخوف . . الخوف من عدم القبول.

فُتح الباب: "أهلا سيّدي". كانت خادمة فلبينية تلبس اليونيفورم الأبيض. فرحت حين رأيت وجها يشبهني. سألتها بفرح:

— فلبينية؟

التفت غسان إلي.

— عيسى! . . إنها خادمة!

جاء صوت من الداخل يسأل الخادمة بإنكليزية ممتازة:

— مَن هناك؟

— إنه السيّد غسان . .

أجابت الخادمة، ثم أشارت لنا بالدخول.

"تفضلا"، قالت خولة التي كانت بانتظارنا. عرفتها منذ اللحظة الأولى.
تبدو أكبر من سنواتها الستة عشرة. سمراء، طويلة، تغطّي شعرها بحجاب
أسود. لها أنف صغير، وشفتان وأسنان جميلة، وخاصة إذا ما ابتسمت.
تحدثت مع غسان بالعربية. قالت لي والسعادة في وجهها:

— أنت عيسى!

ابتسمتُ لها هازًا رأسي إيجابا. واصلت:

— تفضلا .. تفضلا ..

طلبت منا الجلوس. وصعدت هي إلى الطابق العلوي. "جميل هذا
البيت"، قلت في نفسي. الألوان .. الأثاث .. السجاد الفاخر .. الستائر
الفخمة .. الطاولات الخشبية الصغيرة .. مزهريات تحمل سيقان البامبو ..
أحببت المكان رغم توتّري. الوجه الفلبيني الذي استقبلنا عند الباب،
وسيقان البامبو في المزهريات المنتشرة في صالون المنزل، أشعروني بالراحة،
وإن كان البامبو في غير محلّه في تلك المزهريات الفاخرة، مثلي تماما في بيت
الطاروف.

دخلت خادمة أخرى كبيرة في السن، باليونيفورم الأبيض ذاته، تبدو
هندية، قدّمت لنا العصير، في اللحظة التي نزلت امرأة، من الدور العلوي،
تبدو في أواخر الثلاثينات من عمرها. ملامحها جادة. شعرها أسود قصير
كشعر ولد. مدّت كفها لغسان تصافحه، ثم صافحتني قبل أن تجلس أمامنا.

— هذه عمّتك الصغرى .. هند ..

قال غسان يعرّفني إليها. هززت رأسي قائلا:

— سررت بلقائك سيّدتي ..

هزّت رأسها مع شيء لا يشبه الابتسامة. تحدثا هي وغسان بالعربية،
في حين كنت أراقب تعبيرات وجهها الجادة. توجه إليّ نظرات سريعة، ثم
تعاود الحديث إلى غسان. كنت صامتا، أنظر إليهما كأنني أشاهد فيلما بلغة
أجهلها، من دون ترجمة.

135

أعلى السُلم، ظهرت إمرأة عجوز، تستند إلى خولة. لابد أنها جدّتي غنيمة. لم تكن تنظر إلينا. كانت عيناها على السُلم أسفل قدميها. تنزل ببطء وبصعوبة. كانت تغطي شعرها بشال أسود خفيف، بطريقة تختلف عن حجاب خولة. أجزاء من شعرها تظهر من تحت الشال. انشغالها بنزولها على درجات السُلم كانت فرصة لأدرس ملامح وجهها من دون أن تراني. مع كل خطوة أكتشف شيئا جديدا في وجهها. كبيرة في السن. شفتاها صغيرتان، أو، ليس لها شفتان إن أمكنني القول. لها حاجبان عريضان، وأنف بارز كبير. عيناها صغيرتان. نظرتها حادة[٩] كأنها تكشف ما خلف الأشياء.

وقف لها غسان وعمتي هند احتراما. وقفت أنا بالمثل. هزّت رأسها تحيّي غسان. ارتبكتُ. لست أدري ما هو دوري، أو ما الذي يجب أن أفعله. التفت غسان إليّ: "قبّل جبين جدّتك". تسارعت دقات قلبي. نظرت في جبينها. غسان يبتسم، والسعادة على وجه خولة. وقفتُ أمامها، وما إن قرّبتُ وجهي من جبينها حتى وضعت يدها على كتفي، تمنعني من الاقتراب أكثر. نظرت إلى عينيّ مباشرة. شفتاي ترتعشان. نظرتُ إلى الأسفل. رفعت كفّها عن كتفي. رفعتُ نظري إلى وجهها. كانت تحدّق في وجهي لا تزال. لمعان عينيها . . نظرتُ مرة أخرى إلى الأسفل. كرر غسان: "قبّل جبينها يا عيسى". رعشة شفتيّ تزداد. اقتربتُ ولكن جدّتي التفتت بوجهها إلى الناحية الأخرى تبحث عن أريكة. جلست جدّتي. أحضرت خولة طاولة صغيرة، لتضع جدّتي ساقيها عليها. جلس الجميع.

دخلت الخادمة الفلبينية تحمل كؤوس شاي صغيرة جدا. لم ألتفت إلى الخادمة. لم أبتسم. لم أنطق بكلمة. حتى عندما قدّمت لي كأس الشاي الصغيرة، وجدتني غير قادر على شكرها رغم أن الجميع فعل. كانت جدّتي تنقل نظراتها بيني وبين الخادمة، وأحيانا أخرى بين غسان وعمتي هند. تدرس وجوهنا بنظراتها الحادة. لم أشعر بالارتياح في حضرتها.

---

٩. حادّ = sharp

بعد لحظات دخلت امرأتان، إحداهما بالحجاب والأخرى من دونه. ألقتا التحية على غسان وقبّلتا كلاً من عمتي هند وخولة، ثم قبلتا جبين جدّتي. عرفتني خولة إليهما: "عمتي عواطف وعمتي نورية". جلست الاثنتان إلى جانب بعضهما. ليس هناك شبه بين الشقيقتين. عمتي عواطف، الكبرى، ترتدي عباءة سوداء. لا تضع المساحيق، ملامحها مريحة، باسمة طيلة الوقت، تبدو لطيفة. أما نورية فقد كانت على العكس تماما. تبدو واثقة جدا. تزيّن وجهها بمساحيق التجميل. جادة الملامح. تبدو متعالية.

كانوا يتحدثون، وجدّتي تنظر إليهم بهدوء. تتعالى الأصوات. يقاطعون بعضهم البعض. ينظرون إليّ، يشيرون بأيديهم نحوي .. في حين بقيت أنا صامتا أنظر بقلق من دون أن أفهم شيئا مما يدور حولي سوى ابتسامة ونظرات خولة اللطيفة.

* * *

(8)

في شقة غسان، بعد عودتنا من بيت جدّتي، عرفت ما حدث في تلك الجلسة. غسان كان أمام اختيارين، أولهما أن يُسلّمني إلى بيت الطاروف، ويحقق بذلك رغبة أبي. وثانيهما هو الترتيب لسفري مرة أخرى إلى بلاد أمي. خولة سعيدة باكتشاف الأخ الجديد ومُصِرّة على بقائي: "سأعلمه العربية، وسأهتم به"، قالت لجدتي.

عمتي عواطف، الكبرى، سعيدة جدا. لا مشكلة لديها في بقائي في منزل جدّتي لأنني كما تقول: "هذا ولدنا. إنه ابن أخي، والله لا يقبل أن نتركه". أسعدني وجود الله في تلك الجلسة. نورية رفضت رفضا قاطعا وجودي بينهم، غضبت من عمتي عواطف، وحذّرتها[١٠] مما قد يحصل لو علم أحمد زوجها بهذا الأمر. ترددت عمتي عواطف حين سمعت اسم زوجها، ولكنها قالت: "أحمد زوجي رجل يخاف الله، ولن يرفض لو علم بالأمر". ازداد غضب أختها نورية، وطالبت أن يكون اسمي ثلاثي فقط، عيسى راشد عيسى، والغاء لقب الطاروف من أوراقي، والبحث عن مكان لي بعيدا عن بيت العائلة، أو إعطائي بعض المال وإرسالي إلى بلاد أمي من جديد. ارتفع صوتها: "الكويت صغيرة والكلام ينتشر بسرعة. لو علم فيصل، زوجي، وأهله بأمر هذا الولد . . أفقد احترامي، وأصبح أضحوكة لأخوات فيصل وزوجات إخوته"، حملت حقيبتها غاضبة وتركت المكان. قالت قبل أن تخرج من بيت جدّتي: "لدي ابن وابنة في سن الزواج، لن أسمح لهذا الفلبيني أن يعطّل زواجهما". لم أستطع فهم ما قاله غسان. لماذا كل ذلك؟ ما الذي يفقدها احترامها ويجعلها أضحوكة أمام أهل زوجها، ولماذا يعطّل وجودي زواج ابنها وابنتها؟! هي نفس الكلمات التي قالتها جدّتي غنيمة لأبي قبل سنوات

١٠. حذّر — يحذّر = to warn

عندما اكتشفت حمل أمي: "وأخواتك يا أناني؟ يا حقير! من سيتزوجهن بعد فعلتك؟!". هذه أمور لست أفهمها، ولم تفهمها أمي. سألت غسان عن معنى ذلك. أجاب: "مثل هذه الأمور لا يمكنني شرحها لك يا عيسى .. ويصعب عليك فهمها".

عمتي هند كانت في حيرة. هي هند الطاروف، الناشطة المعروفة في حقوق الإنسان. "مصداقيتي أمام الناس .. واسمي كذلك"، كانت تقول. كان لا بد أن تضحّي[11] بأحدهما، مصداقيتها أو اسمها. أن تتمسك بحقي كإنسان، يعني أن تضحي باسمها إذا ما عرف الناس بأمر زواج أخيها الشهيد راشد الطاروف من الخادمة الفلبينية. الأمر الآخر .. أن تضحي بمبادئها[12] لتقف ضد حقي كإنسان يعني محافظتها على اسمها ونظرة المجتمع لها ..

— وجدّتي .. جدّتي يا غسان .. ماذا كان رأيها؟

— الخالة غنيمة .. بيدها القرار الأول والأخير.

— وماذا كان قرارها؟

— هل سمعتها في تلك الجلسة؟

— كلا .. كانت صامتة تراقب الوجوه طيلة الوقت ..

— لماذا تسألني رأيها إذن؟ .. لعلها تحتاج وقتا لتفكر .. اترك الأمور لخولة.

* * *

أمور كثيرة لم تخبرني بها أمي عن الجنة التي وُعدتُ بها. حدثتني كثيرا عن تحقيق الأحلام وفرص كثيرة لا تتوفر لأي شخص في بلادها. سنوات عشتها في أرض ميندوزا أستمع فيها إلى حديث أمي: "يوما ما ستعود إلى بلاد أبيك"، وحين عدت إلى بلاد أبي وجدتهم متورطين بي، يريدونني ولا يريدونني،

---

١١.   ضحّى— يضحّي = to sacrifice
١٢.   مبدأ— مبادئ =principle

بعضهم سعيد بعودتي، بعضهم في حيرة، والبعض يطلب مني العودة: "إلى بلاد أمك". وأنا، أقف على أرض لست أعرفها، باحثا عن مكان لي بين بلاد أبي وبلاد أمي!

*   *   *

(9)

ثلاثة أيام بعد اجتماع العائلة، كنت في شقة غسان، عندما رنَّ جرس هاتفه النقال.

"وعليكم السلام". استمرت المكالمة عشر دقائق. لم يقل غسان سوى: "ممم . . مممم . . مم". انتهت المكالمة.

"اسمع يا عيسى . ."، قال باهتمام. واصل: "سوف تذهب لتعيش في منزل جدّتك". ما إن قال تلك الكلمات حتى وجدتني أقفز عاليا في منتصف غرفة الجلوس: "Yes Yes Yes!".

— عيسى!

صاح غسان.

— توقف عن القفز بهذه الطريقة . . هناك أناس يعيشون في الأسفل! . . سأفتقدك يا مجنون . .

ليست الجابرية بعيدة عن قرطبة حيث منزل جدّتي، ولكن، شعرت بالأسف تجاه غسان. حزنت لتركه. تذكرت حكايات أمي عن الأصدقاء الثلاثة، أبي ووليد وغسان. أحاديثهم . . غناءهم . . سفرهم وخروجهم إلى البحر. أي وحدة يعيشها هذا الرجل في شقته الصغيرة.

— غسان! لِمَ لم تتزوج إلى الآن؟

أشعل سيجارة.

— لا أريد أن أنجب أبناء يكرهونني بعد موتي يا عيسى . . ما الذي يمكنني إعطاؤه لأبنائي؟ البدون، يا عيسى، مرض، ينتقل من جيل إلى آخر.

*　*　*

في ساعة متأخرة من الليل، اتصلت أختي خولة.

— ألو . .

— أهلا عيسى . . أتمنى ألا أكون قد أيقظتك من نومك . .

— لا لا . . لم أنم بعد.

أخبرتني أنهم جهزوا غرفة لي في مُلحق المنزل. تسارعت دقات قلبي فرحا. قالت: "ستجد كل ما تحتاجه في الغرفة".

— شكرا لكِ، يا خولة، على كل ما تفعلينه من أجلي . .

— ولكن . . هل أنت متأكد أنك سعيد؟

— جدا . . أكثر مما كنت أحلم به.

— أليس في بقائك في ملحق المنزل أي مشكلة؟ لقد حاولت أن يكون بقاؤك معنا بشكل أفضل . . ولكن . . لننتظر . . ربما تغيّر ماما غنيمة رأيها لتعيش معنا داخل البيت.

فهمت أن قبول جدتي لي كان غير كامل. ملحق البيت ليس البيت ذاته. هو مكان مفصول، يسكنه الطباخ والسائق.

— ألو . . عيسى . . هل أنت على الخط؟

— نعم . . نعم إني أسمعك . .

— ثم إن هناك أمورًا أخرى أريد أن تعرفها قبل مجيئك . .

* * *

قبل انتقالي إلى بيت جدّتي كان من الضروري أن أعرف أمورا عدة. يجب ألا أتحدث إلى الخدم، خصوصا الطباخ والسائق، بحقيقة أمري، لأن لبيت جدّتي جيرانًا كثرًا، وفي كل بيت هناك طباخ أو سائق. الخدم، بشكل عام، يتناقلون الأخبار فيما بينهم. فهمت أنني سأعيش في بيت جدتي، أو ملحق بيتها، سرّا لا يجب أن يُكشف للآخرين.

"إذا ما سألك أحد الجيران أو خدمهم .. أنت الطباخ الجديد .. هذا مؤقتا .. إلى أن نجد حلا لهذه المشكلة".

*   *   *

(10)

— هل سنلتقي مرة أخرى؟

سألت غسان وحقيبتي أمام بيت جدّتي.

— مرات أخرى يا مجنون . .

أدرت ظهري متجها نحو الباب. "عيسى!"، ناداني غسان، "خُذ هذا".

— ما هذا؟

— هذا مفتاح شقتي . . في أي وقت يمكنك المجيء . . إن لم أكن موجودا . . لديك المفتاح.

"حتى أنت غير واثق من بقائي في بيت جدّتي يا غسان"، قلت في نفسي. شكرته وعدت إلى جانب حقيبة الملابس عند الباب. فتحت خولة: "أهلا عيسى . . من هناك". كانت تشير إلى باب جانبي: "هناك غرفتك يا عيسى . . ومن هناك يمكنك الدخول إلى المنزل".

قالت خولة عن غرفتي: "كانت هذه ديوانية أبي . . يجتمع فيها مع أصدقائه". فتحت الباب: "تفضل . . هذه غرفتك".

كل هذا لي أنا؟! غرفة فوق مستوى أحلامي. لا حاجة لي بالخروج من هنا. لم أصدق ما رأيته. غرفة ضعف حجم غرفتي القديمة. سجادة كبيرة تغطي كامل أرضية الغرفة. سرير كبير يكفي لشخصين. تلفاز بشاشة كبيرة. طاولة صغيرة تحمل لابتوب. ثلاجة. مدفأة ومكيّف هواء. "هل أنت سعيد بها؟"، سألتني خولة. أجبتها في حين كنت أقارن بينها وبين غرفتي في الفلبين: "أكثر مما تتصورين".

طلبت مني أن أترك حقيبتي وأتبعها. في الفناء الداخلي للمنزل، أشارت إلى باب بجانب باب غرفتي: "هذه غرفة الطباخ والسائق" . . أشارت إلى باب آخر مقابل باب غرفتي مباشرة: "هذا الباب يأخذك إلى غرفة الجلوس الكبيرة، حيث كانت جلستنا في المرة السابقة . . أشارت إلى نافذة في الدور

العلوي، أعلى الباب الزجاجي: "هذه نافذة غرفة ماما غنيمة". نظرت إلى ساعتها. قالت:

— الساعة تقترب من العاشرة . . هل أتركك لتنام؟

— لا . . لا يزال الوقت باكرا.

— غيّر ملابسك الآن . . وسوف أزورك لاحقا.

— ألن يُسمح لي بدخول البيت؟

ما أجمل ابتسامتها.

— لا تكن عجولا[١٣] يا عيسى.

* * *

دخلت غرفتي وبعد دقائق جاءت عمتي هند. من دون أن تدخل الغرفة، نظرت إلى الداخل:

— هل كل شيء على ما يرام؟

كنت واقفا أمام السرير. من دون أن أنظر إليها أجبت:

— نعم سيّدتي.

صمتت لثوان قبل أن تقول:

— غريب . .

نظرتُ إليها.

— لك صوت راشد . . كأنك هو يلبس وجها آخر . .

— حقا سيّدتي؟

— لماذا تناديني سيّدتي؟ أنا عمتك!

ابتسمت. هززت رأسي من دون أن أنطق بكلمة.

— إن احتجت شيئا . .

١٣. عَجول = impatient

أدخلت يدها في حقيبتها الصغيرة. أعطتني هاتفا نقالا:

— هذا لك .. تجد فيه رقم هاتف غسان .. هاتف خولة .. هاتف بيتنا .. ورقم هاتفي ..

ثم اتجهت إلى البيت الكبير.

* * *

بعد ساعة عادت خولة. فتحت لها الباب. "تفضلي"، قلت لها، ولكنها رفضت: "اتبعني .. سوف أريك شيئا". تبعتها إلى غرفة الجلوس، وأمام باب خشبي، قالت خولة: "تفضل".

غرفة صغيرة. تغطي الكتب جدرانها. مكتب خشبي. صور تنتشر على الجدران. "هذا مكتب أبي"، قالت خولة. سألتها: "وهل قرأ أبي كل هذه الكتب؟". ابتسمت أختي. تذكرت كل أحاديث أمي التي قالتها لي عن هذه الغرفة. هنا كانا يتبادلان الحديث إذا ما ذهبت جدّتي وعماتي إلى النوم. هنا كانت تدخل أمي تحمل إلى أبي القهوة.

تقدّمت نحو صورة على أحد الجدران. صورة بالأسود والأبيض لرجل عجوز وشارب أبيض ولحية طويلة بيضاء. التفت إلى خولة:

— أظنني عرفت هذا الرجل ..

— يجب أن تعرفه يا عيسى.

نظرت إليها بابتسامة واسعة:

— هذا جدّي عيسى .. صحيح؟

انفجرت ضاحكة:

— هذا تولستوي يا عيسى .. أعظم روائي روسي ..

ضحكت معها شاعرا بالخجل. أشرت نحو صورة أخرى، يظهر فيها رجل بغطاء الرأس التقليدي.

— هذا الرجل يبدو جدّي.

ضحكت مرة أخرى.

— كلا .. هذا شاعر كويتي قديم .. إن كنت ترغب بمشاهدة صورة لعيسى الطاروف، جدنا ..

أمسكت بكتاب ضخم. نظرتُ في صورة الغلاف. صورة لرجلين قديمة جدا. أحد الرجلين بلحية صغيرة. الآخر بلا لحية ولا شارب. أشارت إليه خولة: "هذا بابا عيسى .. جدنا. وهذا شقيقه الأصغر شاهين". "ماذا يقول الكتاب عن جدّي وأخيه؟"، سألتُ أختي، وقبل أن تجيب فُتح باب غرفة المكتب بعنف. ارتعبتُ حين شاهدتُ جدّتي غنيمة. من دون أن تنظر إليّ صاحت في خولة بكلمات لم أفهمها. احمرّ وجه أختي، ثم أمسكت بذراع جدّتي تسندها. التفتت إليّ محرجة: "عُد إلى غرفتك يا عيسى".

في وقت لاحق أخبرتني خولة أن جدّتي لا تثق بي، وأنه لا يجب أن نبقى معا في غرفة المكتب لوحدنا والباب مغلق.

* * *

(11)

صباح اليوم التالي، وجدتني في غرفتي، جائعا. لم يقدّموا لي شيئا على العشاء ليلة البارحة. هل نسوا حاجتي للطعام؟ فتحت الثلاجة الصغيرة في زاوية الغرفة. حليب. عصير برتقال .. مانجو ومشروبات غازية. مياه معدنية. فواكه .. تفاح .. برتقال وأناناس! أغلقت باب الثلاجة عندما رأيت ثمرة الأناناس، متذكرا حكاية پينيا وهذيان ميندوزا.

كنت سأتصل بغسان، حين فتح الباب. كان بابو الطباخ واقفا بوجه جاد الملامح. قال: "تعال". مشى باتجاه المطبخ وتبعته. أمام طاولة صغيرة، وضع كوب حليب .. بيض .. جبن .. زيتون .. طماطم .. أشار لي بالجلوس، وعاد هو إلى عمله. أخذت آكل بصمت. دخلت الخادمة الفلبينية، قبل أن أنتهي من طعامي. ابتسمت لي. "كيف أنت؟"، سألتني بلغتي التي أفتقدها. أجبتها: "أنا بخير". التفت بابو إلينا وهو يبتسم الآن. أشار إلي ثم كلم الخادمة بالعربية. انفجرت ضاحكة. سألتها: "ماذا قال؟". أجابت: "يقول بابو إن السيّدة الكبيرة تسخر منهم عندما يشاهدون الأفلام الهندية، كيف تصدقون تلك القصص، تقول لهم، وها هو اليوم حفيدها يعود بقصة مشابهة للأفلام الهندية!".

فوجئت بقولها: "حفيدها"! هذا كلام يختلف عما أخبرتني به خولة عن جهل الخدم بحقيقة أمري!

— وكيف عرفتِ ذلك؟!

— لا تكن مثلهم أنت أيضا! .. إنهم يعاملوننا وكأننا لا نشعر ولا نفهم. اتهمت السيّدة الكبيرة بابو، قبل سنوات طويلة، بأنه هو المتسبب بحمل جوزافين.

تذكرت كل ما حدثتني به أمي.

كانت الابتسامات على وجوههم. سألتها:

— وهل يعلم أفراد البيت أنكم تعلمون ذلك؟

— كلا . . نحن لا نشعر ولا نفهم.

*　　*　　*

(12)

هكذا قضيت الأشهر الأولى في منزل جدّتي غنيمة. أتناول وجباتي الثلاث في المطبخ. لا يتحدث إليّ الخدم في فناء البيت، ويتغيرون تماما إذا ما اجتمعنا في المطبخ بعيدا عن الآخرين. يتحدثون معي ويعاملونني معاملة طيبة إلا راجو السائق. هو الوحيد الذي لم يكن يعرف شيئا من أمري، كما أن علاقته لم تكن طيبة مع بقية الخدم.

في غرفتي كنت أقضي وقتي أمام التلفاز أو على الانترنت. كنت قد فتحت حسابا بالبريد الإلكتروني لـ ميرلا. أرسلت لها عبر الهاتف عنوان بريدها الإلكتروني والرقم السري الخاص لفتحه، وهذا سهل تواصلي معها. كم كنت أشتاق إليها .. ميرلا .. الحب الممنوع. كنت أقضي كثيرا من الوقت في الكتابة لها أو الرد على رسائلها.

أخرج مع غروب الشمس، أمشي في المنطقة، أصل إلى السوق، أتمشى بين المحال التجارية.

خولة كانت تزورني كل يوم، ولكنها لا تدخل غرفتي، تقف عند الباب، نتبادل الحديث لساعات أحيانا على هذه الحال، من دون أن يقترب أحدنا من الآخر. أثناء أحاديثنا أنا وخولة، كنت أسمع بين حين وآخر صوت فتح النافذة العلوية. كانت جدّتي غنيمة تطل من غرفتها، تراقبنا وتطمئن إلى أن خولة لا تدخل غرفتي. خولة لا تخرج كثيرا. تذهب إلى المدرسة صباحا. تخرج مع عمتي هند أحيانا إلى السوق أو المقاهي.

أصبحت عمتي هند ترسل الخدم ببعض الهدايا والملابس وبطاقات الهاتف النقال كي أتمكن من التواصل مع أهلي في الفلبين.

عمتي عواطف ونورية تزوران جدّتي كل أسبوع مع زوجيهما وأبنائهما، وفي وقت الزيارة كان يُمنع عليّ الخروج من الغرفة خشية أن يعلم أحمد وفيصل، زوجا عمتيّ، بأمري. أهدتني عمتي عواطف ذات يوم نسخة من

القرآن باللغة الإنكليزية وسجادة صلاة. كانت تسأل عني باستمرار كما فهمت من خولة: "هل يُصلي؟". لم أقترب من القرآن أو السجادة.

كان الحل في خروجي من المنزل يوم الزيارة العائلية، فكنت أخرج مع غسان. يأتي ليأخذني من البيت. نتناول طعامنا في الخارج أو في شقته أحيانا.

في الصيف، تقضي جدّتي نهاية الأسبوع، الخميس والجمعة، في الشاليه، مع عمتي وأختي. كانت جدّتي تسمح لي بالذهاب إذا أحدا من أحفادها لن يقضي العطلة معها. لم تكن جدّتي توافق على وجودي مع بقية أحفادها، ولا أن يعرفوا شيئا من أمري، لأن السمكة الفاسدة¹⁴، كما تقول، تُفسد بقية الأسماك. لست أدري، هل ألوم خولة على إخباري بكل ما تقوله جدّتي عني أم أشكرها؟ كانت صريحة معي، وكانت صراحتها رغم كل شيء قاتلة.

خصصت لي عائلتي غرفة مُلحقة بالشاليه، لا تطل على البحر. لم يكن مسموحا لي بدخول الشاليه أو الاقتراب من البحر. كانت رحلتي الأسبوعية إلى الشاليه تشبه الذهاب إلى السجن. نذهب في سيارتين. الأولى لجدّتي وأختي تقودها عمتي هند، والثانية للخدم. وليس من الضروري أن أقول في أي من السيارتين كنت أذهب.

* * *

---

١٤. فاسِد = rotten

(13)

ذات يوم، قالت لي خولة أن راجو السائق أخبر جدّتي أنني كثير الكلام مع الخدم، لذا فهي غاضبة جدا. "كيف أتجنّبهم وأنا أتناول طعامي في المطبخ؟"، قلت لها. أجابت باسمة: "لهذا السبب قررت جدّتي أن تشاركنا الطعام في الداخل". ابتسمت.

في وجبة الغداء الأولى، مع جدّتي وعمتي وأختي، وجدتني غير قادر على الأكل. كانت خولة تقرّب الأطباق إليّ، تضع في طبقي الرز . . قطعة دجاج . . صلصة طماطم . . سلطة . . وأنواع أخرى من الأطعمة. جدّتي لا تنظر باتجاهي، وكأنني لست موجودا. تكوّر الرز بأصابعها وتأكل بصمت. تذكرت ماما آيدا وأمي وأدريان، الرز الأبيض وصلصة الصويا والموز المقلي وأقدام الدجاج. طعام الفقراء كان لذيذا لأن الحب يجمعنا حوله. طعام الأغنياء لا طعم له مع الوجوه الصامتة. قالت عمتي هند: "لماذا لا تأكل؟"، ارتبكت، فقد كنت أسأل نفسي السؤال ذاته، ما الذي يمنعني من الأكل وأنا جائع؟ . . "لا أشعر بالجوع عمّتي"، أجبتها. كانت هذه المرة الأولى التي أنطق فيها أمام جدّتي. من دون أن تلتفت إليّ، فتحت ماما غنيمة عينيها على اتساعهما. توقفت عن الأكل. ثوان قليلة ثم أخذت في البكاء بصمت. ارتبكتُ. نظرت إلى خولة وعمتي هند وقلت لهما: "أتمنى ألا أكون قد قلت شيئا أزعجها!" ابتسمت عمتي هند. قبّلت رأس جدّتي. خولة كانت تبتسم وتمسح دموعها. التفتت عمتي هند إليّ، أنفها أحمر، وعيناها مليئة بالدموع. قالت: "أمي تقول . . لك صوت أبيك".

تحدثت خولة إليّ لأجيبها وتسمع جدّتي صوت راشد يخرج مني. أمسكت ماما غنيمة كأس الماء تشرب وهي تستمع إليّ من دون أن تنظر باتجاهي، ومن دون أن تفهم كلماتي الإنكليزية. عيناها تنظران إلى لا شيء، أو لعلها كانت تنظر إلى وجه ولدها الوحيد في مخيلتها، والدموع في عينيها.

152

انتهى الجميع من الأكل. انتقلت ماما غنيمة إلى غرفة الجلوس تسندها عمتي هند. جلست إلى أريكتها بعد أن مدت ساقيها فوق طاولة صغيرة أمامها. بدأتُ في الأكل، وكان طعمه قد تغيّر في فمي. كم كان لذيذا. كنت أنظر نحو جدّتي. سألت خولة: "لماذا تسند ساقيها إلى الطاولة هكذا؟"، أجابت بأسف: "مسكينة ماما غنيمة .. تعاني من مشاكل في الركبة".

* * *

بعد الغداء، وبعد عودتي إلى الغرفة، طلبت منشفتين صغيرتين وماء ساخن. اتصلت بخولة لتخبر جدّتي بأنني أريدها في أمر ما. استغربت أختي. فتحت لي الباب ثم وجدتني أقف أمامها حاملا الماء الساخن والمنشفتين. "إن كنت تريد أن تغسل السيارات فهي هناك!"، مجنونة خولة، ذكية، مرحة. طلبت منها أن تحضر لي زيتا، "ماذا تريد أن تفعل يا عيسى؟!"، قالت باستغراب. "ستعرفين فيما بعد"، أجبتها. "من أين أجيء إليك بالزيت؟"، صمتت قليلا ثم أضافت: "زيت زيتون ممكن؟". وافقتها.

* * *

رفضت جدّتي في البدء، ولكن خولة أصرت. كانت تمد ساقيها على الطاولة الصغيرة. جلستُ على الأرض. وضعت المنشفتين في الماء الساخن ثم وضعتهما حول ساقيها. أخذت أضغط بيديّ. كانت تنظر إليّ بنظرة عدم ارتياح. طلبت من خولة أن تطلب من جدتي أن تغمض عينيها. وضعتُ إحدى قدميها على ركبتي والأخرى فوق كتفي. أمسكت ماما غنيمة شالها ثم غطت به وجهها. "جدّتي تشعر بالخجل"، همست خولة في أذني وهي تضحك. وضعت من الزيت على ساقها المُسندة إلى كتفي وبدأت التدليك. بعد دقائق كانت جدتي قد نامت. قرّبتُ الطاولة أسند ساقها إليها. قالت

شيئا لم أفهمه. نظرتُ إلى خولة أستوضح الأمر. أوضحت: "ماما غنيمة تقول . . لا تنسَ ساقها الأخرى". هززت رأسي بسعادة: "بالطبع بالطبع".

لو كان تدليك ساقيها يقربني إليها لقضيت عمري كله في هذا العمل.

* * *

(14)

في العشرين من يونيو 2006 أخذني غسان لمراسم[١٥] وداع أحد أصدقائه الشعراء، بعد أن وجدوا جثته في العراق. لم أفهم لماذا دعاني. لم أسأله، ورغم ذلك أجاب على سؤالي الصامت: "أريدك أن ترى كيف استُقبل والدك قبل أشهر استقبال الأبطال . . وهي فرصة أيضا لتزور قبره". شعرت بألم في صدري. لماذا عليّ أن أتعلّق بذكرى هذا الرجل أكثر؟ لماذا عليّ أن أحبه أكثر؟ لماذا الآن وهو لم يعد هنا؟

مساحة كبيرة. أناس كثيرون جاؤوا لتوديع الشاعر. رجال ليس من بينهم امرأة، بالزي العسكري. شخصيات مهمة بالثياب التقليدية. الشهداء مغطون بعلم الكويت. سألت غسان إن كانوا غطوا والدي بعلم بلاده أيضا. هز رأسه إيجابا. أحببت العلم، ومنذ تلك اللحظة أصبح علم الكويت . . علمي.

انتهت مراسم الدفن. أشار غسان نحو مكان ليس ببعيد. "سيكون راشد سعيدا بلقائك"، قال غسان. خطواتي إلى قبر أبي ثقيلة. عند القبر أخذ غسان يصلي. "سأذهب لزيارة قبر أمي وأبي . . لن أتأخر"، قال بعد أن انتهى من صلاته. ثم . . وحيدا وجدتني في حضرة أبي.

جلست إلى جانب القبر. "بابا . . ". لو أنني لم أبدأ بهذه الكلمة لما انفجرت باكيا. مرّت أمامي صوره التي شاهدتها في درج غسان وفي حقيبة أمي. كل السعادة والجنون والحب والشجاعة في هذا القبر. ارتعشت شفتاي. كررت: "بابا". ولأن لي صوت أبي، وجدتني من دون قصد أجيبني: "هذا أنت يا عيسى؟". هززت رأسي باكيا: "نعم . . هذا أنا . . لقد عدت إلى الكويت بابا". أجاب: "إنني الآن بسلام يا ولدي". الدموع سالت من عينيّ.

---

١٥. مَراسِم = ceremony

لم أقو على قول شيء. لم أقل له أنني أحبه وأحتاجه .. جدّتي وعمّاتي لا يعترفن بوجودي .. أنا وحيد .. أنا ضعيف .. لم أقو على قول ذلك.

*   *   *

(15)

"عيسى .. عيسى .. عيسى"

تتردد هذه النداءات كل يوم تقريبا. تخرج من نافذة ماما غنيمة في الدور العلوي. أصبحت جدّتي تتقبلني أكثر مما مضى. يبدو أن قبولي لديها قد بدأ من الأسفل، من قدميها. "هذا جيّد إلى حد ما"، كنت أقول لنفسي، وقريبا سأتجاوز ركبتيها صعودا إلى قلبها. ليتني أستطيع تدليك قلبها، لعله يتقبلني. لا أريد شيئا أكثر من ذلك. حصلت على مال كثير. كثير جدا، فقد خصصت لي جدّتي راتبا شهريا من مئتي دينار، هذا غير ما يصلني من عمتي هند عن طريق الخدم. أصبحت أرسل لأمي وماما آيدا المال كل شهر. اشترت أمي جهاز كمبيوتر سهّل من تواصلي معها عبر الإيميل والمحادثات الإلكترونية وعبر كاميرا الانترنت. كانت جدّتي كريمة. تعطيني المال من دون أن أطلب.

* * *

بعد أن كان دخولي إلى البيت محدودا على غرفة الجلوس وغرفة الطعام، أصبحت أدخل إلى غرفة ماما غنيمة، كل يوم. تغطي وجهها بشالها الأسود ممددة على سريرها لأقوم بتدليك ساقيها، لمدة ساعة، ثم تنام. أقضي بقية الوقت مع خولة في غرفة الجلوس.

ذات يوم نزلت إلى غرفة الجلوس حيث كانت خولة تتحدث في الهاتف، بالإنكليزية، كعادتها في الحديث مع صديقاتها. لأول مرة أشاهدها من دون حجاب يغطي شعرها الأسود الطويل. جميلة أختي. تشبه عمتي هند. حين رأتني خولة صرخت. "عيسى! .. انتظر انتظر!". أدرتُ لها ظهري وكأنني دخلت غرفة نومها وهي تغيّر ثيابها: "حسنا .. تفضل الآن"، قالت بعد أن ارتدت حجابها. جلستُ إلى جانبها على الأريكة:

— هل يمنع الإسلام أن أراكِ بدون حجاب؟

— في الحقيقة، الإسلام لا يمنع ذلك مع المحرم.

— محرم؟

— نعم محرم. الزوج، أو الأشخاص الذين لا يمكنني الزواج بهم. الأب . .

الجد . . الأخ والإبن . .

— إذن! . . حجابك غير ضروري لأنني أخوكِ!

— ليس بعد . . لا يزال الوقت مبكرا لأشعر بهذه الأخوّة . . حتى لو كان

والدنا على قيد الحياة . . سوف يحتاج إلى وقت ليتقبلك ولدا.

أزعجتني كلماتها.

— هذا غير صحيح . .

هزّت رأسها إيجابا تقول:

— يقول ماركيز . . إن حب الأولاد لا يجيء من كونهم أبناء، وإنما من

صداقة التربية.

نظرتُ إليها بغباء:

— من هو ماركيز؟

فتحت عينيها على اتساعهما. سخرت، كعادتها، من جهلي:

— أنت لا تفهم شيئا!

*　　*　　*

عندما كنت صغيرا، كنت أتعلم الكثير من ميرلا، وكنت أظن أن سبب ذلك
السنوات الأربع التي تكبرني بها. أما الآن، وقد كبرتُ، فما الذي يجعلني أتعلم
من خولة رغم أنها تصغرني بعامين. ألهذه الدرجة أنا لا أفهم شيئا؟! حينما
أعجب بكلامها أو إجاباتها على أسئلتي كنت أقول: "خولة! . . من أين تجيئين
بهذا الكلام"، تشير إلى مكتبة أبي. تجيب بثقة: "من هنا". أجبتها بأسف:
"لو أنني أقرأ العربية". رنّ هاتفها النقال. أخذت تتحدث بالإنكليزية. قلت
لها حين انتهت من مكالمتها: "لماذا تتحدثين بالإنكليزية؟"، أجابت على
الفور: "أحبها، في المحادثة، أكثر من العربية". كانت هذه فرصتي:

158

— يقول خوسيه ريزال .. إن الذي لا يحب لغته الأم هو أسوأ من سمكة نتنة¹⁶.

— من يكون خوسيه ريزال؟

هززت رأسي بأسف مُفتعَل¹⁷:

— أنتِ لا تفهمين شيئا!

* * *

لم تتركني خولة في ذلك اليوم إلا بعدما أخبرتها بكل شيء عن بطل الفلبين القومي. "قال ذلك حين لاحظ أن الفلبينيين بدأوا يتركون لغتهم ويتأثرون بلغة المحتل". اهتمامها شجعني: "كان طبيبا، أديبا رسّاما ومفكرا عظيما. يعرف إثنتين وعشرين لغة. كان مؤمنا بأن الحرية هي الحياة. انتقد الإستعمار الإسباني. طالب بالإصلاحات. حرّض على الثورة ضد المحتل. كتب روايتين عن سياسات الإسبان ضد الشعب الفلبيني. الإسبان اعتقلوه، ثم تم إعدامه¹⁸. ثار الشعب ونجح الفلبينيون في طرد المستعمر بعد عامين ليعلنوا الاستقلال. للحرية ثمن، وقد كان ثمنها .. ريزال". نظرت إلى خولة بفخر. أضفت: "في الفلبين كنت أحمل اسمه الأول".

كانت خولة مسحورة بالشخصية. تستمع لحديثي باهتمام. قالت:

— لم يكن أبي مجنونا، كما تقول جدّتي، عندما أراد أن يغيّر الواقع بالكتابة. لو أنه أتم روايته قبل اعتقاله ..

نظرت إلى وجهي:

— لو أنّ الناس هنا .. يقرأون ..

* * *

---

١٦. نتِن = stinking
١٧. مُفتعَل = artificial, fake
١٨. إعدام = execution

بالرغم من علاقتي الجيّدة بخولة وغسان، كنت أحس بالوحدة. شيء يشبه الحاجز يقف بيننا. خولة لديها الشعور نفسه. هي وحيدة بالرغم من أن لديها جدّتي وعماتي. حين سألتها ذات يوم كيف تقاوم شعورها هذا، قالت:

— كلما شعرت بالحاجة إلى شخص يحدثني .. فتحت كتابا.

فكرتُ قليلا ثم قلت لها:

— ولكن الكتاب لا يسمع.

— عندما كنت صغيرة، كانت صديقتي ميري هي الأقرب بالنسبة لي. تستمع إليّ دائما وإن لم تتمكن من فعل شيء. لم يستمر ذلك طويلا .. علاقتي بـ ميري أزعجت ماما غنيمة .. منعتني من التحدث إليها.

استعادت ابتسامتها تقول:

— ولكنني وجدتُ بديلا، إذا ما احتجت إلى التحدث لشخص .. عزيزة ..

— عزيزة؟! .. من تكون؟

سألتها في حيرة. ذهبت خولة باتجاه الباب. قالت:

— انتظر قليلا .. سأعرّفك إليها.

عادت بعد دقيقة تحمل في يدها ورقة خس. وضعتها على الأرض.

— فلننتظر قليلا .. هي بطيئة بعض الشيء.

بعد دقائق قليلة ظهرت من تحت أريكة سلحفاة تتقدّم ببطء نحو ورقة الخس في منتصف السجادة. التفتت خولة إليّ وهي تشير نحو السلحفاة تقول: "عزيزة". هززت رأسي إعجابا: "تشرفنا!".

* * *

(16)

في الرابع والعشرين من سبتمبر 2006 بدأ شهر رمضان. أي مُعاناة[١٩]. الجوع والعطش و . . الناس.

بما أنني مسلم أمام أهلي، كان عليّ أن أصوم. ولأنني أريد أن أمارس أي طقس يقرّبني من الله، وإن كنت أجهل ما هو ديني، كان عليّ أن أصوم. لا أفهم كيف يتحمّل المسلمون الجوع والعطش. إنه أمر يثير الإعجاب. كان الأمر مستحيلا بالنسبة إليّ. تمكنت من الصيام خمس ساعات في اليوم الأول. ست ساعات في اليوم الثاني. ثمانية في الثالث ثم صُمت الرابع كاملا. طرت فرحا حين سمعت النداءات من مساجد المنطقة وعبر التلفزيون "الله أكبر . . الله أكبر" وقت غروب الشمس.

بعد الإفطار أختي وعمتي وجدّتي يجلسن أمام التلفاز بالساعات لا يتحركن من أمامه إلا للصلاة. لم ألاحظ اهتمامهن بالتلفاز سوى في شهر رمضان. الصلاة أيضا، تكثر في هذا الشهر. حتى وقت متأخر من الليل كنت أشاهد النور من نافذة ماما غنيمة. خولة تقول إن جدّتي تصلي طوال الليل.

غسان له طقوس غريبة في هذا الشهر. هو لا يحب البقاء في شقته نهارا. يهاتفني بعد خروجه من عمله: "غيّر ملابسك . . أنا في طريقي إليك". كنا نقضي وقت ما قبل الإفطار، كل يوم، في مكان ما . . . سوق السمك . . سوق اللحم والفواكه والخضار . . سوق الجمعة . . سوق الطيور والحيوانات الأليفة . . السوق الإيراني.

في نهار رمضان الوجوه تختلف. الناس تقود سياراتها متوترة، وبجنون. "غسان! لماذا لا يبتسم الناس في نهار رمضان؟".

قبل غروب الشمس بقليل، كنت وغسان في سوق الطيور والحيوانات الأليفة. هناك، شاهدت سلحفاة تشبه عزيزة. دفعت ثمنها من دون تفكير.

---

١٩. مُعاناة = suffering

كانت بداية لصداقة جديدة. غريبة حاجتي للحيوان في ذلك الوقت. ما أكثر الحيوانات في أرض ميندوزا. الكلب العجوز وايتي، الديوك، القطط، العصافير والضفادع، ولكنني لم أشعر بأهميتها من قبل.

في البيت. كنت مع السلحفاة في غرفتي. "الله أكبر.. الله أكبر". نسيت جوعي ووقت الإفطار. طرقت خولة الباب: "ألست صائماً؟ إنه وقت الإفطار"، قالت بعد أن دفعت باب غرفتي. دهشت حين شاهدت السلحفاة:

— كيف وصلت عزيزة إلى غرفتك؟!

— هذه ليست عزيزة..

كان لابد أن يكون لسلحفاتي إسم.

— هذه إينانغ تشولينغ.

* * *

إذا ما شعرت بالملل في بيت جدّتي، وكثيرا ما يحدث، كنت أجلس مع الخدم في المطبخ نتبادل الحديث.

إذا ما نظرت إلى حال الخدم في البيت أتذكر أمي وأحزن عليها كيف تحملت كل ذلك قبل سنوات. الخدم يعملون منذ السادسة صباحا وحتى العاشرة ليلا، ولهم يوم راحة في الشهر.

* * *

(17)

في أحد أيام رمضان، قبل منتصفه بقليل، اجتمعت العائلة في بيت جدّتي لتناول وجبة رمضانية خاصة، تأتي بعد وجبة الإفطار وقبل وجبة السحور. لها اسم غريب[٢٠]. كنت في غرفتي مع إينانغ تشولينغ. ومن خلف ستارة النافذة كنت أراقب الأطفال في الفناء، أبناء عمتي عواطف ونورية. كان البقية في الداخل، عمتي عواطف وزوجها أحمد، نورية وزوجها فيصل، عمتي هند وخولة وماما غنيمة وأحفادها الكبار. جرس البيت يدق بين حين وآخر. أطفال كثيرون يجتمعون عند الباب. يرتدون الثياب التقليدية ولكن مميزة. والجميع، أولادا وبنات، يعلّقون على رقابهم أكياسا من القماش. تقف عمتي هند عند الباب، وإلى جانبها الخادمة الفلبينية تحمل كيسا كبيرا من المكسرات والحلوى. يغني الأطفال عند الباب ويصفقون. تنتهي أغنياتهم بمكسرات وحلوى تملأ أكياسهم القماشية. تكررت زيارات الأطفال عند باب بيت جدّتي لثلاثة أيام، في تقليد معروف في الكويت[٢١].

اختفى أفراد العائلة في الداخل. كنت خلف الستارة لا أزال. إينانغ تشولينغ بين يديّ. كنت أنظر إلى عائلتي والحزن يملأ قلبي. لو أنني كنت معهم.

فُتح الباب الزجاجي المقابل لباب غرفتي. كانت نورية. أخذت تنادي: "عيسى .. عيسى ..". تركت بسرعة إينانغ تشولينغ وسقطت على الأرض. أكملت نورية: "تعال" ثم عادت إلى الداخل. أعرف هذه الكلمة جيدا. هي تدعوني للدخول إلى غرفة الجلوس ومشاركتهم المناسبة. نورية التي تكرهني تناديني بإسمي وتدعوني لمشاركتهم! طرت فرحا. وجدتني أقف في الداخل والباب وراء ظهري. أصواتهم العالية سكنت فجأة. الأعين، كلها، متجهة

---

٢٠. غبقة.

٢١. قرقيعان: تقليد سنوي في الليالي الثلاث التي تسبق منتصف شهر رمضان. يطوف الأطفال على البيوت يغنون ثم يوزع عليهم أصحاب البيوت الحلوى والمكسرات.

نحوي. ماما غنيمة أمسكت بشالها ووضعته على رأسها. عمتي هند وخولة تنظران إلى بعضهما والدهشة في أعينهما. عمتي عواطف مرعوبة. زوجها أحمد ينظر إليّ والغضب في عينيه. فيصل ينظر إلى زوجته نورية بنظرة من لا يفهم. ومن باب المدخل الرئيسي جاءت خادمة نورية تحمل صبيّا صغيرا: "ها هو عيسى . . سيّدتي"، قالت لعمتي. فجأة أعطتني نورية بعض الأغراض، ومفتاح سيارة فيصل، وطلبت مني، بصفتي الخادم: "ضع هذا في السيارة". حملت الأغراض بين يديّ المرتعشتين. وقبل أن أخرج انفجر أحمد يصرخ بي بكلمات لم أفهمها. خولة ركضت باتجاه السلم. عمتي عواطف، بوجه مرعوب، وبكلمات إنكليزية غير واضحة، فهمت بعضها، تقول: "لا يجب أن تدخل على النساء . . اطرق الباب وانتظر في الخارج مرة أخرى . . هذا لا يجوز . . هل تفهم؟". هززت رأسي موافقا: "حاضر سيّدتي". خرجت إلى الفناء أحمل أغراض نورية، في حين كان الخدم ينظرون إليّ من وراء زجاج نافذة المطبخ بنظرات حزن. كنت أبكي.

عند سيارة فيصل، في حين كنت أضع الأغراض في السيارة، جاءت نورية بوجه غاضب. أمسكت بقميصي تشدّه: "اسمع . . هذه المرة جعلتك خادما . . في المرة المقبلة سأتركك لزوج عواطف يقتلك". كنت مرعوبا. الستارة في النافذة العلوية تتحرك. كانت خولة تراقبنا من الأعلى. "ولكن . . أنتِ من ناداني عمتي . ."، قلت.

— اخرس! . . لست عمّتك . . كنت أنادي عيسى ولدي يا غبي . .

وقبل أن تعود إلى الداخل. قالت:

— إذا ناديتك يا فلبيني . . عندها فقط يمكنك أن تجيب!

* * *

في غرفتي، أخذت بين يدي إينانغ تشولينغ. بكيت كما يبكي الأطفال على سريري. نمت. لا أتذكر كم استمر نومي، ولكنني أتذكر أنني صحوت على نداء صلاة الفجر، أيقظني من موتي في كابوس. كنتُ في مندناو. ذراعاي وراء

ظهري. وجهي إلى الأرض. نورية وعمتي عواطف تمسكان بكتفيّ على الأرض. ماما غنيمة تجلس في مكان بعيد بين الأشجار، بعينين دامعتين. حاولت أن أناديها . . أطلب المساعدة: "ماما غنـ . .". أحدهم شدّ شعري إلى الوراء. عيناه في عيناي. كان أحمد زوج عمتي عواطف يُمسك سكينا . . صرخت: "ماما غنـ . .".

*   *   *

(18)

"الله أكبر .. الله أكبر"

بالإضافة إلى موعد الصلاة، يعلن هذا النداء عن بدء الصيام. استيقظت مرعوبا من كابوسي: "ماما غنيمة .. ماما غنيمة". رغبتي في شرب الماء كانت قوية. ضربات قلبي سريعة.

"الله أكبر .. الله أكبر"

في ترجمتها لهذه الكلمات، قالت خولة إن الله أكبر تعني أن الله أكبر من كل شيء في الوجود، وأعظم من كل ما يخطر على بال. ولأن الله كذلك، لا حاجة للبكاء. أردت أن أقترب من الله، لا بد أن أقترب من الله. "كيف أفتح قلبي لله؟"، سألت نفسي. "الله أكبر .. الله أكبر". اتصلت بخولة. "أريد أن أذهب إلى المسجد"، قلت. كانت خولة قد استيقظت لتصلي. "إنه قريب من البيت .. اذهب قبل إقامة الصلاة". سألتها قبل أن أنهي المكالمة: "وهل أحتاج إلى ذلك الثوب الذي ترتدونه أثناء الصلاة أنتِ وماما غنيمة وعمتي هند؟!". انفجرت خولة تضحك. "إذهب يا رجل كما أنت".

لا أعرف كيف أغتسل قبل الصلاة، بل أنني لا أعرف كيف أصلي صلاة المسلمين. عند باب البيت وقفت أنظر إلى المسجد. مسجد صغير. كانت السيارات كثيرة أمامه. الناس تصلي في شهر رمضان أكثر من أي وقت آخر. "سأنتظر إلى أن يخف الزحام".

كان الزحام قد خف. تقدّمت ببطء نحو الباب. أحذية فوق بعضها البعض أسفل الباب. الناس في الداخل حفاة. نزعت حذائي. فور دخولي المسجد، شعرت بأنني أخف من أي وقت مضى. كدتُ أطير. "أهذا هو المسجد؟!"، تساءلت في حيرة. السجاد يغطي الأرض بالكامل. سجاد أخضر فاتح. وقفت في منتصف المكان أنظر حولي. لا يتميز المسجد بتفاصيل كثيرة كالتي في الكاتدرائية أو المعبد البوذي، فقد كان بسيطا إلى درجة لفتت انتباهي. البعض يجلس في دائرة، يتحدثون بصوت خفيض. البعض يصلي ..

يلصق جبينه على الأرض كأنه يقبّلها. والبعض الآخر يقرأ القرآن. في إحدى الزوايا شاب يجلس على ركبتيه، يمدُّ كفّيه أمام وجهه. أحسست بقلبي . . يتحرر من كل شيء.

داخل المحراب وقفت. تذكرت الشاب في الزاوية. مددتُ كفّي أمام وجهي كما كان يفعل. أغمضت عينيّ: "الله أكبر . . الله أكبر . . لأنك أكبر من كل شيء وأعظم، استمِع لكلماتي . . هذه زيارتي الأولى إلى بيتك . . تجاوز جهلي واِقبل صلاتي . . الله الأكبر . . الأعظم . . يبدو بيتك بسيطا ليس كما تصورت . . غرفتي، في ملحق البيت القريب من بيتك، فيها أشياء أكثر . . بيتك بسيط ولكنه جميل ونظيف . . اِجعل قلبي يطمئن إلى وجودك فيه، فإن قلبي بسيط أيضا، وأعدك أن يكون نظيفا.

الله الأكبر . . أشعر بقربك كما لم أشعر به من قبل . . لأننا، أنت وأنا، هنا وحدنا . . لا شيء في بيتك سوى روحك التي تسكن المكان . . لا صور للنبي محمد ولا تماثيل . . نحن لسنا بحاجة إلى ذلك . . لأننا في حضرتك . . ولأنك الله . . الأكبر".

يد تلامس كتفي. التفتُ إلى الوراء. شاب فلبيني يبدو في أوائل الثلاثينات. سألني بالعربية. لم أفهم. "أنت فلبيني؟" كرر سؤاله بالفلبينية. هززت رأسي إيجابا، من دون تفكير، مؤكدا بأنني فلبيني. قال يعرّف نفسه: "اسمي ابراهيم سلام"، أجبته تلقائيا: "وعليكم السلام". ضحك. "ماذا تفعل داخل المحراب؟!"، سألني والدهشة على وجهه. "كنت أصلي". ضحك الشاب. أخذني إلى إحدى زوايا المسجد. لم يكن في المكان سوانا أنا وهو ورجل كبير في السن يقرأ القرآن.

* * *

شاب فلبيني في الثلاثين من عمره. عاش في الكويت طويلا. درس في معهد المسجد الديني. أنهى دراسته الجامعية في الكويت. له نشاطات عدة في التعريف بالإسلام، ويعمل مترجما في سفارة الفلبين لدى الكويت بالإضافة

إلى عمله في بعض الصحف الفلبينية حيث يترجم لها الأخبار التي تنشرها الصحف الكويتية عن الجالية الفلبينية.

جلس معي فجر ذلك اليوم طويلا. اهتم لأمري. عرّفني إليه، ومن دون أن أفكر في تحذيرات عائلتي، وجدتني أخبره بكل شيء عني. طمأنني: "الكويت جميلة .. الناس هنا طيبون". كدتُ أقول له: "لأنك لست كويتيا بوجه فلبيني!"، ولكنني صمت. أخبرني، بعد شروق الشمس، أنه يجب أن يذهب إلى العمل. وطلب مني أن نلتقي مُجدّدا، في المكان نفسه. وبينما كنت أقف، ظهر الصليب من قميصي. ارتبكت. أمسكته لأخفيه. ابتسم ابراهيم: "لا بأس .. أنت تتلمس الطريق إلى الله .. في يوم ما سوف تنسى هذه الأشياء". أجبته: "ولكنني أحب المسيح"، أجابني: "ونحن نحبه .. ونؤمن به وبمريم العذراء". أسعدني قوله وفاجأني. سألته:

— وهل تصلون له وللسيّدة العذراء كما تصلون لمحمد النبي؟

هزّ رأسه نافيا:

— نحن لا نصلي لمحمد صلى الله عليه وسلم، نحن نصلي لله مباشرة.

نظر إلى ساعته. ثم أمسك بهاتفه النقال، وقبل أن يجري اتصاله قال:

— قبل أن أذهب .. سأعطيك شيئا.

تحدث، عبر الهاتف، مع أحد أصدقائه ممن يسكنون في سكن المعهد الديني. خلال خمس دقائق دخل صديقه. شاب فلبيني في بداية العشرينات. أعطاه علبة صغيرة. كانت علبة DVD تحمل صورة للممثل أنتوني كوين تعلو رأسه عمامة سوداء، وفي الأعلى اسم الفيلم "الرسالة".

* * *

أحببت الفيلم كثيرا. أعدت مشاهدته أكثر من مرة. أحببت النبي محمد رغم أنه لم يظهر في الفيلم .. أحببت حمزة عمّ النبي .. وأحببت الصَحابة[٢٢]

٢٢. الصَحابة = The Prophet's companions

وحوارهم مع النجاشي ملك الحبشة[٢٣]. في حديثهم إلى النجاشي إجابات عدّة لأسئلة كانت تدور في رأسي. ورغم ذلك، لم يكن الفيلم كافيا، فقد كنت أريد أن أبحث أكثر وأعرف المزيد. بدأت أبحث في الإنترنت. قرأت عن فيلم الرسالة . . فريق العمل وتصويره ورد فعل الجمهور. قرأت كثيرا عن مُخرج هذا العمل. شاهدت له صورة على الانترنت يبدو فيها أنيقا ببدلة وربطة عنق سوداء. صُدمت عند قراءة الخبر أسفل الصورة. وفاة مصطفى العقاد، قبل مجيئي إلى الكويت بحوالي شهرين، توفيَّ مع ابنته في أحد فنادق عمّان إثر عملية تفجير قامت بها إحدى الجماعات الإسلامية!

تركت جهاز اللابتوب على الطاولة متجها إلى سريري والحيرة في رأسي. أيهما الإسلام؟ أهو الذي شاهدته في "الرسالة"، أم الذي قتل مُخرج فيلم الرسالة؟ أهو إسلام لاپو—لاپو سلطان جزيرة ماكتان؟ أم إسلام جماعة أبو سيّاف في مندناو؟ الحيرة . . الخوف والشك يملأونني.

أدريان . . أخي الصغير . . ليتنا نستطيع أن نتبادل الأدمغة . . ليرتاح قلبي من حيرة تسكن عقلي.

* * *

٢٣. الحبشة = Abyssinia

(19)

انتهى شهر رمضان. جاء عيد الفطر. يومٌ أول أمضيته خلف الستارة في غرفتي أراقب زوّار عائلتي المُتورّطة[٢٤] بي. لم يسأل عني أحد، ولم يهنئني شخص سوى غسان عبر رسالة هاتفية يقول فيها: "عيد مبارك". النساء بثيابهن وتسريحات شعورهن يظهرن بأجمل صورة. الرجال، بالزيّ التقليدي، يلبسون أحذية جديدة. حتى الصبية الصغار من أحفاد ماما غنيمة، أبناء عمتيّ، كانوا يرتدون الثياب التقليدية الجديدة مثل الرجال تماما. رائحة البخور والعطور العربية تنتشر في الجو. الخدم أيضا كانوا يحتفلون بارتداء الجديد من الملابس. من الباب الزجاجي رأيت ماما غنيمة تجلس ممدودة الساقين كعادتها. يقبّلها الأطفال على جبينها. تدخل يدها في حقيبتها تعطيهم الأموال. يخرجون فرحين. يعدّون المال الذي حصلوا عليه من الكبار. الخدم أيضا يحصلون على هدية العيد، كم هم سعداء بها. كنت في غرفتي وحيدا. أراني في خيالي لابسا الثياب البيضاء. أقبّل رأس جدّتي أهنئها بالعيد. طردت الصورة من رأسي بعد أن مللت ممارسة الخيال الكاذب. بحثت عن إينانغ تشولينغ. أسفل السرير وجدتها. حملتها بين يديّ. قرّبتُ وجهها إلى جبيني لتقبلني. لم تفعل. وضعتها على الأرض ثم اتجهت إلى الثلاجة الصغيرة في الزاوية. عدت إليها حاملا هدية العيد، ورقة خس. قرّبت وجهي إليها هامسا: "عيد مبارك".

* * *

في فترة الظهيرة، بعد انصراف الجميع، جاءت خولة إلى غرفتي. بقيت حيث كانت تقف من دون أن تتقدّم خطوة. "عيد مبارك"، قلت لها. ابتسمت تهنّئني. البراءة في وجهها . . الحنان في قلبها . . ولكن، لا شيء في يدها. "ألن

٢٤. تورّط — يتورّط = to be entangled

تدخل لتهنئ ماما غنيمة؟" سألتني. "بعد أن انصرف الجميع؟ . . بعد أن
اطمأنت إلى أن أحدا لن يقابل وجه العار؟ خولة!" قلت لها بانفعال: "لماذا
تعاملونني بهذه الطريقة؟". قالت وهي تنظر إلى الأرض: "ليس الأمر
سهلا . . عيسى". واصلتُ حديثي بانفعال: "جدّتي وعمتي عواطف تعرفان
الله . . تصليان كثيرا . . هل يرفضني الله أيضا؟". كانت صامتة. اقتربتُ من
الباب حيث تقف. قلت:

— الناس، كما يقول بوذا في تعاليمه، سواسية، لا فضل لأحد على أحد!

هزّت رأسها تقول:

— لسنا بوذيين . .

أخذت الصليب من الدرج القريب من سريري:

— وفي الكتاب المقدّس، يقول بولس الرسول، لا فرق الآن بين يهودي
وغير يهودي، بين عبد وحر، بين رجل وامرأة، كلكم واحد في المسيح يسوع.

رأيت نظرة شك في عينيها.

— أعرف أعرف . . لستم مسيحيين.

اتجهتُ إلى جهاز اللابتوب المفتوح. أدرتُ الشاشة باتجاهها:

— محمد النبي يقول إن ربكم واحد وإن أباكم واحد، كلكم لآدم وآدم
من تراب، وليس لعربي على عجمي[٢٥] فضل إلا بالأعمال.

أغلقت اللابتوب.

— وأنا . . لست سيئا إلى هذا الحد.

— كفى!

أسكتتني خولة بصوتها المرتفع. "أنا آسفة. ليس للدين علاقة بهذا الأمر".

ما فهمته من خولة يصعب شرحه. لعل ذلك ما كان يعنيه غسان بالأمور
التي يصعب شرحها ويصعب عليّ فهمها. وجودي، كما أفهمتني خولة، يقلل

---

٢٥. عَجَمي = non-Arab

171

من مستوى العائلة في مجتمعها. عائلات أخرى من الدرجة ذاتها قد لا تتزوج من عائلتي بسببي. لا تحترمها. لم أجادلها في موضوع الزواج، فكل عائلة حرة، كما أن هذا الأمر ليس جديد عليّ، فالفلبينيون من أصول صينية، على سبيل المثال، لا يتزوجون من عامة الناس في الفلبين لأسباب تخصهم، لعلها الثقافة، فهم يفضلون زواج بعضهم البعض، ولكنهم لا يصنّفون[٢٦] الآخر من خارج مجتمعهم بهذه الطريقة، أعلى أو أدنى. أما حديث خولة عن عدم احترام الناس بعضهم الآخر، فهذا ما لم أفهمه أو أقبله. تقول خولة: "يقول أبي في روايته التي لم ينته من كتابتها إننا كويتيون وقت الضرورة فقط.. يُصبح الإنسان منا كويتيا وقت الأزمات.. ثم سرعان ما يعود للتصنيفات الكريهة". كم كنتُ أحتاج إلى العربية لأقرأ كلمات أبي. "ماذا أراد أن يقول أبي في روايته؟"، سألتها. "لست أدري. في الصفحة الأولى يقول أبي أن اليد الواحدة لا تُصفِّق.. وفي تفاصيل الرواية يدعو الناس لأن يكونوا يدا واحدة.. لا أفهم لماذا يدعو الناس أن يكونوا يدا واحدة وهو على يقين بأنها لا تُصفِّق!".

— اليد الواحدة لا تُصفِّق، ولكنها تصفع، والبعض ليس بحاجة إلى يدٍ تصفق له، ولكنه بحاجة إلى يد تصفعه، لعله يستفيق!

— عيسى! لا يعجبني كلامك!

لم يكن هذا أسلوبي، ولكن كان ذلك استنتاجي لما أراد أن يقوله أبي. قالت خولة أنني قد أكون على حق، وأن مثل هذا الكلام سوف يكون مقبولا لو أن واحدا من الداخل قاله، أما أن آتي أنا، من الخارج، لأنتقد أوضاع الداخل، فهذا ما لن يقبله أحد.

تذكرتُ الفلبين. تُرى لو كانت الحياة في بلاد أمي بالسهولة التي عليها في بلاد أبي، هل سينشغل الناس بهذه التصنيفات. هل يكون للفقر ميزة[٢٧] لم نكن نشعر بها؟

---

٢٦. صنّف— يصنّف = to classify

٢٧. ميزة = advantage

شيء معقّد فهمته في بلاد أبي. كل طبقة اجتماعية تبحث عن طبقة أدنى تركبها، تعلو فوق أكتافها، تحتقرها لتتخفف من الضغط الذي تسببه الطبقة الأعلى فوق أكتافها.

بين هذه الطبقات كنت أبحث عني .. نظرت أسفل قدميّ .. لا شيء سوى الأرض.

في مكان قريب كانت سلحفاتي تمشي ببطء. جاءتني فكرة مجنونة، ولكني، خشيت على إينانغ تشولينغ.

* * *

(20)

يبدو أن ميرلا تمر بظروف صعبة. أصبحت تظهر بصورة لم أكن أعرفها. رسائلها الإلكترونية تعكس اضطرابات نفسية تمر بها ابنة خالتي. أزعجتني الرسائل التي لم أتمكن من فهمها. رجوتها في إحدى رسائلي أن تفتح الكاميرا. "أرغب برؤيتك"، قلت لها. رفضتْ. رجوتها. أصرّت. مضى أسبوع. أرسلت هي تطلب: "أرغب برؤيتك".

بعد عام من سفري شاهدتُ ميرلا لا تشبه ميرلا. على شاشة اللابتوب ظهرت. كانت في محل الانترنت. وجه ميرلا حزين. هالات سوداء حول عينيها. لكنها لا تزال مثيرة. "ألو .. ألو .. هل تسمعينني؟". تكتب: "المحل هنا .. كما ترى، مزدحم بالناس .. سأستخدم الكيبورد بدلا من المايكروفون".

تكتب لوقت طويل. أنتظر منها نصا طويلا. تتوقف قليلا. تواصل الكتابة. تبدو منزعجة. ضربات قلبي تتسارع بانتظار كلماتها. يمضي الوقت. ثلاث .. أربع أو خمس دقائق. رفعت رأسها تنظر إلى الشاشة. أرسلت كلماتها ثم غطت وجهها باكية. قرأت ما كتبتْ: "أشعر باللا جدوى[٢٨]". قرّبت المايكروفون من فمي. همست: "ليس هذا ما كنتِ تكتبينه طوال خمس دقائق ميرلا!". أغلقتْ الكاميرا. اختفت.

مساء اليوم نفسه وصلتني رسالة عبر البريد الإلكتروني:

هوزيه،،

ترددتُ كثيرا قبل أن أرسل لك رسالتي هذه. لست أدري لماذا أنت بالذات. أنت الرجل الوحيد الذي لا أحمل تجاهه كرها. لعلنا نتشابه إلى

---

٢٨. اللا جَدوى = uselessness

حد كبير. كلانا يبحث عن شيء. يبدو أنك وجدته، أو اقتربت من ذلك. أما أنا .. فليس بعد، ولا أظنني سأجده. اثنان وعشرون عاما لم أجد فيها نفسي. لا أزال أبحث عني ولم أجدني. حين وشمتُ ذراعي بـ *MM*، قبل سنوات، الجميع، وأنت أحدهم، فهم الأمر على أنني جمعت حرفينا أنا وماريا، لكني في الحقيقة كنت أنسب نفسي إلى جدٍّ يكرهني .. ميرلا ميندوزا.

الناس لا يهتمون لحكايتي. وكوني ابنة غير شرعية ليست مشكلة، فجمالي هو الشيء الوحيد الذي ينظر إليه الناس. ولكنني، لا أرى في هذا الجمال سوى علامة تذكّرني بماضي أمي وظروف ولادتي لِديك أوروبي حقير. حبي للفلبين وكل ما هو فلبيني كانت محاولة لأنسى ملامح وجهي الأوروبية. عشقت رموزها وتراثها وثقافتها. وفي نفس الوقت نما بداخلي كره أوروبا والأوروبيين، أولئك الذين احتلوا بلادنا قبل سنوات طويلة. وقبل سنوات ليست ببعيدة، احتل رجل أوروبي جسد آيدا. رحل، ولكنه تركني .. أنا.

هوزيه،،

هل تعرف أنني تغلّبت على كل شيء، إلا داخلي الذي أجهله؟ لدي حاجة قوية لرجل أرفضه. أريد ولا أريد. أثيرهم. أقرّب الكأس من شفاههم. يقبّلونها، يتحسّسونها ولكنني أعطيهم القليل من مائها. أشعر بلذة وهم يقبّلون قدميّ. ولا أرى فيهم سوى دجاجات ضعيفة. ورغم حاجتي للمزيد أكتفي بذلك. أرتدي ثيابي. أدير لهم ظهري ولا أتركهم يحصلون على جسدي.

هوزيه،،

تغلّب على وجهك مثلما تغلّبتُ أنا على وجهي. أثبت لنفسك قبل الآخرين من تكون. آمن بنفسك، يؤمن بك من حولك، وإن لم يؤمنوا فهذه مشكلتهم هم، ليست مشكلتك.

لست أدري إن كنتَ قد دخلت الإسلام في بلاد أبيك أم لا تزال تبحث عن الله في ديانات مختلفة. على كلٍ، صلِّ من أجلي. ابنة خالتك التي تحب.

أريد أن أكون نظيفة، لأن ريزال يقول يجب أن تكون الضحية نظيفة لكي تُقبل التضحية.

أطيب أمنياتي،،

MM

*　*　*

(21)

عيد الأضحى، بعد شهرين من عيد الفطر. استيقظت من نومي في ساعة مبكرة على صوت الخراف في فناء البيت الداخلي. تمأمئ الخراف وكأنهم يتبادلون التهاني في العيد، أو ربما يودّعون بعضهم البعض قبل مجزرة[٢٩] جماعية صباحية تسيل فيها دماؤهم إلى خارج البيوت على الرصيف.

الساعة السادسة والنصف صباحا. قبل أن يبدأ الناس في زيارة جدّتي كنت قد انتهيت من الاستحمام لأقابلها، أقبّل جبينها وأهنئها بالعيد. ارتديت ملابسي الجديدة التي اشتريتها خصيصا لهذه المناسبة. ثوب أبيض .. سروال داخلي أبيض طويل .. طاقية بيضاء .. وغطاء رأس أبيض. كل شيء فيَّ كان أبيض في ذلك الصباح إلا حذائي وحلقة الرأس، كانا باللون الأسود. وقفت أمام المرآة أشاهدني، لا شيء يشبهني سوى .. وجهي.

دفعت الباب الزجاجي إلى الداخل. كانت جدّتي وحيدة في غرفة الجلوس أمام شاشة التلفاز. اقتربتُ منها. التفتت إليّ تنظر في وجهي كأنها غير مُصدّقة. قبّلت جبينها. وبعربيتي الخاصة قلت: "عيد مبارك ماما غنيمة". هزّت رأسها من دون أن تقول كلمة. كانت تنقل نظراتها بين الباب الخشبي الرئيسي والباب الزجاجي الجانبي. كانت تخشى أن يدخل زائر ويراني، أو أن ينتبه الخدم إلى ملابسي ويقودهم فضولهم لمعرفة سرّي.

أدرت ظهري لجدّتي بعد أن حققتُ رغبتي بأن أقبّل جبينها مثلما رأيت أبناء عمتيّ يفعلون في عيد الفطر. "عيسى!" جاءني صوتها من ورائي. التفتُّ إليها. قالت بالإنكليزية وهي تشير بيدها: "Come .. Come"، كنت سأفهمها لو قالت "تعال". تقدّمت نحوها. أدخلت يدها في حقيبتها. أعطتني عشرين دينارا، ثم بإشارة من يدها طلبت مني الإنصراف بسرعة: "Go .. Go!".

---

٢٩. مجزرة = butchery

اتصلت بغسان وابراهيم سلام أهنئهما بالعيد. هنّأت خولة وعمتي هند. ثم تمددت فوق سريري أشاهد التلفاز. في الثامنة والنصف وصلتني رسالة هاتفية من خولة: "عيد مبارك .. أريدك في أمر ما".

كان السائق راجو قد تحدث إلى خدم البيوت المجاورة عن وجودي في المنزل. بعض الخدم نقل الأمر إلى أصحاب المنازل. أم جابر، صاحبة البيت الملاصق لبيت جدّتي اتصلت صباح العيد تهنئ ماما غنيمة وتطلب منها: "الخادم الفلبيني الذي يعمل لديكم .. أحتاج لمن يُقدّم الشاي والقهوة والعصير". أم جابر معروفة لدى البيوت المجاورة بفضولها ونقل الأخبار في مجالس النساء. أم جابر لا عمل لديها تشغل به وقتها سوى الاتصال بهذه الجارة أو تلك، تنقل الأخبار هنا وهناك. حاولت جدّتي أن ترفض طلبها. اقترحت بابو بدلا مني .. "لا" .. إذن راجو .. "لا لا، الفلبيني" .. ولكنه لا يعرف كيف يقدّم الأكل .. "الأمر سهل .. سيحمل الصينية ويمر بها على الضيوف". فأرسلت جدتي خولة لتطلب مني الذهاب.

"أنا عيسى راشد الطاروف .. أنا عيسى راشد الطاروف .. أحببتم ذلك أم لا .. هذا ما ورثته من أبي .. أما أمي، وإن ورّثتني ملامحها، فإنها لم تورّثني وظيفتها القديمة في هذا البيت حين كانت الخادمة جوزافين". فقدتُ أعصابي. عند الباب كانت خولة مندهشة تنظر إليّ. "ما الذي يمكنني فعله كي تعترفوا بي؟!".

ظهرت ماما غنيمة. جاءت لوحدها من دون أن تستند إلى ذراع أحد. كانت ماما غنيمة تبكي. خائفة من الفضيحة. لم أفهم من كلماتها سوى اسم غسان. "ماذا تقول؟ .. ماذا تقول؟"، سألتُ خولة والغضب يتملّكني. كانت جدّتي توجه غضبها إلى غسان لأنه أعادني إلى الكويت من دون أن يسأل أحدا. "غسان لم يفعل شيئا سوى تنفيذ رغبة والدي! .. غسان فعل ما كان يجب عليكم فعله"، قلت لها. تعبت جدّتي. أمسكت بكتف خولة لتستند. انخفض صوتها ولكنها لم تسكت. واصلت كلماتها ونطقت اسميّ غسان وهند. "ماذا تقول؟!"، بغضب سألتُ خولة. كانت تهزّ رأسها رافضة.

"أخبريني ماذا تقول؟!". أجابت وهي تدير ظهرها تساعد جدّتي على العودة إلى الداخل: "غسان جاء بك انتقاما من عائلتنا لأننا رفضنا زواجه من عمتي هند".

جلست إلى السرير في صدمة. غسان انتظر كل تلك السنوات. جاء بي من الفلبين. استضافني في شقته. عاملني بلطف ليس لشيء سوى لتحقيق رغبة مريضة في الانتقام!

* * *

هاتفني غسان في ذلك اليوم كثيرا. لم أرد. لابد أنه هاتف خولة ليعرف منها سبب عدم ردّي على مكالماته. أرسل لي في المساء يقول: "عرفت سبب عدم إجابتك على اتصالاتي". اختفى غسان ولست أعلم من فينا ترك الآخر. "هل كنتُ مخدوعا[٣٠] بغسان؟". تقول خولة أن هذا ما تؤمن به ماما غنيمة، وهو ما ترفضه عمتي هند، أما هي، خولة، فلا رأي لها في الموضوع.

* * *

بعد وفاة أبي، كان غسان كثير المجيء إلى بيت ماما غنيمة كونه صديق راشد. يسأل عن أحوالهن ويذكرهن دوما أن موت راشد لا يعني انتهاء العلاقة بينه وبينهم. كان متواصلا مع إيمان، والدة خولة، يسأل عن ابنة راشد. كان مُرحَّبا به في بيت الطاروف، لأنه يحمل رائحة راشد كما كانت جدّتي تقول. مع مرور الزمن، بعد زواج عمتي عواطف ونورية اختفى غسان تدريجيا، ولكن، في تلك الأثناء كانت علاقة غريبة قد نشأت بينه وبين عمتي هند. كانت هي الوحيدة التي تسأل عنه في غيابه. خولة كانت صغيرة في ذلك الوقت. تواصلت عمتي هند مع غسان هاتفيا. علاقتهما الغريبة تحولت إلى علاقة حب. تقدّم غسان لخطبة عمتي هند. "أنت ولدنا ولكن.. في مسألة

٣٠. مَخدوع = deceived

الزواج .. أسأل الله أن يعطيك فتاة أفضل منها"، كان هذا رد ماما غنيمة. خولة تتفهم رفض جدتي لغسان، فهي لا تريد لأحفادها أن يكونوا "بدون" مثل أبيهم، يرفضهم الناس والقانون.

خرج غسان من بيت جدّتي إلى عالمه، وبدأت عمتي هند تهتم بحقوق الإنسان. عرفها الناس في اللقاءات التلفزيونية والصحافية بوقوفها مع الإنسان أيا كان جنسه أو دينه أو انتماؤه. مشهورة هي في الكويت. الناس يعرفونها جيدا، هند الطاروف، ولكن ما لا يعرفه أحد هو أنها ما كانت تدافع عن شيء سوى حبٍ لم يُكتب له البقاء طويلا مع أحد أولئك الذين كانت تدافع عنهم.

نظرتُ إلى نفسي وسط كل ذلك أنتظر اعترافا من عائلتي. تملّكني الرعب. لا أريد مصيرا يشبه مصير غسان. لا أريد أن أنتقم من عائلتي وإن رفضت الاعتراف بي. "أنا عيسى راشد الطاروف .. أنا عيسى راشد الطاروف". هل أنا بحاجة لاعترافهم بي بعد أن اعترفت، أنا، بنفسي؟

ليس بعد ذلك اليوم. فقد حان الوقت لأكون حرا، فالكويت .. ليست بيت الطاروف.

*   *   *

حياة ليس لها هدف، حياة لا فائدة منها

خوسيه ريزال

الفصل الخامس

عيسى .. على هامِش الوطن

(1)

اليوم الأول لعيد الأضحى. زارت أم خولة بيت الطاروف لتهنئ جدّتي بالمناسبة. هي لم تزُر ماما غنيمة في شهر رمضان أو عيد الفطر. ما الذي جاء بها في ذلك الوقت؟

جاءت خولة إلى غرفتي. أخبرتني أن أم جابر هاتفت جدّتي وسألتها: "هل حقا أن الفلبيني اسمه عيسى؟". سألتها دون اهتمام: "وماذا بعد؟". امتلأت عينا خولة بالدموع. علمت أمها بأمري، ثم على الفور جاءت لتأخذها ، فهي لا تريد لابنتها أن تعيش في بيت أنا فيه. قلت لها: "سوف لن أكون سببا في تركك للبيت الذي تحبين. قررتُ الرحيل". لم تصِرّ خولة، رغم حزنها، على بقائي. سألتني فقط: "إلى الفلبين؟". أجبتها: "إلى الكويت".

جدّتي، لأول مرة منذ وجودي في بيتها، احتضنتني بقوة عندما علمت بقراري. وقبلتني. طلبتُ من خولة ترجمة ما تقول. بوجه خجل قالت خولة: "زيادة على المئتين . . سوف تعطيك ماما غنيمة مئتي دينار ليصبح راتبك الشهري أربعمئة". هززت رأسي شاكرا. الحُمرة على وجهيهما. حُمرة الخجل على وجه خولة. حُمرة السعادة على وجه جدّتي. أدرت لهما ظهري وعدت إلى غرفتي التي لن تكون.

* * *

اليوم الثاني لعيد الأضحى. كان ابراهيم سلام ينتظرني في الخارج بسيارته. حملت حقيبتي. فتحت خولة باب الغرفة. ولأول مرة دخلت. استغربت من دخولها، بهذه الطريقة، إلى الغرفة، وهي التي لم تفعل قط. تركتُ حقيبتي على الأرض. وقفت أمامي تنظر في وجهي. فجأة خلعت الحجاب وظهر شعرها الأسود في الهواء. عيناها في عينيّ مباشرة. الدموع في عينيها. احتضنتني بقوة. قالت: "سأفتقدك يا أخي".

لم أتجاوب معها. كان قلبي يضرب بشدّة. قبلتني، ثم خرجت وغطت شعرها بحجابها و: "سأفتقدك يا أخي"، تتردد في أذنيّ "يا أخي .. يا أخي ..". تتكرر حتى بعد خروجها من غرفتي.

أول مرة تناديني خولة بهذه الصفة، وقبل ذلك بيوم، احتضنتني ماما غنيمة لأول مرة وقبلتني. لو كنت أعلم بذلك لتركت بيت الطاروف منذ زمن. حملت حقيبتي. في الفناء الخارجي التفتُ ناحية المطبخ. الخدم خلف زجاج النافذة ينظرون إليّ. الحزن على وجوههم. تركتُ بيت جدّتي ورائي.

عمتي هند كانت في البيت، ولكنها لم تخرج لوداعي. لست ألومها، فهي كما كان أبي، وكما قالت أمي ذات يوم: "ليس بيده القرار لأن مجتمعا كاملا يقف ضده".

* * *

(2)

شاركت ابراهيم سلام غرفته الصغيرة بشكل مؤقت. "لماذا تسكن الجابرية؟"، سألت ابراهيم. مشاعري تجاه تلك المنطقة مؤلمة .. موت صديق أبي في طائرة تحمل الاسم نفسه، وخيانة صديقه الآخر الذي يسكن في المنطقة ذاتها. "لأن السفارة الفلبينية، حيث أعمل، قريبة من هنا"، أجابني ابراهيم.

طلبت منه ذات ليلة أن يحدثني عن النبي محمد مقابل أن أحدثه عن اليسوع، مثلما كنت أتحدث قبل النوم مع تشانغ حول اليسوع وبوذا. أجابني ابراهيم: "سأحدثك عن سيدنا محمد صلى الله عليه وسلم، ولكنني لست بحاجة إلى أن تحدثني عن عيسى عليه السلام". وحين سألته عن السبب أجاب واثقا: "أعرف عن المسيح ابن مريم ما لا تعرفه أنت".

حدثني كثيرا عن الإسلام. أثار اهتمامي بعض التشابه بين القرآن والكتاب المقدس. ترجم لي ابراهيم فقرات عدة من القرآن، أتذكر ان إحداها كان من سورة اسمها النساء. فهمت مما قاله أن الإسلام يعترف بالأديان التي سبقته، فالقرآن يشير إلى الأديان السابقة، ويذكر الأنبياء والرسل بأسمائهم، ويخبرنا بأنهم، جميعا، مرسلون من عند الله. أعاد القرآن إلى مكانه. حدثني عن معجزات لم أسمع بها من قبل. غيوم تُشكِّل اسم الله في السماء .. ثمرة في داخلها اسم الله .. أشياء تشبه تلك التي كنت أسمع عنها في الفلبين عن رؤية البعض للسيدة العذراء والدموع تسيل من عينيها .. أو ظهورها في مكان يتحوّل بعدها إلى مزار. أثار ابراهيم دهشتي. كان ذلك واضحا على وجهي. ولكنه سألني بثقة: "ها؟ ما رأيك؟". أجبته: "هذه مجرد خيالات! .. لو أنك اكتفيت بقراءة القرآن!؟".

أخرج ورقة. قال: "سوف أريك معجزة". لم أكن مؤمنا بتلك الأشياء.

— حدث قبل أكثر من عامين .. في ديسمبر 2004 ..
قاطعته.

— ضربت أمواج الـ تسونامي شرق آسيا ..

— هذا صحيح يا أخي .. ضربت الأمواج إحدى الجزر .. اختفت المنطقة بالكامل وبقي ..

أبقى جملته مفتوحة وأراني ورقته. كانت صورة كبيرة لمسجد أبيض وسط الخرائب.

— أين هي المعجزة؟

— انظر! .. اختفت البيوت حول المسجد .. كل شيء اختفى مع الأمواج ولم يبق سوى المسجد!

— ابراهيم! كلانا يعرف أن المساكن حول المسجد مبنية من الأخشاب، أما هذا المسجد فهو من الأسمنت[١]!

— أنت تشكك في الدين؟

— بل أنا أشكك في معجزاتك!

كنت واثقا، لأول مرة مما أقول. لا يمكن تعريف الله بهذا الأسلوب، لأن الله أكبر .. الله أعظم، وأعمق من ذلك بكثير. أشرتُ إلى صدري قائلا:

— إن الإيمان يسكن هنا .. وبكلامك هذا ..

أشرت إلى رأسي:

— أنت تحاول أن تجعله هنا .. وهنا لا يستقر الإيمان كثيرا ..

— ماذا تعني؟

سألني والشك في عينيه. أجبته بثقة:

— لا مكان للإيمان في غير القلب.

نظر إليّ صامتا. أكملت:

— انظر إلى نفسك في المرآة وستجد من المعجزات الكثير .. فأنت معجزة.

الأديان أعظم من المؤمنين بها. هذا ما توصلت إليه. البحث عن شيء ملموس[٢] لم يعد مهما بالنسبة لي. لا أريد أن أكون مثل أمّي التي لا تستطيع

---

١. أسمنت = cement

٢. ملموس = tangible

الصلاة إلا أمام الصليب وكأن الله يسكنه. لا أريد أن أكون مثل تشانغ وتكون علاقتي مع الله عن طريق تمثال بوذا الذي أحببت.

كنت أمام ابراهيم أجلس. كان صامتا كما كنت أنا أيضا. في أذني اليمنى صوت الأذان يرتفع. في أذني اليسرى أجراس الكنيسة. في أنفي رائحة بخور المعابد البوذية. انصرفتُ عن الأصوات والرائحة، والتفتُّ إلى ضربات قلبي المطمئنة، فعرفت أن الله .. هنا.

*　　*　　*

(3)

في الجابرية التي أكره سكنت في بناية قديمة، تبعد عن سكن ابراهيم حوالي عشر دقائق سيرا على الأقدام. البناية ليس فيها عائلات. هنا العائلات تسكن في بنايات خاصة، لا يُسمح للشباب العزاب السكن فيها. وحيث أسكن .. لا نساء ولا أطفال. البناية يسكنها أشخاص من جنسيات مختلفة. معظم الشقق في البناية خالية من السكان في أيام الأسبوع، ولكنها تمتلئ بالشباب بشكل يثير الانتباه في ليلتيّ الخميس والجمعة والأعياد والعطلات الرسمية، في تلك الأيام فقط كنت أستمع إلى أصوات النساء في البناية. تتعالى أصواتهم بعد منتصف الليل .. ضحك .. غناء ..

كانت شقة لم أحلم بها. غرفتان وصالة وحمام ومطبخ لي وحدي. كان انتقالي سهلا، فلم أكن أملك سوى ثلاث حقائب. خولة كانت على اتصال دائم معي. "أشعر بالذنب .. كنت أحد أسباب تركك لبيتنا"، تقول أختي. قالت أن جدتي تفتقدني. فكرتُ، لا بد أن ركبتيها في حال سيئة. عمتي هند سألت عن عنواني الجديد. أرسلت لها العنوان، وبعد رسالتي بساعات قليلة وصلت سيارة نقل تحمل سريري وثلاجتي وخزانة الملابس والتلفاز.

في ذلك المساء، بعد أن رتبت الشقة، وصلتني مكالمة من عمتي هند تسألني .. عنه!

"من يكون ذلك الشاب الذي حدثتني عنه خولة؟ شكله؟ عمره؟ سكنه؟ جماعته؟"، أسئلة كثيرة تشبه التحقيق، أجبتها بما أعرف، وما إن فعلت حتى قالت محذّرة: "عيسى! .. كن حذرا من أولئك المتخلفين". كلماتها صدمتني. أكملت: "في الكويت ناس كثيرة أفضل من ابراهيم وأمثاله للصداقة! .. أنا هنا .. إن احتجت إلى أي شيء .. ولكن، ابتعد عن أمثال ابراهيم".

* * *

كنت وحيدا. لا أخرج إلى الشارع. كيف أمضيت كل هذا الوقت؟ أحاول أن أتذكر. لم أشاهد التلفاز. لم أقرأ كلمة. لم أهاتف أحدا على الإطلاق. ماذا كنت أفعل؟

لأول مرة أشعر بعدم الفائدة. حلمي القديم . . الجنة التي وُعدتُ بها . . سفري . . المال الذي أصبح يزيد عن حاجتي . . ماذا بعد؟ في بلاد أمي كنت لا أملك شيئا سوى عائلة. في بلاد أبي أملك كل شيء سوى . . عائلة.

المال الذي أكسبه كل شهر مقابل الكسل الذي أمارسه أصبحت أخجل منه. تكشّفت لي حقيقة أحلامي الماضية. اكتشفت أنها أحلام صغيرة . . أحلام لا تستحق انتظار كل تلك السنوات.

العطاء من دون حب لا قيمة له. الأخذ من دون شكر لا طعم له. هذا ما اكتشفته. تذكرت أمي تجلس على الأرض أمام حقيبة سفرها بعد عودتها من البحرين بأسبوع. أفراد عائلتي ينتشرون حولها، كلٌّ ينتظر هديته. "بيدرو!"، تصيح أمي. تلقي إلى خالي قداحة سجائر. يفرح خالي بالهدية لأنها هدية. "آيدا!" . . حذاء رخيص . . "ميرلا" . . ملابس داخلية . . زوجة خالي بيدرو . . ملابس داخلية أيضا . . أبناء خالي . . شوكولاته . . "هوزيه" . . قلم وحقيبة مدرسية. ثم . . تمسك أمي بقُبّعة بيضاء وتتجه إلى أدريان تضعها فوق رأسه. السعادة على الوجوه، لا أزال أتذكرها. لماذا لا أسعد بهدايا عائلتي الكويتية كسعادة خالي بيدرو بقداحة السجائر؟ هو الحب الذي يجعل للأشياء قيمة.

في وحدتي هذه وجدتني أشتاق إلى عائلتي هناك بشكل مرضي. رغم أني بدأت أعتاد إلى بعض الأشياء في بلاد أبي. لم أعد أنظر للرجال باستغراب إذا تبادلوا القبلات في التحية. أصبحت أنا من يبدأ بـ "السلام عليكم" عند مروري بالغرباء . . كانت تحية تشعرني بأنني أعرف الجميع هنا . . خصوصا بعدما ترجم لي ابراهيم معنى الكلمة. "سلام يعني Peace". ما أجمل هذه التحية. فتحت لي نافذة، وإن كانت صغيرة، لتبادل شيء ما مع الكويتيين. ولكن . . الكويت . . كانت تعطيني ظهرها . . تهرب مني.

كان من الصعب عليّ أن أعتاد وطنا جديدا. حاولت أن أعتاد وطني في أشخاص أحبهم. ولكن الوطن في داخلهم خذلني[٣]. خذلني موت أبي .. خذلتني خيانة غسان .. جدّتي وحبها الناقص[٤] .. ضعف عمتي عواطف .. رفض نورية .. صمت عمتي هند واستسلام أختي .. من أين لي أن أقترب من الوطن وهو يملك وجوها عدة .. كلما اقتربتُ من أحدها ابتعد عني.

شقتي الكبيرة صغرت. الحديث إلى السلحفاة صار مملا. لبست وخرجت دون جهة أذهب إليها. في الممر فُتح باب المصعد وخرج شاب فلبيني يسكن في الشقة المجاورة لشقتي، يحمل في يديه أغراضا كثيرة. "مرحبا .. أنت الساكن الجديد؟". هززت رأسي مؤكدا. "قبل أن تذهب .. لو سمحت .. هل بإمكانك أن تساعدني في فتح الباب؟ ها هي المفاتيح". فتحت له. دخل الشاب وتركني عند الباب. اختفى في إحدى الغرف في حين بقيت واقفا أنظر إلى غرفة الجلوس الصغيرة .. الزينة على الجدران .. مشروبات ورائحة طبخ .. وفي إحدى الزوايا بالقرب من النافذة شجرة عيد الميلاد يعلوها HAPPY NEW YEAR 2007. "ماذا ستفعل هذا المساء؟"، جاءني صوت الشاب من إحدى الغرف. "لا شيء"، أجبته. "يمكنك السهر معنا الليلة .. سنجتمع في العاشرة". قبلت دعوته فرحا.

* * *

٣. خذل— يخذَل = to abandon
٤. ناقص = incomplete

(4)

ليلة رأس السنة أمضيتها في الشقة المجاورة. عندما اقتربت الساعة من الثانية عشرة بدأ الجميع يعد: عشرة .. تسعة .. ثمانية .. ثلاثة .. إثنان .. واحد ..

الألعاب النارية تملأ السماء في الخارج بالألوان والأنوار. أبواق السيارات تغني بفرح. في سماء الغرفة تتطاير قطع الأوراق الملونة. بالفلبينية والانكليزية كان الغناء. عام جديد يستقبله الناس بالأمنيات. HAPPY NEW YEAR نتبادلها فيما بيننا وكل في نفسه أمنية. الشقة، حيث كان الاحتفال، قطعة من بلاد أمي .. الوجوه واللغة .. التصفيق والغناء .. الصور على شاشة التلفزيون .. الأكل والشراب .. المواضيع .. الأمنيات .. الجو .. الرائحة.

كان عددنا يقارب العشرين. الوجوه على اختلافها فلبينية. الشقة رغم وجودها في الكويت .. فلبينية. وقفت إلى جانب النافذة أستمع إليهم وفي يدي كأس. رجل أصلع جاوز الأربعين يتحدث عن شوقه لزوجته وأبنائه .. شاب متأنّث يرقص بطريقة تضحكنا .. شاب يحمل كاميرا، لا يتوقف عن التصوير .. أحدهم يشرب لاعنا الظروف التي جاءت به ليعمل هنا .. البعض يأكل .. البعض كان يشاهد التلفاز .. آخرون يجتمعون يتشاركون الطعام والشراب والحديث. متذمّر[٥] يضحك على الشباب الكويتيين .. يسخر من الناس في الكويت وفي يده كأس شراب .. يتحدث عن الكويتيين بغضب .. أتذكر أبي .. صورته محمولا على الأكتاف مغطّى بعلم بلاده .. "مغرورون[٦]"، يقول الأصلع. "ولكن الشباب هنا مثيرون"، يقول المتأنّث. ينفجر البعض ضاحكا .. يقول ذو الكاميرا: "أعمل معهم منذ سنوات .. هم محترمون .. متفتحون مقارنة مع الناس في دول أخرى". يقاطع المتذمر .. "عملتُ في البحرين من قبل .. الناس هناك لا يشعروننا بأنهم أفضل منا .. كما أن

٥. تذمّر— يتذمّر = to complain

٦. مغرور = arrogant

الشراب مسموح به هناك..". كنت أستمع إليهم. أشعر بالضياع بين هنا وهناك.. أكاد لا أعرفني. ابراهيم لا يرى الكويتيين بهذا الشكل.. لم يُخبرني بكل ذلك. يستمر حديثهم.. "لا يملكون سوى المال"، يقول المتذمر.. يجيبه ذو الكاميرا: "هذا ما يغضبك". يتدخّل الأصلع، أكبرنا سنا: "هذا يكفي HAPPY NEW YEAR.. HAPPY NEW YEAR!".. يواصل صاحب الكاميرا: "لدي أصدقاء كُثر هنا.. ليسوا كما تصوّرهم أنت".. وافقه المتأنث: "أنا أيضا لدي أصدقاء كثر". أنهيت الكأس وطلبت المزيد. في أذني تتكرر اتهاماتهم للكويتيين.. وفي عينيّ صورٌ لأبي وخولة وعمتي هند وجدّتي. استمر حديث المجموعة طويلا. التفتُ إلى المتذمر أقول: "عُد إلى الفلبين إن كان الوضع هنا لا يعجبك!". نظر إليّ: "وهل أنت سعيد ببقائك هنا؟". كان خروجي من الشقة أفضل من إجابتي، التي فشلتُ في إيجادها.

* * *

(5)

الكويت .. سنة أولى.

كانت فكرة السفر إلى الفلبين لزيارة بيتنا قد بدأت تتردد في رأسي. رفضت أمي الفكرة رغم اشتياقها لي، طلبت مني أن أبقى في الكويت وقتا أطول. لست أدري إن كان ذلك من أجلي أم من أجل العائلة التي أصبحت بحال أحسن بفضل الأموال التي أرسلها. أبعدت فكرة السفر عن رأسي، ليس لرغبة أمي، بل لأنني كنت متأكدا إن فعلت، قبل أن تنبت لي جذور في بلاد أبي، سوف لن أعود أبدا.

وعدني ابراهيم أن يساعدني في الحصول على عمل. ابراهيم شاب طيّب وبسيط جدّا. وجدتُ فيه صديقا. لم أطلبه شيئا إلا وساعدني. هو يناديني بـ أخي، وحين سألته عن السبب أجاب: "المسلم أخو المسلم". كنت شاكرا له. لم أقل له أنني لست متأكدا من كوني مسلما بعد، فأنا لا أزال أبحث عن طريقي، ولكن إذا أنا دخلت في الإسلام، سوف يكون هو أحد الأسباب في ذلك.

* * *

رغم أن السيارات من أكثر الأشياء إثارة للانتباه في الكويت، ورغم مقدرتي على شراء واحدة، فإنني اشتريت دراجة هوائية سوداء أنتقل بها. وضعت علم الكويت في مؤخرتها. ذلك العلم، رغم رؤيتي له في كل مكان، منذ اليوم الأول لوصولي، لم يكن يعني لي شيئا إلى أن شاهدته يغطي رفات الشاعر الكويتي الشهيد حين أخبرني غسان أن رفات أبي كانت مغطاة بعلم الكويت. منذ ذلك اليوم أصبح علم الكويت خاصا عندي، يحرك شيئا ساكنا في داخلي.

* * *

ذات مساء، ركبت سيارة أجرة لأشتري بعض الأغراض واتجهت إلى حي الجابرية. كان الازدحام شديدا. كان حادث سير وكانت الشرطة تطلب أوراق السيارة والقيادة. فتح سائق سيارة الأجرة زجاج النافذة وأعطى الشرطي الأوراق المطلوبة. نظر فيها، ثم سألني الشرطي عن هويتي. بحثت في جيب بنطلوني ولكنني لم أجد محفظتي. ارتبكت. قلت: "إنها في الشقة". لم يفهمني. قال لي بلهجة كويتية: "إقامة . . إقامة". كان يطلب ورقة إقامتي في الكويت. ولأنني كويتي لا أحتاج إلى هذا فقد أجبته بإنكليزية لا يفهمها: "نو إقامة!". فشلت في إفهامه على ما يبدو. طلب مني أن أنزل من السيارة. حاولت أن أُفهِمه ولكنه كان يصرخ بي بطريقة فظيعة ولم أتمكن من قول شيء. أمسكت بهاتفي النقال أبحث عن رقم عمتي هند. لست أدري لماذا هي. لم ترد على اتصالي. أرسلت إلى خولة رسالة هاتفية: "الشرطة أمسكت بي". دفعني الشرطي أمامه. وجدتني فجأة في باص صغير مع أشخاص آخرين لا يحملون أوراقا ثبوتية أو لا يملكون ورقة الإقامة في الكويت. عرب هنود فلبينيون وبنغال و . . كويتي لا يشبه الكويتيين.

في الباص، الخوف على وجوه البعض. قلت لشرطي كان يقف إلى جانب باب الباص "أنا كويتي". لا أظنه سمع ما قلت. أشار إلى المقاعد في الخلف قائلا كلمات أجهلها. عدت إلى مقعدي والخوف يتملّكني. التفتت إليّ فتاة فلبينية جميلة كانت تجلس بالقرب مني: "اليوم تبدأ عطلة نهاية الأسبوع . . ستقضيها كاملة في سجن مركز الشرطة حتى يجيء الضابط بعد العطلة". فتحت عينيّ على اتساعهما: "ولكنني كويتي . . لا أحتاج إلى إقامة". ابتسمت. امرأة فلبينية أخرى كانت تبكي.

أخذت الشرطة هواتفنا النقالة. ومن دون أن يحقق معنا أحد نُقلنا من الباص إلى غرفة في سجن مركز الشرطة. هناك بقيت ليلتين، ولكني شعرت أنها كانت ليال كثيرة. غرفة صغيرة وسخة. رائحة المكان والأشخاص كريهة. برد يناير شديد. الوجوه هادئة. كلٌ يعرف ما ينتظره إلا أنا. لست

أدري كم من الوقت سأبقى في هذا المكان. أصوات نسائية تجيء من مكان قريب. مرأة فلبينية تبكي بصوت مرتفع. زملائي ينامون. بكاء المرأة يرتفع أكثر. أشاهد شرطيا يحمل عصًا[٧] سوداء، يمشي مسرعا باتجاه غرفة النساء. شعرت بخوف لما قد يحدث للمرأة. قلت في نفسي: "الله أكبر .. الله أكبر .. لا تؤذها[٨]". يصرخ الشرطي بكلمات غير مفهومة. تتسارع دقات قلبي. تصرخ المرأة. أحدث نفسي: "أرجوك لا تؤذها". يعود الشرطي من حيث جاء. تهدأ ضربات قلبي. قلت في نفسي: "الله الأكبر .. الله الأعظم .. شكرا لك".

تأخر الوقت ليلا وبدأت أفقد الأمل في الخروج من ذلك المكان. لم أكن أتصور أنني سأبقى طويلا بعد رسالتي إلى خولة، ولكن شيئا لم يحدث. لماذا يا خولة؟

في اليوم الأول بعد نهاية الأسبوع نودِي على اسمي. وقفت أمام الشرطي. طلب مني مفاتيح شقتي. أعطيته إياها ثم انصرف من دون أن يقول كلمة. بعد حوالي ساعة أخذني أحدهم إلى غرفة الضابط قبل أن أخرج. وجدتُ غسان ينتظر بعد أن أحضر أوراقي الثبوتية. تحدث إلى الضابط وأعاد لي الأخير هاتفي النقال وهو يعتذر. قال: "لا تنسَ محفظتك مرة أخرى". انصرفت بصحبة غسان. في السيارة، أثناء الطريق قال: "أخبرتني خولة منذ اليوم الأول. فعلت كل شيء ولكن ..". قاطعته: "شكرا". لم يضف شيئا. كرهت صمته أثناء الطريق. كنت أريده أن يتحدث. أن يدافع عن نفسه لما تقوله ماما غنيمة حول انتقامه من عائلة الطاروف. كنت أريده أن يعتذر، ولكنه بقي صامتا وغضبي له يزداد. التفتُ تجاهه في حين كان مشغولا بالقيادة. أدرت وجهي إلى النافذة وعلى طريقة جدّتي فكّرت: "تُرى .. ماذا يريد غسان من وراء مساعدته لي؟".

* * *

٧. عصا = stick

٨. آذى — يؤذي = to harm

(6)

"انقطعت أخبارها منذ مدّة .. حين سألنا ماريا قالت إنها لا تعرف عنها شيئا .. خالتك آيدا سوف تُجنّ".

هذا ما قالته أمي في إحدى محادثاتنا عبر كاميرا الانترنت. سألتني: "أليست هي على تواصل معك؟". أجبتها بأنني منذ فترة لم أفتح بريدي الإلكتروني. في تلك اللحظة قمت بفتحه. وجدت في بريدي رسالة واحدة من ميرلا كانت قد أرسلتها قبل تسعة أيام.

"هوزيه! .. هل تراني؟"، سألتني أمي. كنتُ مشغولا مع بريدي الإلكتروني. "نعم ماما .. ولكن .. أنا مشغول .. نتحدث لاحقا". أغلقت الكاميرا وانتقلت إلى صفحة البريد. لم أفتح رسالة ميرلا. شيء يقول لي أن هذه الرسالة تحمل خبرا لن يسعدني. أنهت رسالتها السابقة بمقولة لـ ريزال: يجب أن تكون الضحية نظيفا كي تُقبل التضحية. ماذا تقصد هذه المجنونة؟!

وكما أنهت رسالتها السابقة بمقولة لـ ريزال، بدأت رسالتها هذه بإحدى مقولاته:

هوزيه،،

الموت هو العلامة الأولى للحضارة الأوروبية عند إدخالها إلى المحيط الهادي.

هل تتذكر هذه المقولة لـ خوسيه ريزال؟ عموما، ها أنا أذكّرك بها. قد تتساءل ما علاقة هذه المقولة برسالتي. أنا نفسي لا أعلم، ولكنها منذ أيام تسكن رأسي. هل هذا يحدث لكل من يقترب من الأوروبيين؟ لست أتحدث عن الموت الذي يعنيه ريزال في سنوات الاحتلال. بل موت آخر. عندما احتل الأوروبي المجهول جسد آيدا تركني في داخلها ثم رحل. منذ ذلك استقر الموت في بيتنا. آيدا التي تُحب، والتي تناديها بـ ماما، ميتة منذ

زمن. أنا، وُلدتُ ميتة بجسد حيّ، لست أدري مَن أبي. أكبر وتموت مشاعري نحو الرجال الديوك و . . النساء الدجاجات.

هوزيه،،

هل تتذكر كلمة قلتَها لي قبل سنوات في بياك—نا—باتو؟ قد لا تتذكر. أنا أتذكر. قلت لي: "لا يُقدم على الانتحار سوى إنسان جبان فشل في مواجهة الحياة". هل تتذكر الآن؟

لم أرغب بأن أكون جبانة. ولكنني اليوم أفكر بشكل مختلف. نعم أنا جبانة فشلتُ في الاستمرار بالحياة بسلام، وفشلتُ في مواجهتها. وأنا اليوم لا أريد الاستمرار في فشلي. في كلامك لي، عندما كنا في بياك—نا—باتو، قلت نصف الحقيقة فقط . . لا ينتحر سوى إنسان جبان فشل في مواجهة الحياة، وإنسان شجاع تمّكن من مواجهة الموت.

هل تعتقد أن الديك الأوروبي أعطاني الحياة عندما احتل جسد آيدا؟ لن أسمح له بتغيير عبارة ريزال:

الموت هو العلامة الأولى للحضارة الأوربية عند إدخالها إلى المحيط الهادي.

أطيب أمنياتي،،

MM

* * *

بعض العائلات، ذات الأصول الصينية البوذية، في الفلبين، يستأجرون أناس يبكون موتاهم. تُقام تلك الطقوس في المعابد عادة، لأن البكاء على الميت يسهل انتقال روحه وقبولها في الحياة الأخرى.

أنا، بعد قراءتي لرسالة ميرلا، احتجت لإقامة طقس كهذا. احتجتُ لأن أملأ شقتي بالبكاء. الصدمة لم تمكنني من البكاء. أهي المفاجأة؟ أم هو رفضي وعدم التصديق؟ "كلا، لم تمُت ميرلا. ميرلا حيّة لا تزال. في يوم ما

سنلتقي . . أنا الرجل الوحيد الذي لا تحمل له كرها . . حلمي القديم أصبح سهل التحقيق . .”

كنت أمام شاشة اللابتوب غير مصدق أن ميرلا . .

* * *

هاتفت خولة: ”أريد أن أراكِ“. سعدت أختي بطلبي كثيرا. لم أنوِ إخبارها بأمر ميرلا. كنت أريد أن أنشغل عن الرسالة. كان بإمكاني أن أعاود الاتصال بأمي عبر كاميرا الانترنت، ولكنني خشيت أن أخبرها بالرسالة لأنني إن فعلت أكون قد قتلت ماما آيدا.

ولأن ميرلا تمثل بالنسبة لي أجمل ما في الفلبين، فقد هربتُ من الفلبين إلى خولة، حيث الكويت في أجمل صورها.

فتحت لي أختي الباب. نظرت حولي. لا أحد. أحطتُ[٩] خولة بذراعيّ في حين كانت تضحك من فعلي. أبقيتها طويلا بين ذراعيّ. ”عيسى! . . هل أنت بخير؟“. أجبتها: ”نعم . . ابقِ كما أنت أرجوكِ“. تركتها بعد ثوان. نظرتْ إلى عينيّ: ”ما الأمر؟“. هززت رأسي: ”لا شيء . . اشتقت إليك“. كنت سأنفجر باكيا لو أخبرتها برسالة ميرلا.

أخذتني إلى غرفة مكتب أبي. أجلستني إلى الكرسي خلف مكتب أبي. جلست بمواجهتي أمام المكتب: ”ها؟ . . كيف هي الكويت؟“. ابتسمت لها: ”ما زلت أبحث . . لم أجدها بعد“. بوجه حزين أجابت: ”أخشى أن تكون قد وجدتها من دون أن تعرفها“. أرعبتني فكرة أن تكون الكويت هي تلك التي أعيشها كل يوم منذ وصولي. أجبتها: ”أفضل الاستمرار في البحث عنها على ألا تكون الكويت بهذه الصور التي أرى“. ”وكيف تراها؟“ سألت. أجبتها: ”صور كثيرة . . إحداها لا تشبه الأخرى“. نظرت إلى وجهي باهتمام: ”حدثني عن الكويت . . عيسى“.

---

٩. أحاط — يُحيط = to surround

الكويت .. حلم قديم .. لم أتمكن من تحقيقه رغم وصولي إليها وسيري على أرضها. الكويت، بالنسبة لي، حقيقة مزيفة[١٠] .. أو زيف حقيقي .. لست أدري، ولكن، للكويت وجوه عدة .. هي أبي الذي أحببت .. عائلتي التي تختلف مشاعري تجاهها .. غربتي التي أكره. الكويت هي النظرة الدونية[١١] التي يراني بها أبناؤها .. الكويت هي غرفتي في ملحق بيت الطاروف .. كثير من المال .. وقليل من الحب لا يصلح لبناء علاقة حقيقية .. الكويت شقة فاخرة في الجابرية يملؤها الفراغ .. الكويت سجن بقيت فيه يومين .. وأحيانا .. تكون أجمل .. أراها بصورة عائلة كبيرة يُحيِّي أفرادها بعضهم البعض في الأسواق والشوارع والمساجد: "السلام عليكم .. وعليكم السلام" .. أو بصورة رجل عجوز طيِّب .. يسكن في بيت كبير مقابل البناية حيث أسكن .. أشاهده دائما من النافذة .. يقف أمام باب بيته كل يوم بعد صلاة الفجر يجيؤه رجال كثيرون بالـ يونيفورم الأصفر .. يعطيهم المال والطعام .. الكويت نورية التي تكرهني وترفض الاعتراف بي .. أو عمتي عواطف، التي لا تهتم بوجودي .. الكويت تعطي ولا تعطي مثل عمتي هند تماما .. الكويت مجتمع يشبه بيت الطاروف .. مهما اقتربت منه .. أو سكنت إحدى غرفه .. أبقى بعيدا عن أفراده .. الكويت .. الكويت .. لست أدري ما الكويت ..

"ابحث عن عمل يا عيسى .. من خلال العمل يمكنك أن تندمج مع الناس هنا". قالت خولة.

أخبرتها أن ابراهيم سلام يساعدني، وأنه اصطحبني إلى أماكن عدة، ولكن العمل من دون معرفة العربية مستحيل. نصحتني أختي بالبحث في الشركات الخاصة حيث تحتاج الانكليزية، كما أن العمل في الشركات رواتبه أعلى. أخذت أضحك ثم قلت: "الكويت .. كريمة جدا في ما يخص المال .. ولكن لدي من المال ما يكفي .. أحتاج لما هو أهم".

١٠. مُزيّف = fake

١١. دونّي = inferior

ولأغير موضوع الحديث سألتها عن الأوراق على المكتب: "ما كل هذا؟". أخبرتني أنها لا تزال تقرأ رواية أبي. "كلما أنتهي من قراءة آخر صفحة، أجدني أنتقل إلى الصفحة الأولى أعيد قراءتها من جديد. أحاول أن أفهم أكثر". تنظر إلى الأوراق على المكتب. تصمت قليلا ثم تضيف: "إنها رواية صعبة . . يقول رأيه صراحة فقط في بعض الأمور . . يتحدث عن أشياء وهو يعني أشياء أخرى". تترك أختي كرسيها أمام المكتب وتتجه إلى كتب والدي. تقول: "لأفهم أبي أكثر فأنا أقرأ المزيد من الكتب التي قرأها . . يكبر حلمي في أن أكمل ما بدأ أبي بكتابته . . لأحقق حلمه في نشر روايته".

نظرت إليّ فجأة وقالت:

— لدي فكرة!

نظرتُ في وجهها مستفهما.

— أبي يرسم في هذه الرواية صورة للكويت التي يرى. كان محبا قاسيا. أراد أن يغيّر الواقع برواية صريحة قاسية لأنه يحب الكويت . .

وافقتها، ثم أضافت:

— أنت . . تشاهد الكويت في صور عدة . . لماذا لا تكتب الكويت كما تراها؟

— أنا؟

سألتها بدهشة.

— وماذا أعرف أنا عن الكويت حتى أكتب؟

بابتسامة واسعة أجابت:

— هذا بالضبط ما سوف تكتبه . . ما لا تعرفه عنها . .

أخذت أفكر قبل أن أجيب:

— سوف يكون مؤلما للطاروف ما قد أكتبه . .

— راشد الطاروف لم يهتم للطاروف حين أنجبك . . هل تفعل أنت؟

تساءلتْ والابتسامة على وجهها:

— ألا ترث من أبيك شيئا آخر غير صوتك المشابه لصوته؟!

لم أفكر بجدّية بما قالته خولة بخصوص الكتابة. أنا لست كاتبا، كما أنني لا أجيد العربية، ولا أظنني قادرا على كتابة نص طويل بالانكليزية. فهل سأشرح للكويتيين حكايتي بالفلبينية؟! ثم أن خولة نفسها قالت لي أن الكويتيين لا يقرأون.

ولكنها أسعدتني بقولها: "لو فكر خوسيه ريزال كما تفكر أنت .. لما طُرد الإسبان من بلادكم".

* * *

(7)

شعور بالخوف كلما تذكرت ميرلا. ماريا أجابت ماما آيدا: "هي بخير ولكنها لا ترغب بالحديث مع أحد". ماما آيدا تطمئن، ولكنني متأكد أن ماريا لا تقول الحقيقة. ميرلا لا ترد على رسائلي الإلكترونية. عشرات الرسائل كنت قد أرسلتها. رسالتي الأخيرة كانت:

ميرلا،

أنت تقرئين رسالتي هذه. لا بد أنك تفعلين. فكرة أن لا تفتحي بريدك الإلكتروني تثير الرعب في نفسي. أجيبيني أرجوكِ.

كانت صراحتي مع ميرلا جديدة، ربما لإيماني بعدم مقدرتها على قراءة ما أكتب. أو، ربما، لإيماني بأنها في مكان ما تقرأ رسائلي. وجدتني أقول ما لم أقله لها قط. تلك المشاعر التي أحمل تجاهها منذ بداية رجولتي. كل ما كنتُ أخفيه خجلا كشفته لابنة خالتي.

ميرلا .. قد لا تعرفين ما أحمله لكِ في أعماقي، أو ربما تظنين أن اعترافك لي، ذات يوم، بعدم حبك للجنس الآخر قد يبعدني عن الاقتراب منك. لم تخرجي من قلبي. بقيتِ الحلم الذي يزورني في منامي ويقظتي. كثير من الفتيات هنا يحرّكن شيئا في داخلي، ولكنهن لا شيء عندما أقارنهن بك.

توقفت عن الكتابة أقرأ ما كتبت على الشاشة. ارتبكت. هي لن تقرأ. سأقول المزيد:

ميرلا .. هل تعرفين أنني شعرت بالغيرة تجاه خوسيه ريزال من شدّة تأثّرك به؟ أشعر بالغيرة كلما ذكرتِ اسمه في رسائلك. ولكن غيرتي تلك اختفت

يوم كتبتِ لي "أنت الرجل الوحيد الذي لا أحمل تجاهه كرها". أردت عند قراءتي لتلك العبارة أن أقبل شاشة اللابتوب.

تذكرت وجهها في آخر محادثة عبر كاميرا الإنترنت. كانت تبدو متعبة، ولكنها، رغم تعبها، كانت ميرلا، المرأة التي زارتني في الحلم. سوف أعترف لها بشيء ما. لا بد من قول المزيد:

ميرلا .. لست أدري إن كان الأموات يقرأون الرسائل الإلكترونية. ولكن، أنت لست ميتة. أليس كذلك؟ إن كنت تقرئين ما أكتب، أرجوك، عودي لأقول لك ..

أحبك ..

هوزيه ميندوزا

*   *   *

الغياب شكل من أشكال الحضور، يغيب البعض وهم حاضرون في أفكارنا أكثر من وقت حضورهم في حياتنا. غياب ميرلا لم يكن سوى حضور دائم. تزورني في أحلامي تقول لي أشياء وأقول لها.

لم أفقد أملي بلقاء ميرلا. لو فقدت ذلك الأمل لكنت قد فارقت الحياة بعد وقت قصير من اختفائها كما فعلت إينانغ تشولينغ بعد موت أملها الذي عاشت من أجله حياة طويلة .. ميندوزا.

ميرلا، كما يقول صوت في داخلي، لا تزال على قيد الحياة.

*   *   *

أيام طويلة مرت من دون أن أفتح بريدي الإلكتروني. كنت على يقين بأن رسالة واحدة سوف تكون لـ ميرلا.

لم أعد أفكر في موتها طالما أن الأمل في داخلي لا يزال حيا. انشغلت بالبحث عن عمل. سوف أعيش في الكويت كأي فلبيني مغترب يريد تحقيق أحلامه.

عدم إتمامي دراستي لم يساعدني في الحصول على عمل في شركة خاصة كما كانت أختي تأمل. بعد بحث طويل حصلت على وظيفة في أحد مطاعم الوجبات السريعة الشهيرة بالقرب من سكني في الجابرية. في المطعم ذاته كان يعمل جاري الفلبيني.

* * *

(8)

في مطبخ المطعم شبه المفتوح المُخصّص لتسلّم الطلبات كان عملي. أرتدي ملابس خاصة مثل كل عمال المطعم. العمل في الأيام العادية غير متعب. ولكنه على عكس ذلك في نهاية الأسبوع. أعمل كالآلة. أضع البطاطس في الزيت. أقطع أوراق الخس والبصل والطماطم.

كل العمال في المطعم من الفلبين، إلا إثنين أو ثلاثة من الهند. جو من المرح في مكان العمل. زميلي، الذي هو جاري في الوقت نفسه، قال لي ذات يوم: "لماذا قبلت بالعمل هنا؟ .. الكويتيون لا يفعلون!".

* * *

ساعدني عملي على تجاوز وحدتي. اقتربت من الكويتيين وإن كان اقترابي في مراقبتهم من بعيد. أصبحت أشاهدهم بشكل يومي. رغم انشغالي في العمل في مطبخ المطعم فإنني كنت أشاهد الزبائن، الكويتيين، الشباب تحديدا. يبدون لطيفين فيما بينهم. الوجوه باسمة فيما بينهم. أمر آخر في الكويتيين أثار انتباهي. التحديق في الآخر جزء من ثقافة المجتمع على ما يبدو. الناس يحدّقون في بعضهم البعض بطريقة غريبة. التحديق في وجه الآخر رسالة من نوع ما كما كنت أعرف. علامة إعجاب أو رفض أو نتيجة استغراب. ولكن، لا شيء من ذلك هنا. التحديق في وجوه الناس عادة يمارسها الجميع.

أصبحت أحدّق في الوجوه بعد أن لاحظت أن الكل يفعل. أبحث عن شيء لست أدريه. ولكنني توقفت عن هذه العادة بعد موقف لست أنساه. رجل في منتصف أو أواخر الأربعين، ينتظر أمام المطعم. يبدو منظره غريبا. شعره طويل يظهر تحت غطاء الرأس. أسنانه صفراء. ذقنه تنمو فيها شعيرات بيضاء. كنت أحدق في الزبائن كالعادة. وما إن التقت أعيننا حتى غمز[١٢] لي بعينه مبتسما إبتسامة غير بريئة. أدرت وجهي متظاهرا بانشغالي

١٢. غمز— يغمِز = to wink

في عملي من دون أن ألتفت تجاه زبائن المطعم. في نهاية اليوم حدث ما لم أكن أنتظره. عند انتهاء وقت شغلي تركت العمل، وإذ بالرجل ينتظر داخل سيارته في موقف السيارات أمام المطعم. تظاهرت بعدم انتباهي له. اتجهت إلى شقتي، مثل كل يوم، سيرا على الأقدام. اقتربت مني سيارة الرجل. فتح زجاج النافذة: "هل أقوم بتوصيلك؟". هززت رأسي: "شكرا سيّدي .. بيتي قريب". واصلت السير من دون الالتفات إليه. خوفي من الرجل جعلني أسير في الشوارع الرئيسية بدلا من الشوارع الداخلية. ابتعد الرجل بسيارته. هدأت وواصلت سيري مطمئنا، ولكن اطمئناني اختفى ما إن شاهدت سيارة الرجل في آخر الشارع. ارتعب قلبي لمشاهدة السيارة تعود مرة أخرى باتجاهي. انصرفت عن فكرة الذهاب إلى شقتي وقررت أن أذهب إلى ابراهيم لعله يساعدني. هاتفته لأخبره بأمري ولكنه كان في منطقة بعيدة مع أصدقائه الكويتيين حيث يقيمون اجتماعا للجدد من الداخلين في الدين الإسلامي. أنهيت المكالمة وقررت الذهاب إلى شقتي. الرجل لا يزال يراقبني. دقات قلبي تتسارع. لماذا يتبعني؟ شكلي ليس متأنث.

بيت ماما غنيمة في قرطبة. هذه مسافة طويلة. التفت إلى سيارة الرجل. وجدتها تسرع باتجاهي. تسارعت دقات قلبي: "الله أكبر .. الله أكبر .. أبعده عن طريقي". أسرعت واتجهت إلى شقة غسان. لماذا غسان؟

لأنه أول من أشعرني، في الكويت، بالأمان[١٣] .. ربما!

المسافة الطويلة إلى شقته قطعتها في عشر دقائق جريا. والرجل، كان لا يزال يتبعني. يختفي أحيانا، ويظهر أحيانا أخرى أمامي بسيارته.

وصلت إلى البناية. الرجل بدا أكثر جنونا. نزل من سيّارته. ذهبت مسرعا إلى المصعد. تبعني. ضغطت على الرقم "4" حيث شقة غسان. لم يضغط الرجل على أي رقم. وضع ذراعه على كتفي. سألني بلهجة كويتية: "شلونك؟". أجبت: "سين". انفجر الرجل ضاحكا ورائحته كحول. أوضح مشدّدا على حرف الـ"ز": "زين .. وليس سين". أجبت هازّا رأسي: "زين".

١٣. أمان = security

فُتح باب المصعد. خرجت. تبعني الرجل. تذكرت أن مفتاح شقة غسان معي. التفتُ ورائي: "ماذا تريد؟" سألته. بابتسامة أجابني: "أعطيك دروسا بالعربية". أدرت المفتاح. دفعت الباب للداخل. وجدت الرجل يدفعه بقوة. وبكل قوتي استطعت أن أغلقه بالمفتاح. أخذ الرجل يضرب الباب بيديه. من غرفة الجلوس جاءني صوت غسان يسأل: "من؟". ركض إلى الممر الصغير. وقف عند باب الغرفة ينظر إليّ. سيجارته في يده والدهشة في عينيه. قال: "عيسى؟". أشرت باتجاه الباب: "هناك رجل مجنون يتبعني". قال لي: "حسنا حسنا .. اهدأ". فتح الباب ووقف أمام الرجل. دار بينهما كلام. ارتفع صوتهما. صرخ به غسان قبل أن يدفعه بيده. عاد الرجل إلى المصعد. أغلق غسان الباب. نظر إليّ وانفجر ضاحكا.

عاد إلى غرفة الجلوس وهو يقول: "مخمور". ثم سألني في حين كان يرتب أوراقه على المكتب: "ماذا تشرب؟". لم أجبه. "غسان!". نظر إليّ. ترددت قبل أن أقول: "هل جئت بي إلى الكويت انتقاما من عائلتي؟". ابتسم. أجاب: "أرى أنك أصبحت كويتيا أسرع مما كنت أتصور". لم أفهم. أوضح: "الشك .. عدم الثقة بالآخر .. في الكويت .. الثقة التي كانت .. ما عادت .. .". لم يوضح أكثر. صمت. "لقد ظلمتك¹⁴"، قلت له. بقي صامتا. أضفت: "لماذا لم توضح .. تدافع عن نفسك .. تعاتب". أخذ سيجارة. إذا ما أشعل غسان سيجارته عرفت أني سأسمع شيئا مهما. لفظ كلماته من أعماقه: "عشت الظلم لسنوات طويلة .. ولم أعاتب. فهل أعاتبك على ظلمك الصغير؟". لم أقل كلمة. ابتسم غسان قائلا: "لا وقت لديّ لذلك يا صديقي".

* * *

---

١٤. ظلم—يظلِم = to treat unjustly

(9)

في أبريل 2008 تحوّلت الكويت إلى ساحة إعلانية ضخمة. اللافتات تملأ الشوارع. السيارات. البيوت.

كنت أتجه إلى شقة ابراهيم. الوجوه على اللافتات وجوه باسمة، وجوه جادة الملامح، وجوه بنظرات ذكية، وجوه بدون تعابير ووجوه غبية. غالبية الرجال في الصور يرتدون الزي الكويتي التقليدي، البعض يظهر في الصورة ببدلة وربطة عنق. قليلة جدا الإعلانات التي تحمل صور نساء. شاهدت واحدة أو اثنتين فقط. عرفت أنها الانتخابات البرلمانية لديهم.

لديهم؟ لماذا لديهم وليس لدينا؟ أردت أن أغير الكلمة .. ولكن .. سأتركها كما هي .. لديهم.

وصلتُ إلى شقة ابراهيم. كان سيئ المزاج. لم أعتد على وجهه من دون تلك الابتسامة الهادئة التي تميّزه. حضّر لي كوبا من الشاي. سألني عن حالي وعن عملي. تجاوزت سؤاله قائلا: "تبدو على غير العادة". اعتذر قائلا: "أنت على حق". أشار إلى خبرين صحفيين. نقلتُ نظري بين الخبرين. أحدهما يحمل صورة لفتاة منتحرة من مروحة السقف[١٥] باستخدام حبل. "ترجمتي لما جاء في الصحف الكويتية هذا الاسبوع. سأقوم بإرسالها إلكترونيا إلى الصحف في الفلبين ..".

أمسكت بالخبرين أقرأ. الأولى: "خادمة فلبينية تقتل طفلة انتقاما من مخدومتها". انتقلت إلى الورقة الثانية: "خادمة فلبينية تنتحر شنقا" .. في العشرينات .. داخل غرفتها في منزل مخدوميها .. منتحرة شنقا .. من مروحة السقف ..

---

١٥. مروَحة سقف = ceiling fan

قرأت الخبر كلمة كلمة. كنت أبحث عن اسم الفتاة، وكأن الفتاة التي انتحرت هي ميرلا.

قررت أن أنصرف. "إلى أين؟"، سألني ابراهيم. "تذكرت شيئا مهما".

* * *

فتحت اللابتوب. صفحة البريد الإلكتروني على الشاشة. فكرة وجود رسالة من ميرلا تدفعني للضغط على زر "دخول". ولكن الخوف من عدم وجود رسالة جعلني أغلق الشاشة. لماذا يحدث لي كل هذا؟!

أمسكت بالهاتف. بحثت بين الأرقام. أجريت اتصالي منتظرا رد الطرف الآخر. ولكن لا رد. الساعة التاسعة والنصف مساء حيث كنت.. الثانية والنصف صباحا في المكان الآخر.

كررت اتصالي مرة.. مرتين.. مرات..

ازداد غضبي. قررت أن أكرر الاتصال إلى أن أحصل على رد. وأخيرا:

— ألو!

— نعم.. من المتصل؟

أيقظتها من نومها على ما يبدو، إلا أنّ صوتها كان نائما لا يزال.

— أنا عيسى..

— من؟!

— أنا هوزيه.

لم تقل كلمة.

— ماريا!.. أخبريني.. أين ميرلا؟

ما إن قلت اسم ابنة خالتي حتى استيقظ صوتها النائم. بكت. كررتُ سؤالي والرعب يتملّكني. كانت تبكي:

— هي لا تريد الحديث إلى أحد..

صرخت بها:

— كفى!.. قولي مثل هذه الأكاذيب لـ ماما آيدا..

اختفى صوتها فجأة.

— ألو .. ألو ..

صمت الآخر، أحيانا، أشد رعبا من نطقه بحقيقة لا نريد سماعها. يا ترى ماذا تخفي؟ لماذا تدور الأرض من حولي؟ تمنيتها أن تواصل بكاءها على أن تقول ما لا أريد سماعه. هيا .. هيا إبكِ يا ماريا .. لا تقولي شيئا. وفي عينيّ تمر كلمات من الخبر الذي ترجمه ابراهيم .. في العشرينات .. تنتحر شنقا .. مروحة السقف. صور مرعبة أمامي .. الخبر في الجريدة .. الصورة ..

— اسمع ..

كانت ماريا غاضبة:

— لا أعرف عنها شيئا ..

— ماريا! .. أرجوكِ ..

صمتت قليلا.

— تغيّرت كثيرا قبل اختفائها .. أصبحت تكره وجودها معي ..

— و .. وماذا بعد؟

سألتها بلطف منتظرا إجابتها:

— تحت تأثير الكحول، في آخر ليلة جمعتنا، قالت: "أنا بحاجة إلى من يفهمني .. أنا بحاجة إلى رجل". استيقظتُ صباحا .. لم أجدها.

أنهت المكالمة من دون أن تقول المزيد. تركت هاتفي النقال جانبا. أنظر في اللابتوب غير قادر على فتح بريدي الالكتروني.

كنت مريضا بغياب ميرلا، وكل شيء يقول أنها ..

*   *   *

209

(10)

في أحد أيام عطلة نهاية الأسبوع. كنت عائدا إلى الشقة ليلا بعد يوم متعب.

في البناية، أمام المصعد كنت أنتظر وصوله. عيناي على الأرقام أعلاه. أضاء النور عند الرقم "8" .. ثم .. 7 .. 5 .. 3 .. 2 .. G .. توقف المصعد .. توقفت أشياء أخرى .. تفكيري .. ضربات قلبي .. و .. الزمن.

هل أقول أن أبواب الكويت فتحت أمامي؟

ظهر شاب لم يراني، أو لعله لم يهتم لذلك الآسيوي الذي يقف أمامه. لم أقدر على الكلام من المفاجأة. مشى الشاب متجها إلى خارج البناية. تبعته: "هيي! .. لحظة من فضلك". استدار الشاب. نظر في وجهي. تلفت حوله ثم أشار نحو صدره متسائلا: "أنا؟!". هززت رأسي مؤكدا. وبسعادة كبيرة سألته: "شلونك؟". اندهش الشاب. اقتربت منه لأصافحه. رفع ذراعيه إلى الأعلى. صاح بي: "ابتعد .. لا تلمسني .. لست من أولئك الذين تبحث عنهم!". اتجه خارج البناية. صحتُ به: "أنا عيسى!". أكمل في السير وتجاهلني. واصلت "هيي!" .. "جزيرة بوراكاي" .. "الـ ريد—هورس!". توقف الشاب فجأة. التفت نحوي. أشار إليّ ونظر في وجهي: "أنت؟". ابتسمت مؤكدا. عاد إلى داخل البناية. سألني: "الكويتي Made in Philippines?". أجبته ضاحكا: "نعم .. نعم". سأل: "أنت الـ .. ؟". أخذ يرقص بكتفيه. هززت رأسي: "نعم .. نعم" .. انفجرنا ضاحكين. كرر الشاب سؤاله: "أنت الـ .. ؟" .. أكمل الرقصة .. تلك الرقصة التي أحببت والتي رقصتها معه قبل سنتين في بلاد أمي .. : "نعم .. نعم أنا هو" .. وانفجرنا ضاحكين.

هل أقول إنها المرة الأولى التي ضحكت بها في الكويت ضحكة حقيقية؟

نعم .. كانت كذلك.

* * *

تبادلنا أرقام هاتفينا، أنا ومشعل. ومشعل هو أحد المجانين الذين التقيتهم في بوراكاي حين كنت أعمل هناك. هو صاحب الكأس الذي شاركني الرقص على شاطئ الجزيرة. شاركته الرقص ثانية، في صدفة مجنونة، هنا، في بلاده، بعدما يقارب السنتين من لقائنا الأول. كم هي رائعة بعض الصدف عندما تظهر. ظهور مشعل كانت فرصة للاقتراب من "كويتيتي" لم أشعر بها قط.

يقضي مشعل عطلة نهاية الأسبوع عادة في شقته في الدور الثامن، في البناية التي أسكن، يمارس بها ما لا يستطيع ممارسته في مكان آخر، وهو الشرب. قلت له ضاحكا: "كلكم تقولون أن الخمر ممنوع هنا وهو كالماء في وفرته!". هزّ رأسه يقول: "كالماء في وفرته .. كالذهب في ثمنه".

سألته عن بقية المجانين. أخبرني أنهم بخير. رغم أنهم يسكنون مناطق مختلفة فإنهم يجتمعون بشكل شبه يومي في ديوانية أحدهم في منطقة قريبة. "ولم لا تجتمعون هنا .. في الدور الثامن". رد بأسف: "لا أحد من المجانين يشرب الكحول .. وهم يخافون كلام الناس .. الكويت صغيرة .. يكاد كل شخص فيها يعرف الآخر ..".

* * *

وصلت شقتي والسعادة تلوّن مسائي. السعادة البالغة كالحزن تماما، يجب أن نشارك بها أحدا. اتصلت بابراهيم: "ابراهيم! .. هل تصدق؟! .. بعد سنتين .. صدفة .. كويتيون .. شباب .. بوراكاي .. مجانين .. سنجتمع ثانية .. أصدقائي .. كويتيون كويتيون .. كويتيون! ..". بعد صمته الطويل قال متسائلا: "كل هذه السعادة بسبب لقاء شاب يشرب الخمر؟". أخذت أوضح: "في الحقيقة .. ". ولكنه قاطعني: "أخي! .. قم باختيار أصدقائك جيدا .. لا حاجة لك بمثل هؤلاء". لم أقل كلمة. واصل: "أعرف أنك تبحث عن أصدقاء .. كويتيين .. أخي عيسى .. التحق بمجموعتنا وسوف تحصل

على أصدقاء ويكون لك أخوة كويتيون، كما أردت، يرشدونك إلى الطريق الصحيح ويساعدونك". شكرته. انتهت المكالمة. لو أن ابراهيم يعلم بما تقوله عمتي هند عن مجموعته .. ما هذا؟ ابراهيم يحذّرني من مجانين بوراكاي، وعمتي هند تحذّرني من ابراهيم وجماعته. أليس لي الحق في اختيار من أريد؟ أنا أريدهم جميعا .. عمتي .. ابراهيم والمجانين.

هاتفت خولة لأشركها سعادتي بلقاء مشعل بعد إحباط ابراهيم. "السلام عليكم .. شلونك؟". أجابت ضاحكة: "أنا زينة .. انت شلونك؟". "أنا زين"، أجبتها. "عيسى! ماما غنيمة، كانت تسأل عنك". أجبتها: "أفهم من ذلك أن ركبتيها بحال سيئة". قالت: "أو لعلها اشتاقت إلى صوت راشد". "أنا آسف .. لم أكن أقصد ..". قاطعتني: "لا بأس، ولكن، لا تكن قاسيا على ماما غنيمة. هي تحبك عيسى .. أتمنى لو أننا ننتمي إلى عائلة أخرى".

كانت خولة حزينة على غير عادتها. أخذتني إلى موضوع الطاروف، الاسم، تلك الأشياء التي لا أفهمها. "كل مميزات اسم العائلة ما هي، في الحقيقة، إلا قيود وقائمة طويلة من الممنوعات"، قالت. سألتها في حيرة: "وما سبب هذا الكلام الآن؟". أجابت بحزن: "لأنك ما زلت غاضبا على ماما غنيمة وهي ليست بهذا السوء". لم أقل شيئا. قالت: "الناس يحسدوننا[١٦] على لا شيء .. هم في الحقيقة أكثر حرية منا". حيرتي ما زالت. أضافت: "هل يمكنني أن أشركك حزني هذا المساء؟". كنت أنوي إشراكها سعادتي بلقاء مشعل، ولكن، لا فرق بين أن تشرك الآخر سعادتك أو حزنك، فالمهم هو المشاركة.

"لو أننا ننتمي إلى واحدة من تلك العائلات العادية، لكانت عمتي هند زوجة غسان منذ زمن، ومن دون أن يقول أحد أن الطاروف يزوجون ابنتهم لرجل بدون! .. رغم أن هذا البدون ينتمي في أصوله إلى نفس القبيلة التي جاءت منها عائلة الطاروف! .. لو أننا ننتمي إلى أي عائلة أخرى .. عادية ..

---

١٦. حسد—يحسِد = to envy

لكنت أنت الآن تسكن معنا . . بدلا من أن ترتعب جدّتي عند كل زيارة يقوم بها الناس لبيتنا خشية أن يعرفوا عنك. عيسى! أنا أعرف الظلم الذي وقع عليك، ولكن، هناك أمور لابد أن تفهمها، ماما غنيمة وعمّاتي لا يتحملن المسؤولية كاملة. الناس من حولنا يملؤهم الحسد، ينتظرون أي شيء يسيء لنا. نحن تحت المراقبة دائما . . ألو . . ألو عيسى! . . هل تسمعني؟"

"نعم . . أكملي خولة . . أسمعك". واصلت حديثها:

"أنت تعرف أنك تنتمي إلى عائلة الطاروف، ولكن، هل تعرف ماذا تعني كلمة طاروف؟ هي كلمة كويتية قديمة. الطاروف شبكة يستخدمها الكويتيون لصيد السمك، تعلق[١٧] فيها الأسماك الكبيرة عند المرور بها. ونحن، أفراد العائلة، عالقون بهذا الطاروف، عالقون باسم عائلتنا، لا نستطيع تحرير أنفسنا منه. أنت الوحيد يا عيسى، سمكة صغيرة، قادرة على الخروج من الطاروف من دون أن تعلق فيه . . عيسى! . . أنت محظوظ . . أنت حُر . . افعل ما تريد". قلت لها: "أنا سمكة صغيرة فاسدة، تُفسد بقية الأسماك كما تقول جدّتي". بصوت هادئ أجابت: "لست كذلك عيسى . . لست كذلك". قلت: "أتمنى لو أنني كنت بجانبك في غرفة مكتب أبي أستمع إليك . . أشتاق إليك خولة". هل أقول أنني رأيت ابتسامتها عبر الهاتف؟ أجابت: "قريبا . . ولكن، بعد أن ننتهي من موضوع عمتي هند". سألتها: "موضوع عمتي هند؟". أجابت: "سوف أخبرك لاحقا . . هو أمر جيّد للعائلة بشكل عام . . وعمتي هند خاصة". وجدتني من دون تفكير أقول: "عمتي هند سوف تتزوج؟". انفجرت خولة تضحك. "أضحكتني يا مجنون! . . كلا لن تتزوج . . سوف أخبرك لاحقا". قالت تنهي المكالمة:

— تصبح على خير.

— تصبحين على خير . . أحلام حلوة.

— عيسى!

١٧. علِق — يعلَق = to get trapped

— نعم ..

— أحبك كثيرا ..

ابتسمت. لم أقل شيئا. بعض المشاعر لا تكفيها الكلمات. أنهت أختي:

— مع السلامة.

أمسكت الهاتف وكتبت: "وأنا أحبك أكثر .."، أرسلت لها.

تذكرت سبب اتصالي بخولة. نسيت أن أخبرها بلقائي بمشعل وأنه سيجمعني قريبا ببقية المجانين.

جلست على الأرض. نظرت أسفل الأريكة .. لا شيء .. الأريكة الأخرى .. لا شيء .. تحت طاولة التلفاز .. ها هي! .. أمسكت بـ إينانغ تشولينغ بين يديّ: "خمّني! من رأيت اليوم عند باب المصعد! ..". كعادتها، كانت تستمع باهتمام. أخبرتها:

"مشعل .. بعد سنتين .. صدفة .. شباب .. بوراكاي .. مجانين .. سنجتمع ثانية .. أصدقائي .. كويتيون كويتيون .. كويتيون! ..".

*   *   *

(11)

بعد أيام من لقائي مشعل، دخلت الديوانية أخيرا. ذلك المكان الذي طالما حدثتني عنه أمي. تقريبا كل بيت في الكويت فيه تلك الغرفة الخارجية التي اسمها . . ديوانية. في ذلك المكان يجتمع الأصدقاء عادة. كنت أحمل صورة رسمتها أمي في مخيلتي عندما كنت صغيرا. حيث أبي ووليد وغسان يجلسون . . يتناقشون في كتاب ما . . حدث سياسي مهم . . أو يجتمعون حول التلفاز يتابعون مباراة كرة قدم. أنا كنت أريد أن أدخل الديوانية فقط.

بعد غروب الشمس بقليل، اتصل بي مشعل: "هل أنت مستعد؟ . . بعد خمس دقائق . . موقف السيارات أسفل البناية". لقد كنت مستعدا ليوم كهذا منذ سنوات طويلة، منذ حديث أمي عن أبي وأصدقائه، عندما كنت في أرض ميندوزا هناك . .

قال بعد مصافحتي: "ستكون مفاجأة للأصدقاء". أجبته متسائلا: "يا ترى هل يذكرونني؟".

* * *

"واحد . . إثنان . . ثلاثة . ."

كنت أعد الأحذية أسفل باب الديوانية قبل دخولنا. التفتُ إلى مشعل وأنا أشير إلى الأحذية أسفل الباب: "ثلاثة في الداخل . . أنت الرابع . . خامسكم أين؟". أجاب ضاحكا: "هذه ديوانية تركي . . وهو يدخل من الباب الآخر عبر فناء البيت الداخلي". باب داخلي وآخر خارجي!

دخلنا. على الأرض سجاد. لا أرائك في الديوانية. مجموعة من المراتب على الأرض للجلوس، تفصل بينها مساند اليد، وتستند إلى الجدران مراتب أخرى للظهر. أحدهما يلعب بهاتفه النقال، والآخر في الزاوية تحت نافذة مفتوحة يدخن سيجارته، تعرفت إليه على الفور، هو صاحب آلة العود. أمام شاشة التلفاز يجلس إثنان، ظننتهما يشاهدان مباراة لكرة القدم. ولكنهما

كانا يلعبان كرة القدم عبر جهاز الـPlaystation. رآنا صاحب السيجارة. نقل نظره بيني وبين مشعل باستغراب. "السلام عليكم"، قلنا أنا ومشعل. التفت الجميع إلينا: "وعليكم السلام". تحدث إليهم مشعل بالعربية: "صديقنا الكويتي". بين ابتسامات واستغراب كانت ردود أفعالهم. انفجر بعضهم ضاحكا في حين وقف الجميع حولي غير مصدقين: "أنت؟" .. "لم أصدّق إنك كويتي" .. "نسينا أمرك ما إن تركناك هناك". عرّفني مشعل إلى صاحب السيجارة: "هذا تركي". صافحته ثم قبلته على الطريقة الكويتية في التحية. أشار مشعل نحو الذي كان يلعب بهاتفه النقال: "هذا جابر .."، ثم أشار نحو الإثنين أمام شاشة التلفاز: "عبدالله .. ومهدي". صافحتهم جميعا .. ملامسا وجوههم بوجهي.

* * *

رائعون .. مرحون .. لطيفون ..

هذا ما أستطيع أن أقوله عن مجانين بوراكاي. كنت سعيدا بلقائي بهم، ودخولي عالمهم.

كيف للكويت أن تحمل كل هذه الوجوه؟ أي وجه من تلك الوجوه الكثيرة هو وجهك يا كويت؟

أصبحت أذهب يوميا إلى الديوانية. كان كل شيء مثلما كنت أحلم لولا حاجز اللغة. كان أصدقائي يتركون لغتهم أحيانا ليشركوني عالمهم. مشعل يتحدث الإنكليزية بطلاقة، تركي وجابر بدرجة أقل، أما عبدالله ومهدي فقد كانت انكليزيتهما ضعيفة. هل هناك أجمل من أن يتحدّى الإنسان لغته، بتطعيمها بلغات أخرى، أو بالإشارة أحيانا، ليوصل لك شعوره تجاهك: "آي آم هابي كثيرا لأنني سي يو أفتر لونغ تايم". الكلمات الطيبة لا تحتاج إلى ترجمة، يكفيك أن تنظر إلى وجه قائلها لتفهم مشاعره وإن كان يحدثك بلغة تجهلها.

على كل اختلافاتهم يجمعهم جنونهم. يسكنون مناطق مختلفة. ينتمون إلى عائلات مختلفة. تركي وجابر، اجتماعيا أعلى، كالطاروف ربما. مشعل لا يعترف بهذه الأمور، وهو ثري جدا. أما عبدالله ومهدي، فلا أعرف عنهما الكثير، ربما بسبب ضعف إنكليزيتهما. عبدالله يمارس الطقوس الدينية أكثر من أصدقائه، ومن ملابسه يبدو الفارق كبيرا بينه وبين أصدقائه. لا يلبس غير الثوب التقليدي. مهدي قليل الكلام، يحب كرة القدم.

أصبح وجودي في الديوانية أمرا ضروريا إذا ما اجتمعوا، لأنهم، بحضوري فقط، يتمكنون من لعب الورق، لعبتهم المفضلة "كوت بو ستة"، التي تحتاج إلى ستة لاعبين. قد يبدو الأمر صغيرا، ولكن لأول مرة في الكويت أشعر بأهمية وجودي، وإن كان ذلك تكملة عدد للعب الورق.

نقضي أوقاتنا في الديوانية بين لعب الورق أو مشاهدة مباريات كرة القدم، الحقيقية منها أو على الـ Playstation. يعزف تركي أحيانا بآلة العود. وإذا ما شعرنا بالملل بدأ الأصدقاء في الحديث عن علاقاتهم العاطفية.

عبدالله يصلي خمس مرات في اليوم. هل سأتمكن من فعل ذلك؟ خمس مرات في اليوم؟ عندما سألته كيف يمكنه فعل ذلك أجاب واثقا: "يُسعدك أن تكون بيننا في الديوانية بين يوم وآخر .. ألا يُسعدك أن تكون في حضرة الله .. خمس مرات في اليوم؟".

كنا نصلي جماعة، يؤمنا عبدالله. لست أدري ما الذي يدعوني للصلاة. أهي رغبة حقيقية مني في ذلك، أم شعوري بالحرج من عبدالله؟ لم لا يشعر مشعل بشيء من الحرج! هو لا يصلي معنا.

رغم عدم معرفة السبب الحقيقي الذي يدفعني لمشاركتهم الصلاة فإن هذا لا يعني أنني لم أكن صادقا في صلاتي، وإن كنت أجهل قواعدها. أنا أصلي بجسدي كما يفعلون، ولكنني أقول في الصلاة ما لا يقوله أحد سواي. الكلمة الوحيدة التي نكررها جميعا بصوت مسموع هي .. آمين.

بعد الصلاة، جلس عبدالله ومهدي أمام التلفاز يلعبان كرة القدم. تركي
أخذ العود. جابر مشغول بإرسال واستقبال الرسائل الهاتفية، ومشعل يرسل
له قبلة عبر الهواء: "حبيبتي . . I love you". أما أنا فقد كنت في الديوانية . .
وقلبي هناك . . عند ميرلا.

* * *

(12)

فتحت شاشة اللابتوب على الصفحة الرئيسية للبريد الإلكتروني. إلى متى هذا الخوف؟ أدخلت رقمي السري. بقيت خطوة أخيرة . . "تسجيل الدخول".

تركت الصفحة دون أن أنتقل إلى الخطوة التالية. وضعت اللابتوب جانبا. وقفت في منتصف غرفة الجلوس في شقتي أنظر إلى الجدران متسائلا: "في أي اتجاه تكون؟". فرشت على الأرض سجادة الصلاة، هدية عمتي عواطف، تلك التي لم أستخدمها من قبل. الاتجاهات كثيرة. اخترت جهة. كم مرة يجب أن أنحني للأمام؟ كم مرة يجب أن يلامس جبيني الأرض؟ هل أضع كفيّ على صدري أم أترك ذراعيّ ممدودتين إلى جانبيّ؟ لست أدري ولكنني . . صليت.

وقفت على سجادتي: "الله الأكبر . . الله الأعظم . . كنت كريما معي . . أرسلت لي مجانين كنت أحلم بلقائهم . . أشكرك يا إلهي . .". انحنيت إلى الأمام واضعا كفيّ على ركبتيّ: "الله الأكبر . . الله الأعظم . . أنتظر رسالة منذ مدة . .". وقفت: "حقق لي أملي ولا تصدمني بموت من أحب". نزلت على الأرض ألامسها بجبيني: "لدي مال كثير . . لدي أصدقاء رائعون . .". جلست: "الله الأكبر . . الله الأعظم . . أصلي لك صلاة مؤمن. تقبل صلاتي . . آمين". أدرتُ وجهي يمينا . . يسارا . . وأنهيت صلاتي.

دق جرس الباب. كان جاري الفلبيني يدعوني إلى حفلة عيد ميلاد أحدهم. عند الباب كنت أقف أمامه. التفتُ نحو شاشة اللابتوب ثم إلى الجار. وعلى طريقة ماما غنيمة فكرت: "لعل القدر أرسله كي لا أصدم بعدم وصول الرسالة بعد".

* * *

الفلبينيون . . هنا أو هناك، كما هم دائما، يعطون اهتماما يشبه التقديس لبعض المناسبات. أعياد الميلاد مهمة جدا، يحتفلون بها كل سنة بفرح وكأنها

المرة الأولى. يتبادلون الهدايا، ويسعدون بها مهما كانت بسيطة. يبدو الفرح على وجه صاحب عيد الميلاد قبل أن يعرف ما هي الهدية المقدّمة إليه. الهدية مهمة أحيانا، ولكن الأهم هو أن صاحبها لم ينسَ المناسبة، وبحث عنها من أجل إسعادك. ليس مهما أن تكون قلما أو محفظة غالية، المهم أنها هدية. ليس اهتمام الفلبينيين خاصا بأعياد الميلاد، فالمناسبات العامة أيضا مهمة لديهم .. لماذا لديهم بدلا من لدينا؟ هل أنا أختار المفردات بشكل صحيح؟ أي تيه هذا الذي أنا فيه؟!

في الاحتفال بمناسبة عيد الميلاد، في مانيلا، يمكنك أن تشعر بهذه المناسبة بقوة .. للمناسبة خصوصية ترى تأثيرها على وجوه الناس من حولك. الصلاة. تزايد أعداد زوار الكنائس والكاتدرائيات، فتسعين بالمئة من السكان مسيحيون. ولكن، ما هو غريب هو اهتمامنا بمناسبات أخرى، كاحتفالنا في الفلبين بمناسبة السنة الصينية. يخرج الناس إلى الشوارع. تزين بعض الشوارع بالمصابيح الصينية والأوراق الملونة، يرتدي البعض الزي الصيني التقليدي يرقصون. نحن شعب يحب الفرح كما لا يحبه أحد.

غرفة جلوس شقة جاري مزينة بالورق الملون، على أحد الجدران عبارة HAPPY BIRTHDAY TO YOU، الأغنيات والرقص وأنواع الطعام والشراب بما فيه الكحول. شربت كثيرا في ذلك اليوم. توقف الجميع عن الرقص. جاءت ساعة الـ فيديوكي، أو الكاريوكي كما يسمى بالإنكليزية. المايكرفون جاهز، وشاشة التلفاز تعرض موسيقى أشهر الأغنيات مصحوبة بكلماتها. وجودي في الكويت جعلني أتعرف على الفلبينيين بشكل أوضح. نحن شعب يحب الغناء.

نحن؟

نعم .. نحن!

ينتقل المايكرفون بين الأيدي. يغنون أغنية وراء الأخرى. وجدتني أقوم ما إن بدأت موسيقى أغنية "زمن الفراق" للفلبيني إيريك سانتوس. أمسكت بالمايكرفون من دون أن أقرأ الكلمات على الشاشة. أستمع إلى

الموسيقى منتظرا لحظة البدء. أغمضت عينيّ أغني ولا شيء سوى ذكرياتي مع ميرلا.

الجميع يستمع إلى غنائي بصمت. ارتفع صوتي مع اقتراب نهاية الأغنية .. تصفيق عال في غرفة الجلوس. ارتفعت الكؤوس تحييني. بدأت الموسيقى من جديد. اجتمعوا حول المايكرفون في غناء جماعي. خرجت إلى شقتي بهدوء.

جلست أمام جهاز اللابتوب. شاشته مفتوحة على صفحة البريد الإلكتروني لا تزال. ضغطت على مفتاح "تسجيل الدخول". رسائل كثيرة. إعلانات .. رسائل من أمي .. صور لها مع ألبيرتو وأدريان. ابتسمت لابتسامة أخي الواسعة في الصورة. كم أشتاقه. صور لمنزل أمي ومنزلنا. أشياء كثيرة غيّرها المال الذي أرسله إليهم. شعوري بالسعادة للرسائل لم يستمر طويلا. لماذا يا ميرلا؟

*   *   *

(13)

أجواء الديوانية تغيرت. المجانين الذين أعرفهم ليسوا هم المجانين. انشغلوا بانتخاباتهم البرلمانية. حديثهم أصبح أكثر جدية. لم يهتموا بإشراكي معهم في الحديث كعادتهم. العربية كانت لغة الحوار أغلب الوقت.

ذات مساء طلب مني تركي الذهاب معه بصحبة مشعل وعبدالله. "إلى أين؟"، سألته. "ليس بعيدا"، أجاب. خرجنا نحن الأربعة تاركين جابر ومهدي في الديوانية يرتبون بعض الأوراق، عرفت أنهما يعملان في حملات انتخابية مع بعض المرشحين.

توقف تركي بالسيارة أمام إحدى المدارس. نزلنا من السيارة. طلب مني مساعدته في حمل لافتة كبيرة. كانت بكلمات عربية. "عيسى! . . أمسِكها من هناك"، أمرني تركي. أجبته: "ماذا تقول اللافتة؟". ترجم لي: "عفوًا . . الكويت ليست للبيع! . . الكويت أغلى". ابتعدنا في السيارة نتجه إلى مكان آخر، لتثبيت لافتات أخرى في الشوارع: "عفوًا . . الدينار لن يحكمنا . . الكويت أغلى"، أو "عفوًا . . أهل الكويت ليسوا للبيع".

فهمت أن الكثير من الشباب في الكويت قاموا بتثبيت مثل تلك اللافتات يرفضون الرشوة وشراء الأصوات التي يقوم بها بعض مرشحي البرلمان. "وصل سعر الصوت، في بعض المناطق، إلى 2000 دينار"، قال تركي بحزن، ثم أضاف بأسف: "هم لا يبيعون أصواتهم . . هم يبيعون الكويت". كانوا أصدقائي يكشفون جانبا لم أكن أعرفه عنهم. إصرارهم. حماسهم لمرشحيهم في الانتخابات البرلمانية، عملهم في الحملات الانتخابية، توزيع المنشورات الورقية وتثبيت اللافتات في الشوارع تحذّر الناس من بيع وطنهم. لم أُكثر الأسئلة، واستمتعت بذلك الحماس الذي نقلوه إليّ حتى نسيت وجهي الآسيوي وأنا أحمل الأوراق بين يديّ، أضعها على زجاج السيارات، مكرّرا ما لم أتمكن من قراءته: "الكويت . . ليست للبيع". في تلك الأيام كنت كويتيا كما لم أكن في حياتي. كنت أشعر بأني جزء من هذا الوطن. تذكرت كلمات

ميرلا في إحدى رسائلها الإلكترونية: "تغلب على وجهك مثلما تغلبتُ أنا على وجهي. أثبت لنفسك قبل الآخرين من تكون. آمن بنفسك، يؤمن بك مَن حولك، وإن لم يؤمنوا فهذه مشكلتهم هم، ليست مشكلتك".

محقة يا ميرلا فيما قلتِ .. أحتاج إليك أكثر من أي وقت مضى، وأحتاج لأن تقولي المزيد.

* * *

بعد الانتهاء عدنا إلى الديوانية. جابر ومهدي كانا لا يزالان يعملان في أوراقهما الكثيرة. كنت أنظر في الأوراق. إعلانات وصور لمرشحين.

أصدقائي يدعمون أربعة مرشحين. شاهدت صور ثلاثة منهم في الأوراق الإعلانية، الورقة الأخيرة بلا صورة. سألت لماذا؟ أجاب: "هذا الإعلان لمرشحة .. ربما هي لا تفضل وضع صورها في الإعلانات فاكتفت بإسمها .. هند الطاروف".

* * *

223

(14)

هند الطاروف؟! فهمت الآن حديثي مع خولة! لم يخطر ببالي أبدا أن يكون هذا السبب وراء سعادة أختي. مهدي يريد أن تفوز هند الطاروف في الانتخابات، لأن في فوزها، كما يقول، أمر جيّد للكويت. لكن خولة تقول: "هو أمر جيّد للعائلة بشكل عام ..". إن كان الأمر جيدا للكويت فهو أمر جيد لي أنا الكويتي. إن كان أمرا جيدا للعائلة .. لا أظنه جيدا لي.

الدهشة على وجهي عند سماع اسم عمتي لفتت انتباه مهدي. سألني: "ما بك؟". ترددت في إخباره، ولكن حماسه لفوز عمتي، وعلاقتي بها .. "هند الطاروف عمتي ..". توقف الجميع عن الحديث. ترك المجانين عملهم، يتبادلون النظر فيما بينهم قبل أن ينظروا إليّ بفضول. "أنت تمزح!"، قال تركي. هززت رأسي مؤكدا: "هند عيسى الطاروف .. شقيقة راشد عيسى الطاروف .. أبي". اعتدل جابر في جلسته[١٨]: "أنت تكذب!". لم أقل كلمة. دهشتهم جعلتني أندم على كلامي المتسرع. لو أنني بقيت صامتا .. ما الغريب في أن تكون هند عمتي؟ سألت نفسي في حيرة. أكمل جابر: "منذ كنت صغيرا وبيت الطاروف هو بيتي الثاني .. أعرفهم كما أعرف نفسي .. لم أسمع بك قط!". أجبته: "أن تعرف ماما غنيمة .. عواطف نورية وخولة ..". فتح جابر عينيه على اتساعهما عند سماعه الأسماء. واصلتُ: "فهذا لا يعني أنني لست عيسى راشد عيسى الطاروف". سكت. سألته: "ما بك؟ هل ستخسر عمتي الانتخابات بسببي أيضا؟". هزّ رأسه محرجا: "كلا .. لست أقصد .. ولكن ..". وضع كفّه على رأسه، ليس على طريقة الرقصة الشعبية، ولكن بسبب المفاجأة. ثم قال: "قبل حوالي سنة .. لست أتذكر بالضبط .. ولكن .. أحضرت أم راشد خادما فلبينيا!". هززت رأسي للتأكيد. وضع كفّه

١٨. اعتدَل— يعتدِل في جلسته = to sit straight

الأخرى على رأسه يقول: "كان اسمه عيسى!". بقية المجانين يستمعون إلى حوارنا في صمت. أجبته: "أنا عيسى". في الزاوية البعيدة كان مشعل يجلس، قال: "ألم أقل لك؟! .. الكويت صغيرة!".

* * *

لم أخطئ حين أخبرت صديقي بعلاقتي بهند الطاروف، ولكنني أخطأت حين لم أطلب منه الاحتفاظ بالأمر سرّا كما أرادت عائلتي.

ما عرفه صديقي انتقل إلى أمه، ومن أمه إلى البيوت المجاورة، ومن البيوت المجاورة إلى أناس آخرين، ولأن الكويت صغيرة، يكاد كل شخص فيها يعرف الآخر، ولأن للكلمات أجنحة، فقد طار الخبر، في المجالس النسائية تحديدا.

لا رأي لأختي في الأمر، هي تقف في منطقة وُسطى، بين أخيها الوحيد وبقية العائلة. لم أعرف موقفها حين هاتفتني. كنت أحتاج لمن يقف إلى جانبي. أنا لم أخطئ. تركت بيت الطاروف. جدّتي تقول أنني لعنة على الطاروف، وما أراه وأعيشه هو أن الطاروف لعنة نزلت بي.

لا أزال أتذكر ما قالته خولة: "أم جابر حقيرة .. ماما غنيمة مريضة .. نورية تحذّر .. أناس تربطنا بهم علاقة عرفوا بالأمر .. راشد لديه ولد من خادمة فلبينية .. و ..". صمتت فجأة. سألتها: "وماذا بعد؟". أجابت مترددة: "بعض الأقرباء يقولون أن هذا الأمر سوف يقلل من فرصتي في الزواج من رجل محترم". الكلام ذاته قالته ماما غنيمة لأبي قبل سنوات في مطبخ بيتها. إنها لعنة جوزافين.

بلاد العجائب .. صورة مختلفة لصورة كنت أراها طيلة حياتي في الفلبين .. صورة خاطئة تختلف عن أحلامي .. لا شبه بين البلاد في مخيلتي القديمة وواقعي الجديد سوى أن هذه وتلك .. كلاهما .. بلاد العجائب.

* * *

راشد . . جوزافين . . أين أنتما من هذا الذي أنا فيه؟ هل تملكان الحق في إنجابي وتركي بهذه الطريقة؟ إن كنتما تملكان الحق فإنكما لم تكونا على قدر المسؤولية. أين أنتما من هذا الذي أنا فيه؟

* * *

عرف المجانين بحكايتي كاملة. تركي يقول: "لستَ مُلاما يا عيسى بكل ما جرى"، ولكنه أضاف: "ولا لوم على جدّتك وعماتك أيضا". انفجرت قائلا: "هم أغنياء . . يملكون كل شيء . . كل شيء . . بماذا يضرّهم[١٩] وجودي؟". أجاب بابتسامة تشبه غسان: "بالعربية نقول . . الصيت ولا الغنى".

* * *

١٩. ضَرّ — يضُرّ = to harm

(15)

أمام ثلاثة خيارات كنت. إما أن أكره نفسي لما سببته لعائلتي، أو أن أكره عائلتي لما فعلته بي، أو أن أكرههم فأكرهني لأنني واحد منهم.

جرس شقتي يرن بشكل متواصل. فتحت الباب.

— نورية؟!

قلت لها والدهشة تتملّكني. كنت أعود بخطواتي إلى الوراء خشية أن تمسك بقميصي كما في المرة الأولى.

نظرتُ إلى عمتي عواطف، ولكنها لم تفعل شيئا. أشرت نحو غرفة الجلوس:

— تفضلا بالدخول . .

في وجه نورية الشتائم. بقيت واقفة عند الباب.

— اسمع . . أنا لست هند . . لستُ خولة . . تترك الكويت فورا . . مفهوم؟!

استفزّتني[٢٠] كلماتها. انفجرت في وجهها:

— تركت بيت الطاروف منذ زمن . . لا سلطة لك عليّ!

فتحت عينيها على اتساعهما. قالت تصرخ بي:

— تُغادر الكويت فورا!

— الكويت . . ليست بيت الطاروف.

اتسعت عيناها بشكل مخيف.

— تتحدّاني؟

— أنا لا أتحدّى أحدا.

— أمي قررت أن تقطع راتبك الشهري . . هند ستتوقف عن مساعدتك . . ألا تفهم؟

٢٠. استفزّ — يستفِزّ = to provoke

— لديّ وظيفة .. ومبلغ من المال يكفي لأعيش بقية حياتي .. هنا .. في الكويت.

ارتعشت شفتاها. تنقل نظراتها بيني وبين عمتي عواطف في دهشة.

— سوف أدفع لك ما تريد .. .

أجبتها على الفور:

— لا أريد.

نظرت في وجه أختها. قالت عمتي عواطف:

— هل تسمح لنا بالدخول؟

أشرت نحو غرفة الجلوس.

* * *

جلستا أمامي إلى جانب بعضهما. تحدثت عمتي عواطف بالانكليزية. سألتني: "هل تصلي؟". أجبتها بتردد: "نعم". ابتسمت: "هذا جيّد .. كنت متأكدة من أنك مؤمن". نقلت نظري بينهما محاولا أن أفهم. أضافت: "كُن مؤمنا قويًا .. وتقبّل ما كتبه الله لك .. .". مستفهما سألتها: "الله؟" أجابتني بابتسامتها الهادئة وقالت:

— الله سبحانه وتعالى لم يخلقك لتكون هنا.

عيناي تنتقلان بينهما.

— مكانك المناسب هناك .. في الفلبين.

قمت من مكاني وفي حين كنت أترك غرفة الجلوس:

— إلى أين؟

سألتني نورية. "دقيقة واحدة"، أجبتها.

عدت حاملا حقيبة الصور والأوراق الثبوتية. جلست أمامهما. أخرجت جواز سفري وشهادة الجنسية من الحقيبة:

— أنا كويتي.

بهدوء مُستفز هزّتا رأسيهما رفضا. نورية قالت بثقة:

— أنت . . ابن زنا . .

شعرت بكهرباء تمرّ بسرعة عبر جسمي. عمتي عواطف أكدّت:

— أنت مؤمن . .

أخرجتُ صورة لأبي. أمسكتُها بغضب:

— أنا ابن هذا الرجل . . أنا عيسى راشد الطاروف.

بنفس الابتسامة الهادئة والواثقة قالت عمتي عواطف:

— راشد ليس أباك . . لا يحق لك حمل اسمه.

شيء ما يختفي وراء ثقتها. أوضحت:

— ابن الزنا . . يُنسب لأمه.

تدخلت نورية:

— على ذلك . . أنت . . عيسى جوزافين.

بحثت في حقيبتي بين الأوراق. أمسكت ورقة. عرفتها من توقيعيّ وليد وغسان. قالت نورية:

— أظنك ستخرج شهادة زواج راشد وجوزافين . . لا تتعب نفسك . . إن كنت ابن راشد قانونا، فإنك لست كذلك شرعا.

نظرت في عينيّ نورية متحديا. تركتها تكمل ما أرادت قوله:

— أظنك تعرف أن أمك . . خادمتنا جوزافين، قد حملت بك قبل كتابة هذه الورقة . . أي قبل الزواج.

تركتها تواصل حديثها في حين كنت أبحث بين الأوراق:

— اسمع يا ابن جوزافين . . ليس لك الحق بحمل اسمنا . . ليس لك حق في الميراث[٢١] . . هذا شرعا لا يجوز . . ورغم كل ذلك أنت تصّر على البقاء . . لا كرامة[٢٢] لديك؟

وجدت الورقة المطلوبة.

— معك حق عمتي نورية . .

٢١. ميراث = inheritance

٢٢. كرامة = dignity

كنت أمسك بشهادة الزواج الأولى:

— لقد حملت بي أمي بعد كتابة هذه الورقة بأيام قليلة.

نظرتا إلى بعضهما في قلق. سألتني نورية بثقة:

— ما هذه الورقة؟

بابتسامة هادئة أجبت:

— هذه ورقة لما تسمونه زواجا عرفيا.

انفجرت نورية، تحذّر، تشتم وتصرخ بالعربية والإنكليزية. أما عمتي عواطف فقد صمتت في صدمة وحزن.

انصرفت نورية من شقتي غاضبة. وعند باب الشقة عمتي عواطف التفتت إليّ بوجهها الباكي: "والله .. والله آي آم سوري .. أنت كويتي .. أنت ابن أخي .. ابن راشد ..". من المصعد المفتوح جاء صوت نورية مرتفعا: "عواطف!". قالت قبل أن تتبع أختها: "سامحني .. ليسامحني الله".

*   *   *

(16)

لم أقل لجابر أنه سبب لي مشاكل بعد أن أخبر والدته بأمري. كنت غاضبا، ولكنني لم أشعره بشيء، فلم أكن أريد أن أخسره.

كنت وجابر في الديوانية ذات مساء، في حين كان البقية في الخارج، يحضرون ندوة انتخابية لهند الطاروف .. عمتي. كان المجانين متحمسين لفوزها، إلا عبدالله الذي يرفض أن تمثله امرأة في البرلمان: "وهل الكويت خالية من الرجال؟!". عبدالله يرى أن المرأة يمكنها أن تخدم المجتمع من أماكن أخرى غير البرلمان.

جابر، الذي يعرف عمتي جيدا، كان يحدثني عنها وعن برنامجها الانتخابي ورؤيتها المستقبلية للكويت ودفاعها عن حقوق الإنسان. "هل تظنها ستفوز"، سألته. قال: "ليس الأمر بهذه السهولة .. فقد حصلت المرأة على حقوقها السياسية قبل ثلاث سنوات فقط .. لا يزال الأمر جديدا .. ربما تفوز في السنوات المقبلة". اتصل بنا تركي لنذهب إلى ندوة الطاروف. أمسك جابر بمفتاح سيارته: "هيا بنا .. قُم". هززت رأسي رافضا. أمسك بذراعي: "لا تكن جبانا! سوف نبقى في السيارة يا رجل!".

*　*　*

في قرطبة كان مقر المرشحة هند الطاروف. سيارات كثيرة في الخارج. عند مدخل المقر يقف تركي ومشعل ومهدي. أبناء عمتي عواطف ونورية عند باب المدخل أيضا.

بين الزحام في الخارج رأيت خولة. أمسكت بهاتفي أتصل بها: "ألو .. ماذا تفعلين في الخارج .. ادخلي". كنت أشاهدها من مكاني، في السيارة، تلتفت حولها بين الزحام: "أين أنت يا مجنون؟! .. عمتي نورية هنا!". أخرجت ذراعي من نافذة السيارة: "أنا هنا". لا تزال تبحث حولها. "هنا .. هنا .. انظري نحو الشارع .. يمينا .. يمينا ..". رأتني خولة. ركضت باتجاه

السيارة بابتسامتها التي أحب: "السلام عليكم . . شلونك عيسى؟". نظرت إلى جابر إلى جانبي. اتسعت ابتسامتها: "شلونك جابر؟". تصفيق داخل المقر. سألتها: "كيف تسير الأمور؟". قالت: "لو أن أبانا كان هنا يا عيسى . . لطالما نادى بإشراك المرأة في بناء المجتمع . . ليته يرى شقيقته اليوم".

تعالى التصفيق داخل المقر. بدأ الناس في الخروج. قالت خولة: "مع السلامة . . نتحدث لاحقا".

*　*　*

عدت وجابر إلى الديوانية. بعد قليل عاد تركي ومشعل ومهدي، بعد انتهاء الندوة، بوجوه جادة. تبادلوا الحديث مع جابر بالعربية، ثم تغيرت ملامحه. سألتُ تركي: "ها! . . كيف سارت الأمور؟". لم يُجب. قال مهدي: "بدأت كأحسن ما يكون". سألته: "ثم؟". أجابني مشعل: "انتهت بشكل سيء جدا". عاودوا حديثهم بالعربية، كنت أفهم بعض الكلمات. وجدتني، لأول مرة، أقاطعهم: "هل بإمكانكم أن تشركونني الحديث . . أرجوكم!". التفتوا إليّ. قال جابر: "عمتك مجنونة!". أضاف مهدي: "لقد خسرت الانتخابات". قلت له بدهشة: "ولكن النتائج لم تظهر بعد . . اليوم ليس هو يوم التصويت!". أجاب تركي: "قرأنا نتائج خسارتها على وجوه الناس". أضاف مشعل: "ليس كل ما يُعرف يُقال، وإن كان حقيقة . . عمتك تسرّعت!".

*　*　*

بعد أن أنهت عمتي كلمتها بدأت أسئلة الجمهور. كل شيء كان جيدا. واثقة كانت، تملك لكل سؤال جوابًا. السؤال الأخير، جاء من سيّدة كبيرة: "كنت في الماضي تتحدثين عن حقوق البدون . . كانت قضية البدون من أولوياتك". أجابت عمتي: "ولا تزال". سألتها السيدة: "وهل كل البدون يستحقون الجنسية الكويتية؟". أجابت عمتي، أو تسرعت كما يقولون: "طبعا لا . . شأنهم في ذلك شأن المواطنين". حملت السيدة حقيبة يدها، تركت كرسيها،

وقالت بأسف: "الله يرحم عيسى الطاروف". صفق الجميع ما إن ذكرت السيّدة اسم جدّي. خرجت. تبعها الكثير من الحاضرين لتنتهي الندوة قبل أن توضح عمتي ما قصدته.

اتصلت بخولة. كانت حزينة. قالت: "الناس لا يريدون أن يسمعوا .."، سألتها عن عمتي: "كيف هي الآن؟". أجابت: "هي بخير .. جدّتي متعبة جدا". كانت ستبكي. سألتها: "وأنتِ؟ أنتِ يا خولة؟". صمتت ثم أجابت: "أنا؟ .. لا أدري .. أوشك على تصديق ما تؤمن به ماما غنيمة .. كل ما يحدث لنا بسببه .. غسان لعنة".

* * *

(17)

في 17 مايو 2008 كانت الانتخابات. خسارة عمتي هند لم تكن مفاجأة، خصوصا بعدما كتبت إحدى الصحف المشهورة في أولى صفحاتها:

مُشكّكة في ولاء[٢٣] المواطنين

هند الطاروف: الكويتيون لا يستحقّون حمل الجنسية الكويتية!

بعد هجوم الصحف على عمتي، أصبح الجو حزينا في الديوانية. خسارة عمتي هند في الانتخابات لم تكن مفاجأة لي، المفاجأة الحقيقية كانت في ما فعلته عائلتي الكويتية. توقفت جدّتي عن صرف راتبي، وعمتي هند فعلت أيضا.

وجدتني فجأة لا أملك سوى راتب عملي في المطعم، وكان هذا يكفي لدفع إيجار الشقة فقط. أصبحت أصرف مما ادّخرته من مال. وجدتني، إذا استمرت الحال على هذا الوضع، مُفلِسا في الأشهر القليلة المقبلة.

المجانين عرضوا عليّ المساعدة، خاصة جابر، ربما لذنب يشعر به. مشعل عرض عليّ الانتقال إلى شقته في الدور الثامن من البناية نفسها: "لا أحتاجها إلا في نهاية الأسبوع". قال تركي: "يمكنك السكن مؤقتا في الديوانية إلى أن تجد مسكنا". ابراهيم سلام، رغم صغر سكنه، عرض علي: "غرفتي الصغيرة، التي استضافتك من قبل، موجودة مرة أخرى يا أخي". في النهاية وافق ابراهيم أن أستأجر جزءا من غرفته.

* * *

بعد انتقالي إلى غرفة ابراهيم بأسبوع أخبرني مدير المطعم: "هذا آخر أسبوع لك في العمل هنا". السبب؟.. لا سبب..

٢٣. ولاء = loyalty

أوجدتُ لنفسي سببا .. الكويت لا تريدني ..

هاتفتني خولة بعد أيام قليلة: "هل حقا تم فصلك من عملك؟". حين أكدتُ لها الخبر أضافت: "تبّا! فعلتها عمتي نورية!".

نشأت الخلافات في بيت الطاروف. عمتي هند وعمتي عواطف على خلاف شديد مع نورية التي كانت وراء فصلي من العمل: "اتركي الولد في حاله!". نورية غاضبة على هند بسبب كلامها وخسارتها في الانتخابات: "لو كان عيسى الطاروف على قيد الحياة لمات بسببك". ماما غنيمة في حال سيئة بسبب ما يحدث في بيتها. الشقيقات على خلاف. خولة تركت البيت إلى منزل جدتها لأمها.

— خولة! أريد أن أفهم أرجوك .. هذه أشياء معقدة! من السبب في كل تلك المشاكل؟

لم تقل كلمة. ارتفع صوتي أسألها:

— بابا غسان؟

أجابت بصوت خفيض:

— لا.

انخفض صوتي أسألها وكلي خوف من إجابة ممكنة:

— أنا؟

بصوت مرتفع أجابت:

— لا!

شعرت بارتياح. واصلت خولة:

— إنه .. الطاروف.

* * *

(18)

تركتُ ورقة خس وسط غرفة ابراهيم أنتظر إينانغ تشولينغ التي لم أطعمها منذ مدة. لم تظهر. ليس من عادتها الصوم طويلا. قلقي يزداد. أسفل طاولة الكمبيوتر وجدتها، ولكن ميتة.

ماتت إينانغ تشولينغ. كم كان حزينا ذلك الصباح. يا الله . . أنت وحدك تعلم كم بكيت. من سيفهم سبب بكائي عليها؟ حين عاد ابراهيم من العمل شاهد الحزن على وجهي. لم أخبره بأمر سلحفاتي حين سألني. لن يفهم. تركته في الغرفة وهربت إلى الحمام. فتحت دش الاستحمام، انفجرت باكيا. طرق ابراهيم باب الحمام بعد أن سمعني: "أخي! هل أنت بخير؟". حاولت أن يبدو صوتي طبيعيا: "نعم أنا بخير . . ولكن الماء بارد . . أخي".

تركت سلحفاتي فراغا كبيرا. ماتت إينانغ تشولينغ. كنت أشعر بحزن وغضب. ماتت بعد أن شاركتني مشاكلي. يا لهذه الوحدة! الكويت تغلق أبوابها الأخيرة . . وأنا الذي ظننت أنني جزء منها. شعرت فجأة أن هذا المكان ليس مكاني، وأنني كنت مخطئا حين ظننت ساق البامبو يضرب جذوره في كل مكان.

يبدو أنني قرأت مقولة ريزال بشكل مختلف لِما كان يعنيه إذ يقول "إن الذي لا يستطيع النظر وراءه، إلى المكان الذي جاء منه، سوف لن يصل إلى وجهته أبدا". آمنت بمقولته. ظننت أن الكويت، المكان الذي جئت منه حين وُلدت فيه، سيكون المكان الذي قررت الوصول إليه بعد غياب، ولكن . . حين نظرت ورائي لم أجد سوى الفلبين . . مانيلا . . فالنسويللا . . أرض ميندوزا. ضاقت الكويت فجأة . . أصبحت بحجم غرفة ابراهيم سلام . . ثم ضاقت أكثر . .

*   *   *

كان يوما مملا، مثل كل أيامي. فتحت جهاز اللابتوب باحثا عن رسالة من ميرلا، ولكن، لا شيء. تُرى . . هل قرأت رسائلي؟ آه لو كنت أعرف.

ولكنني . . !

أستطيع أن أعرف!

تذكرتُ شيئا. كيف نسيته كل ذلك الوقت؟! ألستُ أنا من فتح حساب البريد الإلكتروني لميرلا؟ وأنا . . أنا الذي اخترت لها رمز الدخول. ماذا لو لم تغيره؟

انتقلت إلى صفحة البريد الإلكتروني مرة أخرى. أدخلت اسم دخول ميرلا والرمز السرّي الذي كنت قد اخترته. نقلتني المفاجأة إلى صندوق بريدها[٢٤]! تسارعت دقات قلبي. عشرات الرسائل أمامي. رسائلي . . رسائل ماريا ورسائل أخرى كثيرة. والمهم في الأمر أن رسائلي ورسائل ماريا كانت باللون الأبيض، ما يعني أنها قد فتحتها. هذا يعني أن ميرلا . . ميرلا لا تزال!

كنت أرتعش. وجدتني أكتب لها رسالة . . بعد ساعات قليلة كانت الرسالة تغيرت إلى اللون الأبيض.

بكيتُ فرحا بعودتها . . تسيل دموعي كلما تحولت الرسالة إلى اللون الأبيض ليؤكد لي أن ميرلا . . هناك.

أعجبتني اللعبة. أرسل رسالة تحمل كل ما أريد قوله لابنة خالتي الحبيبة. يوم بعد الآخر . . يتغير لون الرسالة . . أتأكد من أنها في مكان ما تقرأ ما في قلبي.

* * *

٢٤. صندوق بريد = inbox

(19)

كان ابراهيم منشغلا يبحث عن أخبار الفلبين ليرسلها إلى الصحف الفلبينية بعد ترجمتها. هذا فصل الصيف. مجانين بوراكاي يسافرون حول العالم.

وجدتني وحيدا كما لم أكن في حياتي، بلا عمل ولا سكن يخصّني. درجة الحرارة فوق الخمسين. ماتت سلحفاتي. أصدقائي في سفر. لقاء أختي مستحيل بعد انتقالها إلى بيت جدتها لأمها. أبي، كما هو دائما، لا وجود له إلا في الصور. أمي وأخي وماما آيدا في مكان آخر من العالم، وميرلا، رغم إيماني بوجودها، لم تكن قريبة. أما غسان، فقد أصبحت لا أراه حتى لا أزيد مشاكله.

لا شيء يشجعني على البقاء في بلاد أبي مدة أطول، ولكنني، لا أملك حتى ثمن تذكرة الطائرة للسفر إلى بلاد أمي. أنا .. في حيرة.

خولة، في عطلتها الصيفية، تقرأ رواية أبي للمرة المليون .. هي حزينة. تقول: "أحتاج إلى سنوات طويلة لإكمالها". ترجمت لي فقرات مما كتبه أبي. عرفت أن أبي كان يعيش غربة من نوع ما في وطنه هو الآخر. وجدتني حين أنهيت المكالمة أطلب ورقة وقلما من ابراهيم. بدأت بالإنكليزية أكتب:

"أنا، رغم اختلافي عنكم، ورغم شكلي الذي يبدو غريبا بينكم، ورغم لهجتي وطريقتي في لفظ الكلمات والحروف .. فأنا أحمل تلك الأوراق التي تحملون، لي حقوق وعلي واجبات مثل حقوقكم وواجباتكم تماما، كما أنني، رغم كل شيء، لم أكن أحمل لهذا المكان سوى الحب، ولكنكم، ولسبب أجهله، لم تتركوني أحب المكان الذي وُلدتُ فيه، والذي مات أبي من أجله.

عندما كنت هناك، صغيرا لا أزال، كانت أرضكم هي الحلم، أقول أرضكم ولا أقول أرضي، لأنها، رغم أوراقي الثبوتية، هي ليست كذلك. كانت الكويت، في سنوات مضت، هي الجنة التي سأفوز بها في يوم ما.

كنت غريبا، ولا أزال. حاولت بمختلف الطرق أن أكون جزءا منكم، رغم صعوبة كل شيء.

إنكم تختلفون في أشياء كثيرة، ولكنكم تتفقون على رفضي.

حاولت أن أكون واحدا منكم، ولكنكم لم تحاولوا.

هل تسمحون لي أن أواصل حكايتي؟ سأواصل، ربما أشعر بشيء من الراحة حين أنتهي تماما من الكلمات التي في داخلي. أريد أن أعود إلى هناك دون رغبة في الحديث عنكم.

لقد فقدت إنسانيتي لديكم. أصبحت مثل الحيوان. كنت أحبكم لأنني كنت أظنني واحدا منكم . . ولكنني كرهتكم، فكرهت نفسي! ولأنني لا أرغب بحمل مشاعري تجاهكم إلى هناك، ها أنا أكتبها هنا، لأتركها . . هنا. ربما تقرأونها . . تفهمون كيف يراكم البعض.

أعتذر عن قسوتي. قد لا يكون الذنب ذنبكم، بل هو ذنب والدي الذي أحضرني إلى أرضكم بعد سنوات عدة قضيتها هناك. أراد أن يزرعني من جديد، ناسيا أن النباتات الاستوائية[٢٥] . . لا تنمو في الصحراء".

* * *

كانت تبكي في حين كنتُ أقرأ. أسألها: "هل أتوقف؟". تضحك رغم بكائها: "واصل . . واصل القراءة يا مجنون!". واصلتُ قراءة ما كتبت. قالت: "أسعدتني وأبكيتني". وقبل أن ننهي مكالمتنا قالت: "عيسى! طلبتُ منك الكتابة قبل هذه المرة، والآن أنا أرجوك . . اكتب . . من أجلك . . من أجلي . . من أجل أبي وعمتي هند وغسان والجميع هنا". أجبتها: "سوف يكون مؤلما للجميع ما قد أكتبه يا خولة". أجابتني واثقة: "لا أحتاج إلى تذكيرك . . لم يهتم والدنا بأحد في كل ما قاله وكتبه وفعله . . لماذا لا تكون مثله؟". صمتت قليلا قبل أن تنهي: "أنا عالقة بالطاروف ولا أستطيع الكتابة صراحة . . هل

٢٥. استوائي = tropical

نسيت؟ أنت وحدك القادر على ذلك دون أن تعلق في الطاروف!". أنهت المكالمة ثم طلبت من ابراهيم، المشغول بعمله، مزيدا من الأوراق.

أمسكت بالقلم أواصل الكتابة بالإنكليزية My name is Jose. توقفت عن الكتابة مستذكرا كلمات خوسيه ريزال "إن من لا يحب لغته الأم، هو أسوأ من سمكة نتنة"، وأنا لا أريد أن أكون أسوأ من سمكة نتنة، وإن كنتُ سمكة فاسدة تُفسد الطازج من الأسماك حولها كما تقول ماما غنيمة. قررت الكتابة بالفلبينية.

التفتُ إلى ابراهيم الذي كان يستعد للنوم:

— ابراهيم!

التفت إليّ بعينين ناعستين. سألته:

— هل تترجم لي نصّا؟

أجاب باسما:

— هذا عملي.

أوضحت:

— نص طويل.

نظر إليّ باستغراب يقول:

— حسب النص.

شرحت له فكرتي. تردد في البدء، ولكنه وافق بعد عدة شروط. قلت له: "أنت حرٌ في ترجمتك على الطريقة التي تراها مناسبة، ولكن، لا تترجم اسمي بطريقة غير التي نلفظها في الفلبين .. هوزيه". نام ابراهيم، ولكن النوم لم يعرف طريقه إلى عينيّ. أمسكتُ بالقلم، وبالفلبينية كتبت:

"اسمي Jose»

هكذا يُكتب. ننطقه في الفلبين، كما في الإنكليزية، هوزيه. وفي العربية يصبح، كما في الإسبانية، خوسيه. وفي البرتغالية يُكتب بنفس الحروف،

ولكنه يُنطق جوزيه. أما هنا، في الكويت، فلا علاقة لكل تلك الأسماء باسمي حيث هو .. عيسى!".

* * *

إن لفظت[1] الديار أجسادنا . . قلوب الأصدقاء
لأرواحنا أوطان
(هوزيه ميندوزا)

أخيرا

عيسى . . إلى الوراء يلتفت

١. لَفَظ— يلفُظ = to expel

الفصل الأخير

انتهيت من كتابة الفصل الأول من هذه الرواية في آخر يوم لي في الكويت. أعطيته إلى ابراهيم، ورقيًا، في اليوم الذي أخذني فيه بابا غسان إلى المطار، واتفقنا على أن أرسل له كل فصل ما إن أنتهي من كتابته، عبر البريد الإلكتروني، من الفلبين.

كان المطار حزينا، وإن كان لا يشبه الحزن الذي شاهدته يوم وصولي. وجه خولة . . وجوه أصدقائي المجانين . . كل الوجوه تشبه غسان.

عند بوابة المغادرة، حاملا جوازي الأزرق، حولي المجانين ومن بينهم بابا غسان وابراهيم سلام. هذا يعانقني، وذاك يصافحني بحرارة، والآخر يضع في يدي مظروفا من المال. "النداء الأخير . . على المسافرين على الخطوط الجوية الكويتية، رحلة رقم 411، المتجهة إلى مانيلا التوجه إلى البوابة فورًا". فتح أصدقائي الدائرة من حولي لتمرّ خولة. تقدّمت أختي ببطء. عانقتني بشدّة. طال عناقها كثيرا. قال بابا غسان: "هذا يكفي يا خولة . . سوف تقلع الطائرة". تباعد الأصدقاء من حولي. اتسعت الحلقة أكثر لمرور عمتي هند التي فاجأتني بحضورها. ابتعد بابا غسان تاركا المكان في حين تراجع الأصدقاء. بقيت عمتي هند مع أختي. ضمّتني خولة بشدّة لا تريد تركي. ضمتني بقوة بين ذراعيها. أخذت أختي في البكاء ثم اتجهت إلى عمتي تعانقها. نظرت عمتي إليّ بوجه يشبه بقية الوجوه: "سامحنا يا عيسى . . سامحنا". بابتسامة واسعة، ودموع غزيرة هززْت رأسي من دون أن أنطق. أدرتُ ظهري للجميع متجاوزا بوابة المغادرة، ومن هناك، التفتُ ورائي أنظر إليهم. الكل يودّعني بنظراته إلا خولة التي كانت في عناقها مع عمتي، وبابا غسان الذي اختفى فور وصول عمتي هند.

تركتُ الكويت في أغسطس 2008، أي قبل حوالي ثلاث سنوات من اليوم، تاركا فيها كل شيء إلا قليل من تراب الكويت، وعلما كويتيا صغيرا، ونسخة من القرآن باللغة الإنكليزية وسجّادة صلاة لا أدري متى سأستخدمها بانتظام وصَدَفة إينانغ تشولينغ الخالية من جسدها.

اليوم هو الخميس، الثامن والعشرون من يوليو 2011، الساعة الثامنة والنصف مساء. بعد نصف ساعة من الآن سوف تبدأ مباراة منتخب الفلبين ومنتخب الكويت لتصفيات كأس العالم 2014 البرازيل.

قبل أيام قليلة وصل لاعبو المنتخب الكويتي استعدادا لمباراة اليوم، بعد وصولهم بوقت قصير حدث في مانيلا زلزال[٢] بقوّة 6 درجات. ربطتُ بين وصول الكويتيين إلى مانيلا ووقوع الزلزال في الوقت ذاته. من يشكّل لعنة للآخر؟ طردتُ الفكرة من رأسي.

مجانين بوراكاي ليسوا بعيدين عن هنا. يجلسون الآن في ستاد ريزال ميموريال لتشجيع منتخبهم. أنا مَن استقبلهم في مطار نينوي أكينو يوم أمس، ويوم غد سوف أودّعهم. لو أنهم يطيلون البقاء .. لتمكّنا من زيارة بوراكاي ثانية!

سأعطي هذا الفصل من الرواية إلى ابراهيم سلام ورقيا، كما فعلت في الفصل الأول. سيحمل المجانين أوراقي هذه إليه، ليعطيها، بعد ترجمتها، إلى خولة، ربما تتشجع على إنهاء رواية أبي.

* * *

أجلس الآن في غرفة الجلوس أمام التلفاز في بيتنا في أرض ميندوزا. الجميع من حولنا يشاهدون خروج اللاعبين إلى أرض الملعب بحماس، إلا أدريان الغائب في عالمه .. أمي وألبيرتو وماما آيدا .. خالي بيدرو وزوجته وأبناؤهما .. وعلى السجادة وسط غرفة الجلوس ولدي الصغير غير مهتم بما يحدث حوله.

أنقل نظري بين ولدي وشاشة التلفاز. ولدي الذي توقعت أن يأتي بعينين زرقاوين وبشرة بيضاء جاء بملامح مختلفة .. بسُمرة عربية، وعينين واسعتين تشبهان عينيّ عمته .. خولة.

---

٢. زِلزال = earthquake

أرادت ميرلا أن تسمّيه Juan، كنت سأوافق لولا أنني تذكرت أننا ننطقه في الفلبينية كما في الإنكليزية هوان، وفي البرتغالية جوان، وفي العربية يصبح كما الإسبانية خوان. اعتذرت لـ ميرلا أن أعطي ولدنا كل هذه الأسماء، لأن اسمه، من قبل مولده . . راشد.

انفجر راشد الصغير باكيا بسبب الصراخ في غرفة الجلوس لهدف من الفريق الفلبيني في الشوط الأول من المباراة. هتافات[٣] في شاشة التلفاز وغرفة الجلوس . . الابتسامات على الوجوه من حولي . . الجميع يصفّق بفرح إلا أنا الذي كنت أشعر بأنني ضربت الكرة في مرماي[٤].

بدأ الشوط الثاني من المباراة. راشد ينام بين ذراعيّ ميرلا. في الدقيقة الـ 61 سجّل منتخب الكويت هدفا.

ها أنا أسجل هدفا جديدا في مرماي الآخر . .

سعيد أنا بالنتيجة حتى الآن. المُتبقّي من زمن المباراة يزيد عن نصف الساعة لست أرغب بمشاهدتها. لا أريد أن أخسرني أو أكسبني. بهذه النتيجة أنا . . مُتعادِل[٥].

يوليو 2011

مانيلا

تصل إلى ابراهيم محمد سلام.

هاتف رقم: 00965253545

الكويت— الجابرية— قطعة 1ب— ش 416—

بناية 32— الدور الأرضي . .

شقة رقم . . Isa.

٣. هِتاف = chants

٤. مَرمى = goal

٥. مُتعادِل = even

تمرينات

INTRODUCTION TO THE EXERCISES

The following guidelines will help you navigate the different exercises and make the best use of them:

- The exercises labeled قبل قراءة الرواية provide background information for and set expectations around the events of the novel. Ideally, the text and the questions will be reflected upon or discussed in the classroom before you start to read the novel.
- Each chapter has a number of associated exercises and tasks that vary depending on the nature of the passage and events:
  - *Pre-reading questions and activities* قبل القراءة. The themes proposed activate your background knowledge and set expectations around the events to follow in the novel.
  - *Discussion questions* للنقاش في الفصل. These questions help you navigate the plot and reflect in depth on the events that take place in each chapter.
  - *Language notes* الجانب اللغوي. These quotes are drawn from the novel to highlight interesting structures. Analyzing and reflecting on these quotes facilitates successive comprehension and usage.
  - *Narrative style* أسلوب السرد. These questions and activities draw your attention to the style of Saud al-Sanousi in this novel. They are designed to help you develop an aesthetic taste for Arabic literature and a better writing style.
  - *Writing and creative tasks* نشاط كتابة \ إبداعي. These activities have been designed to stimulate your creativity and motivate you to exercise your language skills. They are varied and include role playing, creative writing, presentations, and activities related to Arab culture.
  - *Translation tasks* نشاط ترجمة. These tasks involve translating sections of the novel to gain a deeper knowledge of the language, the author's style, and the events that take place.

KEY TO ICONS

Watch a video from the YouTube channel *Saaq al-Bambuu Abridged Novel*:
http://tinyurl.com/SaaqAlBambuu

قبل قراءة الرواية

للنقاش في الفصل

١. في تخيّلكم، ومن خلال العنوان، في أي بلد تجري أحداث رواية "ساق البامبو"؟

٢. ماذا تعرفون عن البامبو؟ ما هو الاسم العربي لهذه النبتة؟ هل تنمو في البلدان العربية؟

٣. عنوان الجزء الأول من الرواية "عيسى . . قبل الميلاد". ما مرادف اسم "عيسى" في لغتكم؟ ابحثوا عن شخصيات مشهورة تحمل اسم عيسى. ابحثوا عن أسماء عربية أخرى لها مرادف في لغتكم.

٤. بماذا يوحي لكم عنوان "عيسى . . قبل الميلاد"؟

٥. ما نوع العمالة الأجنبية الموجودة في بلدكم؟ من أين معظمهم؟ في أي وظائف أو مجالات يعملون؟ ما الذي جاء بهم في رأيكم؟ هل هم مندمجون في المجتمع ولماذا؟

٦. ماذا تعني لكم الأرض الموعودة؟ وإلى ماذا ترمز في رأيكم؟

٧. ماذا تعرفون عن حكاية "آليس في بلاد العجائب"؟ إلى ماذا ترمز آليس؟ والأرنب؟

٨. سوف نجد في الرواية العديد من الكلمات الأجنبية. في أقل من دقيقتين، صنّفوا أكبر عدد ممكن من الكلمات التالية وضعوا (✗) إلى جانب الكلمات العربية و (✓) إلى جانب الكلمات غير العربية:

هستيريا	ويب	سينغ	صلصة	ريختر
أنوثة	جدوى	آنذاك	لاعن	عطف
أبرياء	ببغاء	تاون	هوائي	ميراث
تايم	ملاصق	دوش	إيميل	جينز
هورس	صويا	مستيزا	كومبارس	أناناس
حبش	قصب	أسطوري	لوغاو	تشاينا
اللوتس	تسونامي	يونيفورم	مانيلا	جثمان
مايكروفون	بوذا	البابايا	أفعى	الجاكفروت
آيدا	بخور	سلوى	ميرلا	مشعل

ناقشوا اختياراتكم وتصنيفكم للكلمات.

خارج الفصل

١. خوسيه ريزال شخصية تاريخية فلبينية مشهورة. قوموا ببحث مختصر أو شاهدوا فيلما عنه، ثم اكتبوا نبذة عن سيرته وأهم إنجازاته. ستجدون في قناة اليوتوب الخاصة بالكتاب فيلما عن هذه الشخصية المهمة.

٢. تأمّلوا في مقولة خوسيه ريزال "لا يوجد مُستبدّون حيث لا يوجد عبيد"، ثم ناقشوا معناها في الفصل.

٣. مَن كان يحكم الكويت عام 1985؟ وماذا حدث للحاكم في ذلك العام؟

٤. انظروا إلى الصور التالية وابحثوا عن الكلمات اللازمة لمناقشة الموضوع:

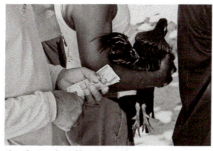

Photo by Magalie L'Abbé

Photo by Rom

الفصل الأول

الجزء (١)

للنقاش في الفصل

١. ما هي القضية التي يتناولها الراوي في هذا الجزء من الرواية؟

أسلوب السرد

من هو الراوي؟

الجانب اللغوي

١. في هذا المقطع من الرواية يستخدم الكاتب كلمتي "هنا" و"هناك". ماذا يقصد بهاتين الكلمتين في كل مرّة؟

٢. الضمير المتصّل يُستخدم بكثرة في اللغة العربية وله استعمالات مختلفة. ابحثوا عن الضمائر المتصلة في الجزء (1) من الرواية وأرجعوها إلى الكلمة المقصودة في النص.

٣. هل لاحظتم وجود أفعال مبنية للمجهول؟ أين هي؟

الجزء (٢)

للنقاش في الفصل

١. بالاعتماد على المعلومات المتوفّرة في النص، ارسموا شجرة عائلة الراوي.

٢. مصارعة الديوك تعتبر من ألعاب الرياضة في بعض البلدان. ما رأيكم بها؟

٣. هل تعرفون عن رياضة عربية تعتمد على الحيوانات؟ ابحثوا عن فيديو في قناة اليوتوب الخاصة بالكتاب بعنوان "انطلاق المعرض الدولي للصيد والفروسية" ثم شاهدوه.

٤. كيف غيّر الحمل مصير آيدا؟ هل كان ذلك لعنة أم بركة في رأيكم؟

٥. هل لميرلا وهوزيه نفس الملامح؟ لماذا؟ صفوهما.

أسلوب السرد

بالرغم من أن بطل الرواية هو الراوي، فنجد في هذا الجزء أن مركز الأحداث ينتقل إلى شخصية أخرى. مَن هي هذه الشخصية؟ هل لاحظتم أي تغيير في أسلوب السرد؟

الجانب اللغوي

الجمل التالية تحتوي على تعابير وتراكيب لغوية مفيدة. فكّروا فيها وناقشوا ما تحته خط:

- تحكي لي والدتي أنها جاءت للعمل هنا، في منزل مَن أصبحت بعد ذلك جدتي.
- قرأت الكثير من الروايات، الخيالية منها والواقعية. أحببت سندريلا، حتى أصبحت مثلها، خادمة، إلا أنّ نهايتي لم تكن سعيدة كما حدث معها.
- وإذا ما بحثت عن سبب لكل ما يحدث لا أجد سوى الفقر.

- عملت صامتة حزينة، كارهة للمال والرجال. (ابحثوا عن كلمات أخرى لها نفس هذه الوظيفة اللغوية في الفقرة الأولى.)
- كانت تسقطه دائما، كرها في الجنين. (ابحثوا عن كلمات أخرى لها نفس هذه الوظيفة اللغوية في نفس الفقرة.)

الجزء (٣)

للنقاش في الفصل

١. لماذا تشاجرت آيدا ووالدها؟

٢. ما هي الاتهامات التي تتبادلها آيدا ووالدها؟

نشاط كتابة

تخيّلوا أنكم آيدا وأنها تكتب مذكراتها ليلا بعد حادثة الديوك. ماذا ستقول في مذكراتها؟ كيف تشعر آيدا بعد كل ما حدث لها؟

أسلوب السرد

في هذا الجزء من الرواية يتنقّل صوت الرواي ما بين هوزيه وجوزافين. أين نرى ذلك؟

الجانب اللغوي

الجمل التالية تحتوي على تعابير وتراكيب لغوية مفيدة. فكّروا فيها وناقشوا ما تحته خط:

- ألم تكتف ببيعي للرجال؟
- أمسكت غاضبة بالديوك الأربعة تقطع رؤوسها.
- خرج والدي باكراً حاملاً معه مظروف آيدا، ليعود بعد ساعات حاملاً أربعة ديوك جديدة.

الجزء (٤)

للنقاش في الفصل

١. لماذا كانت جوزافين بحاجة إلى المال؟ من أين حصلت عليه؟ ما نتيجة ذلك؟
٢. لماذا قبلت جوزافين بالسفر إلى بلد لم تسمع عنه من قبل وبالعمل هناك؟

نشاط إبداعي

تستعد جوزافين في نهاية هذا الجزء للسفر إلى الكويت. تخيّلوا أنكم جوزافين ثم سجّلوا بصوتكم أو اكتبوا مشاعرها وأفكارها في هذه اللحظة الفاصلة من حياتها قبل مغادرتها للفلبين. (5–10 دقائق أو 200 كلمة)

الجزء (٥)

قبل القراءة

١. هل تؤمنون بتفسير الأحلام؟ لماذا؟ ما دور الأحلام في ثقافتكم؟
٢. النشاط التالي مُستوحى من مقالة نُشرت في جريدة "اليوم" السعودية بعنوان "تأثير الجن والشياطين على الإنسان وفي النوم حقيقة مؤكدة"، ويروي فيها القرّاء أحلامهم ليعطيهم الشيخ يوسف المنصور تفسيرا لذلك. في ما يلي بعض أحلام القرّاء، حاولوا ربط كل حلم بتفسيره.

١. أحلم دائما وعدة مرات بالبحر وهو كبير ويأتي معه عدة مواقف مخيفة.	أ. هذه ظروف صعبة تمرّ بها لمدة سبع سنوات، ويأتيك الفَرَج بعد ذلك.
٢. رأيت أنني إمام أصلي بالناس وهم يبكون.	ب. هذا يدلّ على أنه عندك مشاكل والسحر فتنة ويدلّ على وجود ظروف صعبة.
٣. حلمت أن في بيتي ثلاجتين وحلم آخر أنني أخذت من أختي خاتما وفيه فص.	ج. هذا تأخّر في الزواج.
٤. حلمت أن لدي سبعة أسنان سقطت ومسكتها بيدي.	د. هذه من الشيطان وعليك بالأذكار.
٥. حلمت أن أحدا عمل لي سحرا ووضعه تحت سريري.	ه. يصبح لك دورا مهما وقياديا ويتحسّن وضعك.
٦. حلمت قبل سنتين في رمضان أنه جاءني ثلاثة شباب طوال وفيهم وسامة، أيقظوني من النوم وقالوا أنت في الفردوس الأعلى.	و. دليل على الحمل ويرزقك الله بولد وأختك تحمل وإذا حملت أختك معك تأتون ببنات وإذا ما حملت أختك يأتيك ولد ذكر. الثلاجتان أنت وأختك.
٧. رأيت نملا كثيرا وحجمه كبير وأنا وبنتي عمرها 8 سنوات ورششته بماء وصار عندي عنب أحمر.	ز. أختك المطلّقة سوف تتزوج من واحد تحبه ويحبها. الفضّي الطلاق والوردي لباس الود.
٨. حلمت أنني قاعدة ورأيت أختي المطلّقة فوق السماء مع رجل يرتدي لونا فضّيا وورديا.	ح. هذا النمل يأتي من الحسد عليك وعلى ابنتك. وعليك بتحليل دم ربما يكون عندك مرض السكري وإذا ثبت أو جاءك فإن علاجه بالرقية لأن النمل يحب السكر.

٣. ارووا لزملائكم حلما تتذكرونه، ثم حاولوا تفسيره معا.

٤. هل تشعرون بالانتماء إلى أي بلد أو مجموعة من الناس؟ وهل شعرتم أبدا بأنكم لا تنتمون إلى أي مكان؟

للنقاش في الفصل

١. كيف كانت تشعر جوزافين في الكويت؟

٢. كيف كانت تُعامَل في بيتها الجديد؟

٣. كيف كانت تنظر أم راشد إلى جوزافين؟

٤. برأيكم لماذا يقول راشد لجوزافين "تشبهين الفتيات التايلانديات"؟

٥. لماذا تفاجأ راشد بما أخبرته جوزافين حول الانتخابات الرئاسية في الفلبين؟

٦. ما موقف آيدا من كلام أختها عن راشد؟ فسّروا ردة فعلها.

٧. في رأيكم، لماذا رفضت الجدة زواج ابنها من بنت الجامعة؟

٨. تلعب الأحلام دورا مهما في حياة بعض شخصيات الرواية. أين ترون ذلك؟

الجانب اللغوي

الجمل التالية تحتوي على تعابير وتراكيب لغوية مفيدة. فكّروا فيها وناقشوا ما تحته خط:

• الناس هنا لا يشبهون الناس هناك، الوجوه واللغة <u>حتى</u> النظرات لها معان أخرى تجهلها.

• كانت <u>تؤمن</u> بما تراه في نومها من أحلام <u>إيمانا مطلقا</u>.

• <u>ألأنه</u> كان لطيفا معي <u>في حين</u> كان الجميع يسيء معاملتي؟ <u>أم لأنه</u> كان الوحيد . . الذي يتحدث إليّ في غير إعطاء الأوامر؟

• <u>كئيب كان</u> منزل السيدة الكبيرة إذا ما سافر والدك.

ملاحظة لغوية

في اللغة العربية كلمات مركّبة كثيرة تحتوي على "ما" مثل: طالما، قلّما، إذا ما، ما إن . . إلخ. بعض الأمثلة التي نراها في الرواية:

- قبلت بالأمر طالما أنهم سيتركون لي حرية التصرف بجسدي.
- وإذا ما بحثتُ عن سبب لكل ما يحدث لا أجد سوى الفقر.
- كئيب كان منزل السيّدة الكبيرة إذا ما سافر والدك.
- كان (والدي) رجلا مثاليا. . . . قلّما يعلو صوته.
- كان والدك الوحيد الذي يكلمني بلطف ما إن أساءت سيدة المنزل معاملتي.

ناقشوا معنى هذه التعابير مع زملائكم واكتبوا أمثلة مشابهة.

نشاط كتابة

تخيّلوا أنكم جوزافين بعد شهر من وصولها إلى الكويت وأنها تكتب رسالة إلى أختها في الفلبين. ماذا ستقول عن هذه الأسرة؟ وكيف ستصف راشد؟ ووالدة راشد؟ وأخواته؟ (ابحثوا عن صفات مناسبة وحاولوا استخدام عبارات مثل طالما، قلّما، إذا ما، ما إن.) (250 كلمة)

الجزء (٦)

قبل القراءة

١. ابحثوا عن معلومات حول أنواع الزواج في الثقافة الإسلامية وشروطها.

للنقاش في الفصل

١. ما رأيكم بزواج جوزافين براشد؟ هل هذا الزواج زواج شرعي؟ كيف عرفتم ذلك؟

٢. ماذا يقصد الراوي عندما يقول "كنت أنا في الرحيل الأول، تاركا جسد والدي، مستقرا في أعماق والدتي"؟ ابحثوا عن كلمات مناسبة للتعبير عن ذلك ثم ناقشوا الاختيار الأفضل مع زملائكم.

الجانب اللغوي

الجمل التالية تحتوي على تعابير وتراكيب لغوية مفيدة. فكّروا فيها وناقشوها مع زملائكم:

- كان يقصد شيئا ما.
- وأثناء عودتنا كان لايزال كذلك.

الجزء (٧)

للنقاش في الفصل

١. كيف كانت ردة فعل الجدة عندما اكتشفت بأن جوزافين حامل؟ ماذا كانت تعتقد في البداية؟

٢. ما رأيكم في رد فعل راشد أول ما علم بحمل جوزافين؟

٣. لماذا لم يخبر راشد والدته بأنه تزوج جوزافين برأيكم؟ هل تؤيدون قراره؟

٤. نجد في هذا الجزء بعض الشتائم التي تُستخدم في اللغة العربية. ابحثوا عنها ثم ضعوها في مكانها المناسب في الجدول:

شتائم خفيفة	شتائم وسط	شتائم قوية

هل تعرفون شتائم عربية أخرى؟ أضيفوها إلى الجدول.

٥. لغة الجسد تختلف من ثقافة إلى أخرى. في هذا الجزء من الرواية تضرب الجدّة صدرها بكفّها. على ماذا تدلّ هذه الحركة؟ هل تعرفون حركات أخرى لها معان خاصة في الثقافة العربية؟ ابحثوا عن فيديو في قناة اليوتوب الخاصة بالكتاب تحت عنوان Egyptian Body Language ثم شاهدوه.

نشاط كتابة

كما رأيتم، تمرّ جوزافين بأوقات صعبة وتشعر بوحدة شديدة في الكويت. لذا كتبت رسالة قصيرة وأرسلتها إلى موقع فلبيني باحثة عن نصيحة. اقرأوا الرسالة ثم ردّوا عليها لتعطوها بعض النصائح:

"أنا إنسانة متزوجة منذ أقل من سنة وعندي ابن عمره شهران، ليس عندي أية مشكلة مع زوجي فنحن متفاهمان ونحب بعضنا بقدر كبير. المشكلة هي حماتي، أمه . . فلم تتقبلني حتى اليوم لأنني من بلد أجنبي ومن طبقة اجتماعية أدنى، فأنا كنت أعمل خادمة في بيتها . . قبل أشهر من ولادة ابني انتقلنا للعيش بعيدا عنها ولكن لدي إحساس بأن زوجي غير مرتاح في الوضع الحالي وأخاف أن يهجرني بسبب العار الذي قد نجلبه له أنا وابننا فهو مؤخرا لا يتكلم معي كثيرا وأشعر بأنه لا يتفهم إحساسي. ما يُقلقني أكثر هو أن أسرته لا تعرف أننا متزوجان.

ماذا عساني أن أفعل فأنا لا أريد أن أخسره . . ."

أسلوب السرد

مَن الراوي في هذا الجزء من الرواية؟ كيف عرفتم؟

الجزء (٨)

للنقاش في الفصل

١. ما الجديد الذي عرفتموه عن زواج جوزافين براشد؟ لماذا يصف الرواي زواج جوزافين براشد بأنه زواج رسمي؟ كيف نستطيع المقارنة بين الزواج الأول والزواج الثاني؟

٢. تذكر الرواية حادثة مهمة في تاريخ الكويت هي اختطاف طائرة كويتية كانت متّجهة إلى تايلاند. ماذا كانت أسباب الاختطاف؟ في أي عام حدث ذلك؟ ماذا كان اسم الطائرة؟ ابحثوا عن بعض التفاصيل المتعلّقة بالحادثة. استعينوا بالرواية وابحثوا أيضا عن فيديو لهذا الخبر على يوتوب لتعرفوا أكثر.

٣. ما رأيكم في موقف الجدّة من راشد في هذا الجزء؟

٤. بعد قراءتكم الأجزاء السابقة تخيلوا مصير المولود الجديد.

الجانب اللغوي

الجمل التالية تحتوي على تعابير وتراكيب لغوية مفيدة. فكّروا فيها وناقشوها مع زملائكم:

• تأخذني إلى حضنها <u>ما إن</u> تراني.

• سافر غسان ووليد <u>وليتهما</u> لم يفعلا.

• خرج أبي حاملا <u>إياي</u> بين يديه.

نشاط كتابة

تخيلوا أن جوزافين، وهي على متن الطائرة، تجد في جيبها رسالة كتبها راشد لها. ماذا سيقول فيها؟

قبل الكتابة، راجعوا القواعد والتراكيب اللغوية التي رأيناها في هذا الجزء من الرواية واستخدموا أكبر قدر منها في محاولة لتقليد أسلوب الكاتب سعود السنعوسي.

نشاط ترجمة

اختاروا مقطعا أعجبكم من الفصل الأول وترجموه إلى لغتكم.

الفصل الثاني

قبل القراءة

تأمّلوا في مقولة خوسيه ريزال "إنّ الذي لا يستطيع النظر وراءه، إلى المكان الذي جاء منه، سوف لن يصل إلى وجهته أبدا"، ثم ناقشوا معناها في الفصل.

الجزء (١)

للنقاش في الفصل

١. ارسموا خارطة تفصيلية للمكان الذي يعيش فيه هوزيه في الفلبين.

٢. اقرأوا المقطع التالي ثم حاولوا وصف مكان تحبونه مستخدمين نفس أسلوب الكاتب (عبارات قصيرة): "في أرضنا الصغيرة، بعيدا عن المنزلين، أسفل شجرة مانجو عملاقة، منزل صغير جدا، مصنوع من سيقان البامبو، بناه جدّي قبل سنوات طويلة لامرأة وحيدة تُسمّى تشولينغ، فقيرة، ولم نكن نعرف من أين جاءت. لم تكن تعرف سكنا قبل ذلك سوى الشارع."

٣. إينانغ تشولينغ مثال لشخصية تُرعب الأطفال وهم صغار. هل تتذكرون شخصية مشابهة في طفولتكم؟ ما الأشياء التي كانت تُرعبكم في تلك المرحلة؟

٤. ترمز الثلاجة إلى تحوّل كبير يحدث في حياة أسرة ميندوزا. اشرحوا ذلك.

الجانب اللغوي

الجمل التالية تحتوي على تعابير وتراكيب لغوية مفيدة. فكّروا فيها وناقشوها مع زملائكم:

- لم يكن مجرى الماء الفاصل بين المنزلين يحمل ماء من النهر، بل من المجاري.
- كان من الممكن أن تعيش بحال أفضل لولا جنون جدي.
- وكأننا في ميناء نستقبل سفينة حربية عادت من الحرب منتصرة.

الجزء (٢)

للنقاش في الفصل

كيف استقبلت أسرة ميندوزا عودة جوزافين إلى الفلبين؟ فسّروا ذلك.

الجانب اللغوي

الجمل التالية تحتوي على تعابير وتراكيب لغوية مفيدة. فكّروا فيها وناقشوها مع زملائكم:

- كان جدي ميندوزا، كما هي عادته، نائما على الأريكة.
- لو كان يعلم بما أحمل على ظهري!

الجزء (٣)

للنقاش في الفصل

ما رأيكم في شخصية ميندوزا؟ كيف تصفونها؟ هل تعرّفتم في حياتكم على شخص مثله أو يشبهه؟ من خلال ما قرأتموه حول ميندوزا تخيلوا كيف كان شبابه وكيف كانت شخصيته آنذاك.

نشاط كتابة

جلس ميندوزا وحيدا في غرفته ليلة عودة جوزافين إلى الفلبين، وفتح دفتر مذكراته ليكتب فيها ما حدث في ذلك اليوم. تخيّلوا أنكم ميندوزا. ماذا ستقولون؟ (150–250 كلمة)

الجانب اللغوي

الجمل التالية تحتوي على تعابير وتراكيب لغوية مفيدة. فكّروا فيها وناقشوها مع زملائكم:

- لم يخبرنا بما رأى أبدا، ولكن، لا بد أنه مرّ بما لا يمكن وصفه.
- وكان هذا المبلغ يعني شراء ديك مصارعة جديد كل شهر، إما أن يُقتل (..) وإما أن يفوز.

الجزء (٤)

قبل القراءة

كيف كانت نشأتكم الدينية؟ ما هي الطقوس الدينية التي كنتم تمارسونها؟ هل تغيّرت مع الزمن؟ ماذا تعتبرون أنفسكم اليوم؟ هل حدث أي تطوّر في معتقداتكم؟

للنقاش في الفصل

١. برأيكم، هل وُلد هوزيه مسلما أم مسيحيا؟

٢. برأيكم، ومن كلام هوزيه، أي حياة كان يفضلها: المسلمة؟ الكاثوليكية؟ البوذية؟ الكويتية؟ الفيليبينية؟ ولماذا؟ صفوا شعور هوزيه في هذه اللحظة من حياته.

أسلوب السرد

في هذا الجزء من الرواية، يتساءل هوزيه عن هويته الحقيقية ويبدو مُشتّت الأفكار والأحاسيس. ما هي التراكيب اللغوية والمفردات التي تُخبرنا بذلك؟ ضعوا تحتها خطا، ثم قوموا بتسجيل هذا المقطع من الرواية مُعبّرين فيه عن تساؤلات هوزيه بصوتكم. اقرأوا النص بنبرة مُعبِّرة.

نشاط كتابة

ابحثوا في قناة اليوتوب الخاصة بالكتاب عن فيديو بعنوان Half Emirati ثم اكتبوا نصّا تلخصّون فيها محتوى الفيديو معبرين فيها عن رأيكم الشخصي. قارنوا أيضا ما يحدث في المجتمع الإماراتي\ الخليجي بما يحدث في مجتمعات أخرى (300 كلمة).

الجزء (٥)

للنقاش في الفصل

١. حاولوا أن تفسروا سبب عناية أهل الحي بالعجوز.

٢. كيف تنظرون إلى ما فعله هوزيه مع إينانغ تشولينغ؟

٣. تخيلوا ماذا قال القس لهوزيه بعد سماع قصة سرقته لأكل إينانغ تشولنغ.

أسلوب سرد

١. اقرأوا المقطع التالي وتأملوا في أسلوب سرد الحكاية. برأيكم، كيف تؤثّر العبارات والكلمات التي تحتها خط في سرد القصة وإيقاع الأحداث؟ سجلوا هذا المقطع بصوتكم.

إينانغ تشولينغ، جارتنا العجوز، مرعبة أطفال الحيّ، التي يقع منزلها الصغير في أرض جدّي، تحت شجرة المانجو العملاقة. وحيدة كانت، بلا زوج أو أولاد. لم أشاهدها خارج منزلها الصغير أبدا. كل ما كنت أشاهده منها هو نصفها العلوي حين تظهر من خلف باب بيتها تبحث عن طبق الطعام اليومي. كانت والدتي تقوم بتنظيف بيتها كل أسبوع. أما نساء الحيّ الأخريات فقد كنّ يضعن لها أطباق الطعام صباحا ومساء كل يوم عند باب منزلها. كنت في السابعة من عمري حين مررت أمام منزل إينانغ تشولينغ، ذات يوم، متجها إلى بيتنا عائدا من المدرسة جائعا جدا. شاهدت إحدى نساء الحيّ أمام منزل إينانغ تشولينغ تضع الطبق اليومي على الأرض. عادة كان طبقا من الرز الأبيض، أو

الفواكه، أو الموز المقلي، ولكن في ذلك اليوم رأيت نصف دجاجة في طبق إينانغ تشولينغ أسفل الباب. كنت أحدق في الطبق، والصمت يملأ المكان. نظرت حولي مترددا "هل أفعل؟" . .

نظرت إلى بابها الخشبي . .

"ماذا لو ظهرت فجأة وأخذتني إلى الداخل؟" . .

بدأت أتوتّر.

"سوف أجري قبل أن تمسك بي" . .

تقدمت خطوة . .

"ماذا لو ماتت جوعا؟"

نظرت إلى الطبق أسفل الباب . .

"تبدو لذيذة . ."

من مكان قريب . . وصلني نباح كلب . . لا بد أن يكون وايتي . .

"سوف يسبقني إليها الكلب إن لم . ."

تقدمت خطوة، تدفعني خشيتي من أن يسبقني الكلب . . ثم أوقفني خوفي من أن تأخذني إينانغ تشولينغ للداخل . . دفعني جوعي إلى الأمام خطوة أخرى . . توقفت خوفا من أن تموت العجوز جوعا . . ثم . . ارتفع نباح الكلب . . اقترَب . . قفزت إلى باب إينانغ تشولينغ وأمسكت نصف الدجاجة التي في الطبق ثم جريت بعيدا.

٢. اكتبوا قصة قصيرة تسردون فيها حادثة واقعية أو خيالية حدثت لكم في أيام الطفولة، مُقلّدين أسلوب سعود السنعوسي في سرد الحكاية السابقة. (250 كلمة)

الجانب اللغوي

الجملة التالية تحتوي على تعابير وتراكيب لغوية مفيدة. فكّروا فيها وناقشوها مع زملائكم:

- فقد كان سقط على الأرض وأنا أجري.

الجزء (٦)

قبل القراءة

١. تؤمن جوزافين بأن "كل شيء يحدث بسبب ولسبب". ما رأيكم بهذه المقولة؟ هل تؤمنون بالمصير أو القدَر أم لا؟ فسروا جوابكم.

٢. يلعب البخور دورا كبيرا في المناسبات العربية. قوموا ببحث قصير حول ثقافة البخور في البلدان العربية: أصله وتاريخه واستخدامه ودوره في المجتمع.

للنقاش في الفصل

١. كيف تفسرون موقف هوزيه عند سماع اسم راشد؟

٢. يقول هوزيه إن أمه أقنعته بأنهم يعيشون في الجحيم في الفلبين، وأن الكويت هي الجنة. إلى أي مدى تتفقون مع جوزافين أو تُخالفونها الرأي؟

٣. لماذا يقبّل راشد يد الجدة وجبينها عندما يقابلها؟ على ماذا يدل هذا؟

٤. يزور راشد والدته ليقدّم لها ابنه، حفيدها، ولكن أثناء الزيارة تسمع الوالدة جرس المنزل وتصيح "الخاطبات . . الخاطبات". مَن هنّ الخاطبات؟ وماذا كان سيحدث في ذلك اليوم؟ ما دور البخور في ذلك السياق؟

٥. يقول راشد في نهاية رسالته: "الأمر أكبر مما كنت أتصور. لن أستمر في لعبة لست أعرف قوانينها". أي لعبة يقصد راشد؟ وما هي قوانينها في رأيكم؟

٦. لماذا وصف راشد ابنه باللعنة؟

٧. كيف عرفت جوزافين بطلاقها؟ تخيلوا ماذا دار بذهنها عندما علمت بالخبر؟

٨. ماذا تقصد جوزافين عندما تقول لهوزيه: "حتى الأنبياء، كما يقول اليسوع، غرباء بين أهلهم"؟

٩. يَعِد راشد جوزافين بأنه سوف يجيء بعيسى إلى الكويت في الوقت المناسب. هل برأيكم سيفي بوعده؟ تخيلوا ماذا سيحدث في المستقبل ومتى سيجيء ذلك الوقت المناسب؟

١٠. هل كان باستطاعة راشد أن يفعل شيئا آخر غير إرجاع جوزافين وعيسى إلى الفلبين؟ كيف تنظرون إلى قراره؟

الجانب اللغوي

الجمل التالية تحتوي على تعابير وتراكيب لغوية مفيدة. فكّروا فيها وناقشوها مع زملائكم:

- ونزلت به تحدق في وجهه الصغير تكاد تبكي.

- ثم بكت كما لم أرَها تبكي من قبل سوى عند سماعها خبر وفاة والدي قبل سنوات.

- كنت في شهري الرابع آنذاك.

- سأرسل له ما يحتاجه من مال.

الجزء (٧)

قبل القراءة

١. هل تؤمن بأن الحب ضروري للزواج من شخص ما؟ لماذا؟

٢. ابحثوا عن معلومات حول حرب الخليج وكيف غيّرت السيناريو السياسي العالمي.

للنقاش في الفصل

١. هل تظنون أن جوزافين كانت مُغرمة حقاً براشد؟

٢. في رأيكم، كيف سيؤثر زواج جوزافين من ألبرتو بعلاقتها مع ابنها؟

٣. هل تظنون أن زوجة راشد الجديدة ستتقبل حقاً عودة هوزيه ابن الفلبينية؟ لماذا؟

الجزء (٨)

للنقاش في الفصل

هوزيه مقتنع بأنّ جده يكرهه ومن أنه يريد فقط المال الذي يرسله راشد له. ما رأيكم في ذلك؟ تخيّلوا أنكم ميندوزا وأنه يتحدث مع أحد أصدقائه عن هوزيه. كيف سيدور الحوار؟ (اكتبوا أو سجّلوا ذلك بصوتكم). (200 كلمة أو 7–10 دقائق)

الجزء (٩)

قبل القراءة

تكرر آيدا أن كل الرجال أوغاد. إلى أي مدى هي على حق في ما تقوله؟

للنقاش في الفصل

١. يقول الجد في لحظة ما: "لو كان أكبر من ذلك لتمكّنا من الاستفادة منه". كيف كان يمكن للجد الاستفادة مِن هوزيه؟

٢. من خلال كلام جوزافين، اشرحوا معنى "ميسورة الحال". هل تعتقدون أن أسرتكم ميسورة الحال؟

٣. لماذا تظنون أن الجد كان ينادي دائما على هوزيه بالرغم من الكُره الذي كان يُظهره تجاهه؟

الجانب اللغوي

الجمل التالية تحتوي على تعابير وتراكيب لغوية مفيدة. فكّروا فيها وناقشوها مع زملائكم:

- قليلا ما تزورنا في بيتنا، إما للسؤال عني، أو لإعطاء جدّي شيئا من المال.
- ليتني أستطيع أن أعبر البحر سباحة لألتقي براشد.

الجزء (١٠)

للنقاش في الفصل

١. اشرحوا مظهر الأبناء الشرعيين حسب هوزيه.

٢. هل من المهم أن يشبه الأبناء آباءهم في مجتمعكم؟ لماذا؟

٣. تخيلوا ما الذي حدث لـ أدريان ليلة أن تركته آيدا مع هوزيه. رتّبوا
أحداث القصة باستخدام عبارات مناسبة للسرد.

نشاط ترجمة

يتميّز هذا الجزء من الرواية بالأحداث الدرامية. ترجموا هذا المقطع إلى
لغتكم.

الجزء (١١)

للنقاش في الفصل

١. قارنوا كيف اكتشف الوالدان (جوزافين وألبرتو) حادثة أدريان
وكيف كان رد فعل كل واحد منهما بعد الحادث.

٢. مَن الذي تسبّب في ما حلّ بأدريان من وجهة نظر جوزافين؟

٣. مثلوا مشهد عودة جوزافين إلى بيتها والحوار الذي دار بين أفراد
العائلة.

الجانب اللغوي

الجملة التالية تحتوي على تعابير وتراكيب لغوية مفيدة. فكّروا فيها
وناقشوها مع زملائكم:

• وكأن شيئا لم يحدث.

الجزء (١٢)

للنقاش في الفصل

١. تكتشف جوزافين أنّ هناك رجلا كويتيا يعيش في نفس مدينتها. مَن سيكون في رأيكم؟

٢. ما زالت جوزافين تفكر في راشد بعد كل هذا الوقت. لماذا؟

الجانب اللغوي

الجمل التالية تحتوي على تعبير لغوي مفيد. فكّروا فيه وناقشوه مع زملائكم:

- أكمل . . <u>وماذا بعد؟</u>

- كاتب . . روائي . . <u>أو شيء من هذا القبيل.</u>

الجزء (١٣)

قبل القراءة

ماذا تعرفون عن شخصية بوذا؟ ابحثوا عن معلومات أساسية حول حياته.

للنقاش في الفصل

١. ماذا يمثل اللون الأخضر بالنسبة لهوزيه؟ وكيف استنتجتم ذلك؟ هل يوحي لكم بنفس الشيء؟

٢. ابحثوا عن معاني الألوان في ثقافتكم وفي ثقافات أخرى.

٣. كانت آيدا تقول كلّما عاد هوزيه من تحت الشجرة: "ها هو السيد بوذا قد عاد". ما علاقة الشجر ببوذا؟

٤. الفقرة الأخيرة من هذا الجزء لها أهمية خاصة في الرواية. ما هي في رأيكم؟

الجانب اللغوي

الجملة التالية تحتوي على تعابير وتراكيب لغوية مفيدة. فكّروا فيها وناقشوها مع زملائكم:

- لا أستبعد فكرة أن يورق رأسي، أو أن تنبت مانجو خلف أذني.

نشاط كتابة

ما هو لونكم المفضّل؟ اكتبوا نصّا تعبّرون فيه عن حبكم لهذا اللون. استخدموا الأساليب الأدبية المُقترحة في نهاية الكتاب. (١٠٠ كلمة)

الجزء (١٤)

قبل القراءة

في رأيكم أين ولماذا اختفى راشد؟

للنقاش في الفصل

١. في رأيكم، لماذا انصدمت جوزافين من بيت الكويتي؟ كيف كانت تتصوره؟

٢. ما علاقة إسماعيل (التاجر الكويتي) براشد؟

٣. لماذا لم تخبر جوزافين التاجر الكويتي بأنها زوجة راشد وبأن هوزيه هو ابنه؟

٤. تصطحب جوزافين هوزيه للقاء التاجر الكويتي. ما الذي يدور في عقل هوزيه بعد ما عرفه عن والده؟ تخيلوا الأسئلة التي كان من الممكن أن يطرحها على التاجر.

الجانب اللغوي

الجملة التالية تحتوي على تعبير لغوي مفيد. فكّروا فيه وناقشوه مع زملائكم:

- سُررت بلقائكما.

نشاط كتابة

تخيّلوا أنكم جوزافين وأنها تكتب مذكراتها ليلة اكتشافها مصير راشد. ماذا ستقول؟ (250 كلمة)

الجزء (١٥)

للنقاش في الفصل

١. يتساءل هوزيه: "ماذا لو تحقق الوعد؟ كنت أتساءل . . ماذا لو عاد ذلك الذي اسمه راشد؟ هل ينتظرني مصير نبتة البامبو؟" حاولوا الإجابة على هذه التساؤلات.

٢. اشرحوا كيف تغيّرت جوزافين بعد معرفتها بفقدان راشد في الحرب.

٣. لماذا لم يلُم هوزيه والدته على ابتعادها عنه؟

٤. كيف يرى هوزيه خالته آيدا؟

الجانب اللغوي

الجمل التالية تحتوي على تعابير وتراكيب لغوية مفيدة. فكّروا فيها وناقشوها مع زملائكم:

- <u>وأي تأثير</u> تركه فعلي هذا على خالتي.
- أي إيمان <u>هذا الذي</u> لم يتغير <u>طيلة هذه السنوات.</u>
- ماذا لو عاد <u>ذلك الذي</u> اسمه راشد.

الجزء (١٦)

قبل القراءة

١. ما مُختلف دور العبادة التي دخلتموها في حياتكم؟ حاولوا وصفها.

				نوع دور العبادة
				اسم المكان
				الظروف
				وصف خارجي
				وصف داخلي
				مشاعركم أثناء وجودكم فيها
				ماذا فعلتم هناك؟

٢. ما هو طقس التثبيت في المسيحية؟

٣. استرجعوا بعض الطقوس الدينية التي مارستموها في طفولتكم أو تمارسونها حاليا. ماذا تشعرون أثناء ممارسة هذه الطقوس؟ ابحثوا عن كلمات مناسبة للتعبير عن هذه الأحاسيس، ثم ناقشوا ذلك في الفصل مع زملائكم.

للنقاش في الفصل

١. يقول هوزيه:

"انتهينا بعد الإجابة على أسئلة القس: "هل ستبقون بعيدا عن الشر؟ هل تؤمنون بالرب خالق السماوات والأرض؟ هل تؤمنون بيسوع المسيح ابن الرب؟ . . الحياة الآخرة؟ . .

ما أصعب أسئلتك يا أبانا . . وما أسهل إجاباتي: نعم . . نعم . . نعم!

محظوظ أدريان . . لا تسبب له هذه الأسئلة أي قلق أو خوف. لو كنتُ مكانه!"

لماذا تسبب هذه الأسئلة قلقا وخوفا لهوزيه؟

٢. أصبحت جوزافين عنيفة بعض الشيء مع أختها آيدا. أين نلاحظ ذلك؟ وما السبب في رأيكم؟

الجزء (١٧)

للنقاش في الفصل

١. فسّروا علاقة وشعور هوزيه تجاه جده.

٢. ما هي المهارة التي كان يتمتّع بها هوزيه؟

الجانب اللغوي

الجمل التالية تحتوي على تعابير وتراكيب لغوية مفيدة. فكّروا فيها وناقشوها مع زملائكم:

• لا يناديني رغبة في الحديث معي، بل ليأمرني بشيء ما.

• "وهو ما جعلني أتمنى أن أكون بلا إسم".

الجزء (١٨)

قبل القراءة

١. هل تستمتعون بقضاء وقت في الطبيعة؟ استرجعوا إحدى هذه اللحظات أو الرحلات واكتبوا عنها في فقرة طويلة (أين كان ذلك؟ متى؟ بصحبة من؟ ماذا كنتم تلبسون؟ ماذا أخذتكم معكم؟ صفوا المكان وشعوركم فيه.)

٢. ما رأيكم بالزواج بين الأديان المختلفة؟ هل تعرفون أحدا قام بذلك؟ كيف هي علاقتهم؟

للنقاش في الفصل

١. ما رأيكم في شخصية ميرلا؟

٢. ما رأيكم في وشم ميرلا على ذراعها؟

٣. ما طبيعة العلاقة بين هوزيه وابنة خالته؟ كيف تطوّرت على مرّ السنين؟

٤. ما دور الطبيعة في حياة ميرلا وهوزيه؟

٥. مَن هم "أبطال المقاومة" التي تتحدث عنهم ميرلا؟
٦. لماذا ضربت ميرلا هوزيه أثناء وجودهما في الجبل؟
٧. لماذا تظنون أن ميرلا قالت لهوزيه "لو لم تكن رجلا"؟
٨. تقول ميرلا في لحظة ما أنها تتمنى أن تُنهي حياتها قفزا من الجسر. فسّروا قولها في ظل الأحداث.

الجانب اللغوي

الجمل التالية تحتوي على تعابير وتراكيب لغوية مفيدة. فكّروا فيها وناقشوها مع زملائكم:

- مجنونة كانت، وبالمثل كنت.
- كنا ندخل عالما لا ينتهي.
- كنت في الرابعة عشرة وقتئذ.
- تباً لها.
- لا خوف مع ميرلا وإن كنا بمواجهة الموت.

نشاط ترجمة

يتميّز هذا الجزء من الرواية ببعض الأحداث المهمة. اختاروا مقطعا أعجبكم ثم ترجموه إلى لغتكم.

نشاط كتابة

١. تخيلوا أنكم هوزيه وتودون أن تعبّروا عن مشاعركم نحو ميرلا. اكتبوا لها رسالة.
٢. تخيّلوا أنه كان هناك شخصا مغرما بكم في الماضي وأنه كان قد كتب لكم رسالة لم تصلكم أبدا. والآن وبعد وقت طويل وجدتم الرسالة مخبّأة في مكان ما. يا ترى: ماذا تقول رسالة الحب هذه؟
(200–250 كلمة)

الجزء (١٩)

للنقاش في الفصل

١. ما الأسطورة التي علمتم عنها من خلال قراءتكم لهذا الجزء؟
٢. هل تظنون أن الجد يكره أحفاده حقا؟ ما هي أدلّتكم؟
٣. شاركوا زملاءكم القصص والأساطير التي كانت تُحكى لكم في صغركم وعبّروا عما كانت تثير تلك الحكايات في أنفسكم.

أسلوب السرد

اقرأوا مرّة أخرى المقطع الأخير من هذا الجزء (منذ "في قرية ما . . ." وحتى النهاية) وضعوا خطا تحت جميع العبارات التي برأيكم تساعد في السرد، كما فعلنا في الجزء الرابع، ثم قوموا بتسجيل هذا المقطع بصوتكم.

الجانب اللغوي

الجمل التالية تحتوي على تعابير وتراكيب لغوية مفيدة. فكّروا فيها وناقشوها مع زملائكم:

- هل لك أن تثبت ذلك؟
- لم أتمكن من نسيانها.
- ما أحببت شيئا في العالم كحبها لـ . . .
- الصمت في المنزل لا يزال.

نشاط كتابة

بمساعدة زملائكم، تخيلوا أسطورة ما واكتبوها. تذكروا استخدام عبارات وأساليب سرد متنوّعة ظهرت في الرواية.

الجزء (٢٠)

قبل القراءة

تذكّروا صديقا ظهر في لحظة ما من حياتكم وغيّرها للأفضل أو للأسوأ. ناقشوا هذا الحدث مع زملائكم.

للنقاش في الفصل

١. كيف تغيرت حياة البيت بعد ظهور ماريا؟

٢. برأيكم، لماذا تترك ميرلا البيت؟ هل تفهمون تصرفاتها؟

الجانب اللغوي

الجملة التالية تحتوي على تعبير أدبي جميل. فكّروا فيه وناقشوه مع زملائكم:

- بكاء ماما آيدا <u>يمزّق هدوء البيت</u> في الداخل.

نشاط إبداعي

المشاجرة العنيفة التي تدور بين ميرلا وآيدا تجعل الأولى تقول أشياء ربما لم تقلها من قبل. تخيلوا أنكم ميرلا وهي تحاول أن تروّح عن نفسها بكتابة ما الذي حدث يوم المشاجرة. اكتبوا أو سجّلوا الموقف بصوتكم. (200 كلمة أو 7–10 دقائق)

في نهاية الجزء

١. تخيلوا أنكم فريق من الأطباء النفسيين. حاولوا تحليل إحدى شخصيات الرواية واكتبوا تقريرا أو سجلوه بصوتكم. (250 كلمة أو 10 دقائق)

٢. تأمّلوا مرة ثانية في مقولة خوسيه ريزال "إنّ الذي لا يستطيع النظر وراءه، إلى المكان الذي جاء منه، سوف لن يصل إلى وجهته أبدا". فسروا معناها على ضوء ما عرفتموه.

بعد الانتهاء من قراءة الفصل الثاني

١. تذكروا الرواتب التي كانت تعيش منها عائلة مندوزا في مختلف المراحل والفترات.

٢. كيف تغيرت علاقة هوزيه بأمه بعد أحداث هذا الفصل؟ وكيف سيؤثر ذلك على مستقبلهما في رأيكم؟

٣. ماذا عرفنا عن التنوّع الثقافي الموجود في الفلبين من خلال هذا الجزء من الرواية؟

٤. بالنسبة لكم هل كلمة "الشك" لها معانٍ وإيحاءات إيجابية أم سلبية؟

٥. ما رأيكم في الأقوال التالية:

— خوسيه ريزال: الشك في الله يؤدي إلى الشك في كل شيء.

— خوسه لويس بورخس: الشك اسم من أسماء الذكاء.

— غوته: إذا شككت بنفسك تكون واقفا على أرض مهتزة.

الفصل الثالث

الجزء (١)

قبل القراءة

١. ما هو بُرجك؟

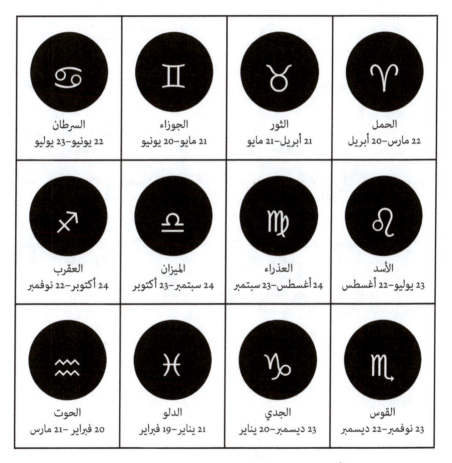

الحمل 22 مارس–20 أبريل	الثور 21 أبريل–21 مايو	الجوزاء 21 مايو–20 يونيو	السرطان 22 يونيو–23 يوليو
الأسد 23 يوليو–22 أغسطس	العذراء 24 أغسطس–23 سبتمبر	الميزان 24 سبتمبر–23 أكتوبر	العقرب 24 أكتوبر–22 نوفمبر
القوس 23 نوفمبر–22 ديسمبر	الجدي 23 ديسمبر–20 يناير	الدلو 21 يناير–19 فبراير	الحوت 20 فبراير –21 مارس

٢. هل تؤمنون بالأبراج؟ برّروا موقفكم.

٣. هل تتفقون مع صفات برجكم؟

البرج	الصفات الإيجابية	الصفات السلبية
الحَمَل	قادر على تحقيق الأهداف—محبوب لدى الناس—متفائل	يعد كثيرا ولا يفي بالوعود—غيور—عنيد
الثور	قوي الشخصية—واثق من نفسه—دبلوماسي	بخيل—يخفي مشاعره الحقيقية عن الحبيب—أحيانا يأخذ ولا يعطي
الجَوزاء	حلو اللسان—مبادؤه عالية—صبور	أناني—يضخّم الأمور—قاس مع الحبيب أحيانا
السَرَطان	جدّي في العمل—كثير الأصدقاء—دائم الابتسام	أحيانا يثور بسرعة—كثير القلق والتفكير—أحيانا لا يميّز بين الصديق والعدو
الأسَد	محب للناس—يحب الحياة والطبيعة—واثق بنفسه لدرجة عالية	إذا غضب يثور ويحرق كل ما حوله—يحب السيطرة—ثقته الكبيرة بالناس قد يسبب له الأذى
العَذراء	ذات مبادئ وأخلاق عالية—محب لعمل الخير—ذكي	غامض الشخصية وكتوم جدا—عنيد—يميل إلى الوحدة
الميزان	ذكي جدا—يستمع إلى مشاكل الناس—نشيط في أعماله	إذا غضب يجرح في كلامه—يحب المنافسة والتحدي—لا يحب أن يرى أحدا أفضل منه
العَقرَب	أنيق—يفعل كل شيء في وقته المناسب—حلو الكلام	لا يثق بأحد—لا يهتم بصحته—لا يحب أن يفرض عليه أحد سلطته
القَوس	يكتم أسراره وأسرار الناس—مهذّب في الكلام—يستمع لآراء غيره	يحتفظ لنفسه بمشاكله ولا يخبر بها أحدا—أحيانا يتسرّع في كلامه في حالات الغضب
الجَدي	طيب القلب—طموح ومثابر—يفكر جيدا ويدرس أعماله	شديد الغيرة—متكبّر أحيانا—أحيانا يتنازل عن حقه
الدَلو	طيب القلب—يتحمّل المسؤولية—صادق في علاقاته مع الناس	لا يعرف كيف يحتفظ بأسراره—إذا غضب لا يرحم—بخيل
الحوت	كريم وخيّر—محب للآخرين—لا يعرف الحقد والكراهية	لا يستمع إلى نصائح الغير—يغار كثيرا—لا يهتم بتوفير المال

٤. اسألوا زملاءكم عن أبراجهم وحاولوا معرفة إن كانت تناسب شخصيتكم أم لا.

٥. عيد ميلاد هوزيه 1988/4/3. ما هو برجه؟ صفوا شخصيته. هل تتفقون مع صفاته حسب الجدول السابق؟

٦. ماذا تعرفون عن التقويم الصيني؟ اكتشفوا البرج الصيني لزملائكم وحاولوا معرفة إن كانت تناسب شخصيتكم.

للمناقشة في الفصل

١. في رأيكم، ما هو العامِل الرئيسي الذي جعل هوزيه يترك الدراسة وبيته ويبحث عن عمل؟

٢. في رأيكم، لماذا كان بيدرو الشخص الوحيد الذي دعم هوزيه ووقف إلى جانبه؟ ولماذا لم تدعمه أمه؟

٣. "إنه يدعوني للذهاب معه!" مَن الذي كان يدعو مندوزا للذهاب معه وإلى أين؟

٤. تخيلوا شخصية تشانغ من خلال ما قرأتموه.

٥. ماذا يقصد هوزيه عندما يقول: "أي مصير أختار؟ ثمرة أناناس لدى ميندوزا، أم موزة مستوردة في بلاد أبي؟"

الجانب اللغوي

الجمل التالية تحتوي على تعابير وتراكيب لغوية مفيدة. فكّروا فيها وناقشوها مع زملائكم:

- مع رحيل ميرلا عن البيت، لم يعد لي سببا في بقائي.
- مع شراب الـ توبا وبدونه.
- لو كنت من مواليد سنة الأفعى . . لما سمح لي تشانغ بمشاركته غرفته.

الجزء (٢)

للنقاش في الفصل

١. يقول هوزيه أنه أصبح يتحدث كثيرا مع تشانغ حول بوذا ويسوع المسيح. استرجعوا المعلومات التي تعرفونها حول هاتين الشخصيتين العظيمتين ثم ناقشوا التشابهات والاختلافات بينهما.

٢. برأيكم، لماذا ينجذب هوزيه نحو البوذية؟

٣. ماذا يقصد هوزيه عندما يقول: "الصمت . . وحده الصمت قادر على تحريك أصوات بداخلنا"؟

الجانب اللغوي

الجملة التالية تحتوي على تعابير وتراكيب لغوية مفيدة. فكّروا فيها وناقشوها مع زملائكم:

- أخذني الفضول، بدلا من زيارة المعبد، إلى قراءة كتاب.

نشاط كتابة

هل كنتم يوماً ما في مكان جعلكم تشعرون بطمأنينة أو أوحى لكم بمشاعر شبيهة؟ أين كان ذلك؟ اكتبوا حول هذا الموضوع في فقرة. (100–150 كلمة)

الجزء (٣)

قبل القراءة

هل ذهبتم إلى مركز تدليك من قبل؟ كيف كانت التجربة؟ صفوها بالتفصيل.

للنقاش في الفصل

١. لماذا غضب هوزيه، في بادئ الأمر، عندما طلب منه تشانغ التدليك؟

٢. ماذا كان يقصد تشانغ عندما قال "يديك تعرف"؟

الجانب اللغوي

الجملة التالية تحتوي على تعبير لغوي مفيد. فكّروا فيه وناقشوه مع زملائكم:

• أصبح راتبي أكثر بكثير.

الجزء (٤)

قبل القراءة

هل عشتم بعيدا عن بيتكم لفترة طويلة؟ كيف كان شعوركم أثناء غيابكم ثم عند عودتكم للمكان مرة أخرى؟

للنقاش في الفصل

١. يعود هوزيه إلى منزله بعد غياب دام شهرين، وأثناء رحلته في الباص يكتشف شيئا يُرعبه. ما هو؟

٢. مَن هو أرنب آليس الذي ينتظره هوزيه؟ وكيف سيظهر له برأيكم؟

٣. كيف يمكنكم وصف لقاء هوزيه بوالدته؟

٤. ازدادت شخصية ميندوزا سوءا مع تقدّمه في العمر. كيف أصبح هوزيه يتعامل مع هذا الوضع؟

٥. هل يقابل هوزيه جده في هذه الزيارة؟ لماذا في رأيكم؟

الجانب اللغوي

الجمل التالية تحتوي على تعابير وتراكيب لغوية مفيدة. فكّروا فيها وناقشوها مع زملائكم:

• كنت كمن يقف في منتصف جسر.

• كانت على وشك البكاء.

• لا حاجة لي برؤية المزيد.

• كي لا أتعلق بك.

نشاط كتابة

تخيلوا أنكم تعودون إلى بلدكم بعد غياب طويل وأنكم تشعرون فيه بالغربة. ما الأسباب التي تدعوكم إلى شعور كهذا؟ تخيلوا التجربة واكتبوا عنها. يمكنكم أن تعودوا إلى المقطع الذي يتحدّث فيه هوزيه عن تجربة شبيهة في هذا الجزء. (150–200 كلمة)

الجزء (٥)

قبل القراءة

١. قوموا ببحث قصير عن جزيرة بوراكاي في الفلبين. أين هي؟ بماذا تشتهر؟

٢. هل سافرتم إلى مكان يشبه جزيرة بوراكاي؟ صفوا تجربتكم.

٣. ما هو الرقص الذي تجيدونه؟ وكيف يُرقص؟

٤. يلعب التصفيق دورا أساسيا في الرقص الكويتي. شاهدوا على قناة اليوتوب الخاصة بالكتاب فيديوهات حول الرقص الكويتي التقليدي مثل The Arabic Dance of Kuwait أو "فرقة التلفزيون 1983 يا ليلة دانة".

للنقاش في الفصل

١. في رأيكم، لماذا اضطر هوزيه للبحث عن عمل جديد؟

٢. صفوا طبيعة وظيفة هوزيه في بوراكاي. كيف حصل على هذه الوظيفة؟

٣. يكتشف هوزيه في مكان عمله الجديد اللون الأزرق. كيف يختلف من وجهة نظره عن الأخضر الذي طالما أحبه؟

٤. كيف ينظر هوزيه إلى الكويتيين الذين يقابلهم في جزيرة بوراكاي؟

٥. برأيكم، لماذا تتملّك هوزيه رغبة قوية بإخبار الكويتيين بأنه "واحد منهم"؟

الجانب اللغوي

الجمل التالية تحتوي على تعابير وتراكيب لغوية مفيدة. فكّروا فيها وناقشوها مع زملائكم:

- ولكن الأزرق كان لطيفا معي.
- أيني من سحره كل هذه السنوات؟

الجزء (٦)

قبل القراءة

١. هل تعزفون الموسيقى؟ أي آلة؟ وكيف بدأتم؟

٢. قوموا ببحث قصير حول آلة العود، لتقدّموا المعلومات في الفصل.

للنقاش في الفصل

١. صفوا لقاء هوزيه بمجموعة الكويتيين الخمس في جزيرة بوراكاي.

٢. ما هو "ريد—هورس" الذي كانت تشربه مجموعة الأصدقاء الكويتيون؟

٣. تخيّلوا الحوار الذي دار بين الكويتيين والذي لم يفهمه هوزيه في بداية لقائه بهم. ماذا قالوا؟

الجانب اللغوي

الجمل التالية تحتوي على تعابير وتراكيب لغوية مفيدة. فكّروا فيها وناقشوها مع زملائكم:

- والغناء كأجمل ما يكون.
- واصلوا ضحكهم بأعلى ما يكون.
- نظر خمستهم إليّ.

الجزء (٧)

قبل القراءة

١. ما أغرب حادثة عشتموها على متن طائرة أو في مطار؟

٢. ما هي الأشياء التي تسبب لكم حيرة في حياتكم؟

للنقاش في الفصل

١. لماذا يسمّي هوزيه الكويتيين بـ"المجانين"؟

٢. يقول هوزيه في نهاية هذا الجزء بأن الكويتيين تركوه في "حيرة أكبر". لماذا هذه الحيرة؟

٣. يقول هوزيه أنه كان يظنها مغادرة مؤقته. ماذا يمكن أن يحدث؟

٤. برأيكم، كيف ستكون حياة هوزيه لو عاد إلى الكويت ليعيش فيها؟

٥. برأيكم، هل يتأثّر هوزيه بموت جده؟ ما دليلكم على ذلك؟

الجانب اللغوي

الجمل التالية تحتوي على تعابير وتراكيب لغوية مفيدة. فكّروا فيها وناقشوها مع زملائكم:

- على ظهر المركب كنت.
- لست متأكدا من صحة ما تقول كونك كويتيا.
- كنت أغادر الجزيرة، وإن كنت أظنها مغادرة مؤقتة . . .

نشاط إبداعي

في مجموعات من 3 أو 4، قوموا بتمثيل هذا المقطع من الرواية. تدرّبوا قليلا على الرقص والتصفيق على الطريقة الكويتية.

الجزء (٨)

قبل القراءة

١. ما هي طقوس الموت والدفن المتعلّقة بثقافتكم؟

٢. ابحثوا عن معلومات حول طقوس الموت والدفن في الثقافة الفلبينية. كيف تتشابه أو تختلف عن الطقوس الخاصة بالثقافة العربية؟

للنقاش في الفصل

١. ما رأيكم بقول ميرلا لهوزيه "لا تتظاهر بالحزن على موته"؟

٢. هل يشعر هوزيه بالندم؟ لماذا برأيكم؟

٣. لماذا سحب هوزيه الشريطة التي تحمل اسمه من على غطاء التابوت؟

٤. في رأيكم، لماذا لا يود هوزيه رؤية ميندوزا أو تذكره؟

الجانب اللغوي

الجمل التالية تحتوي على تعابير وتراكيب لغوية مفيدة. فكّروا فيها وناقشوها مع زملائكم:

- يبدو مُحترما كما لم أره في حياتي.

- هيا لنذهب هوزيه.

- سوف لن تتذكر أن لك حفيدا اسمه هوزيه.

- تبعتها دون رغبة مني.

الجزء (٩)

للنقاش في الفصل

١. مَن هو الأرنب الذي يتحدّث عنه هوزيه؟ ماذا كان يمثّل طوال هذا الوقت؟

٢. يقول غسان بأن وقت عودة هوزيه إلى الكويت قد جاء. لماذا الآن برأيكم؟

٣. يقول غسان بأنه كان بودّه الحضور إلى الفلبين ليصطحب هوزيه إلى الكويت ولكن سببا ما كان يمنعه من ذلك. ما هو السبب في رأيكم؟

٤. كيف تتلقى جوزافين خبر العثور على رفات راشد؟

٥. هل لظهور غسان في هذا الوقت له معنى خاص برأيكم؟ وماذا عن موت الجد؟

الجانب اللغوي

الجمل التالية تحتوي على تعابير وتراكيب لغوية مفيدة. فكّروا فيها وناقشوها مع زملائكم:

• أتراه كان ينتظر موت جدي؟

• ما إن نطقت أمي اسم غسان حتى اتجهتُ حيث الهاتف الآخر.

نشاط إبداعي

تخيلوا الحوار الذي يدور بين الأم وهوزيه بعد الانتهاء من مكالمة غسان ومثلوه مع زملائكم.

الجزء (١٠)

للنقاش في الفصل

١. لماذا تقول جوزافين بأن إينانغ تشولينغ "ماتت بموت أملها الوحيد"؟

٢. يبدو أن العائلة تحزن على موت إينانغ تشولينغ أكثر مما تحزن على موت ميندوزا، لماذا يبدو ذلك؟

٣. كيف كان يشعر هوزيه أثناء وجوده في منزل إينانغ تشولينغ؟ إلى ماذا يعود ذلك برأيكم؟

٤. من خلال قراءتكم، كيف تفسرون تصرفات ميندوزا تجاه أفراد أسرته؟

الجانب اللغوي

الجمل التالية تحتوي على تعابير وتراكيب لغوية مفيدة. فكّروا فيها وناقشوها مع زملائكم:

- ماتت <u>بموت</u> أملها الوحيد.
- فتحتُ عيني <u>على اتساعهما</u> غير مصدق!

نشاط إبداعي

إن كنتم تحسنون الرسم، ارسموا مشهدا لبيت إينانغ تشولينغ يوم موتها.

الجزء (١١)

قبل القراءة

هل يجوز في ثقافتكم سؤال شخص غريب عليكم عن دينه ومعتقداته الدينية؟ وماذا عن الثقافات الأخرى؟ أعطوا بعض الأمثلة.

للنقاش في الفصل

١. برأيكم، لماذا اتجه هوزيه إلى الكاتدرائية ثم إلى معبد سينغ—غوان فور استلامه جواز سفره؟

٢. كيف يمكننا تصنيف هوزيه وسائق الأجرة فيما يخص ديانتهم ومعتقداتهم الروحانية؟

الجانب اللغوي

الجمل التالية تحتوي على تعابير وتراكيب لغوية مفيدة. فكّروا فيها وناقشوها مع زملائكم:

- <u>ليتقدس</u> اسمك . . <u>لتكن</u> مشيئتك.
- إلى مصير أجهله <u>ولا غيرك</u> يعلمه.

نشاط إبداعي

سجّلوا بصوتكم صلاة هوزيه في الكاتدرائية وفي المعبد بصوت يدلّ على الخشوع.

نشاط كتابة

يميل الإنسان بطبيعته إلى الروحانية والإيمان منذ آلاف السنين. برأيكم، ما دور الروحانية والإيمان في حياة الإنسان؟ ولماذا يتمسّك البعض بالديانات؟ (300 كلمة)

نشاط ترجمة

اختاروا مقطعا أعجبكم من الفصل الثالث وترجموه إلى لغتكم.

نشاط كتابة بعد الانتهاء من قراءة الفصل الثالث

الفصل التالي من الرواية يصف وصول هوزيه إلى المطار وتعرّفه على غسّان. تقمّصوا دور الكاتب واكتبوا هذا الجزء. يمكنكم بدء الرواية بإحدى الجمل التالية، حسبما تتخيّلون الأحداث:

أ- "مطار كئيب ذلك الذي نزلت به الطائرة في الخامس عشر من يناير 2006"

ب- "مطار غريب ذلك الذي نزلت به الطائرة في الخامس عشر من يناير 2006"

جـ- "مطار مُبهِج ذلك الذي نزلت به الطائرة في الخامس عشر من يناير 2006"

استخدموا بعض العبارات التي أعجبتكم في الرواية وقلّدوا أسلوب الكاتب سعود السنعوسي. (200 كلمة على الأقل)

الفصل الرابع

قبل القراءة

١. كيف تفهمون عبارة خوسيه ريزال "تسلّط البعض لا يمكن حدوثه إلا عن طريق جبن الآخرين"؟

٢. ترجموا ثم فسّروا العنوان الجانبي للجزء الرابع من الرواية: "عيسى . . التيه الثاني".

الجزء (١)

قبل القراءة

١. التمييز العنصري مشكلة نجدها في الكثير من مجتمعاتنا. فكروا بأنواع التمييز الذي تعرفونه وناقشوا الموضوع في الصف. هل حدث معكم موقفا يمكن أن تقولوا أنه كان تمييزا عنصريا؟

٢. سوف يصل هوزيه قريبا إلى الكويت بعد طول انتظار. كيف تتخيلون اليوم الأول لهوزيه في الكويت؟

للنقاش في الفصل

١. ناقشوا مع زملائكم كيف تخيّلتم اليوم الأول لهوزيه في الكويت في كتابتكم. كيف يتشابه أو يختلف نصكم عما كتبه سعود السنعوسي؟

٢. ابحثوا عن اسم الأمير الكويتي الذي توفي في 2006/1/10. هل أُجريت إصلاحات اجتماعية خلال حكمه؟ هل كانت المرأة الكويتية تملك في زمن هذا الأمير حق التصويت؟

٣. لماذا يقول هوزيه في هذا الجزء: "كان واقفا يحمل ورقة تحمل اسمي العربي، أو، رقمي الفلبيني Isa"؟ إن لم تتذكروا ارجعوا إلى المقطع الأول من الفصل الأول في الرواية.

٤. قارنوا بين اليوم الذي وصل فيه هوزيه إلى الكويت واليوم الذي وصلت فيه أمه قبل سنوات.

الجانب اللغوي

الجمل التالية تحتوي على تعابير وتراكيب لغوية مفيدة. فكّروا فيها وناقشوها مع زملائكم:

- زُرقة جوازي غيّر لون وجهه إلى الأحمر.
- شاربه، كما رأسه، فضّي.
- عيناه حزينتان بشكل لم أر مثله.

الجزء (٢)

قبل القراءة

١. هل تؤمنون باللعنة؟ لماذا؟ وهل تؤمنون بالقدَر؟ كيف؟

٢. اقرأوا الجملة التالية: "صور الأمير الراحل على التلفاز، وصوت رجل يغني من دون موسيقى، أو . . لعله كان يصلي أو يقرأ القرآن . . لست متأكدا". في رأيكم، ماذا كان يفعل الرجل؟

٣. ماذا ستفعلون لو كان أمامكم خيارين فقط بخصوص شخص تحبونه وتخشون عليه . . إما أن ترموه في النار . . أو . . في الشوك. أيهما تختارون له؟ إلى ماذا يشيران النار والشوك هنا؟

للنقاش في الفصل

١. كان من المفترَض أن يذهب هوزيه لزيارة جدته يوم وصوله إلى الكويت ولكنه لم يفعل ذلك. لماذا؟

٢. مَن هو جابر؟ وما علاقته بالجابرية؟

٣. ابحثوا في قناة اليوتوب الخاصة بالكتاب عن فيديو بعنوان "موطني ولكن _ لي متى" وشاهدوه. هل تجدون أي علاقة بين البطل وغسان؟

٤. ما الذي منع غسّان من السفر إلى الفلبين لإحضار هوزيه؟ ابحثوا على الانترنت عن معلومات حول قضية البدون.

الجانب اللغوي

الجمل التالية تحتوي على تعابير وتراكيب لغوية مفيدة. فكّروا فيها وناقشوها مع زملائكم:

- لا أفهم ما يقول، يكاد يبكي.
- سألته بغبائي المعتاد.

نشاط استماع

١. اذهبوا إلى قناة اليوتوب الخاصة بالكتاب واستمعوا إلى قصة بنت إماراتية بدون ولخصّوها في 200 كلمة. الفيديو بعنوان ”من أنا؟ سؤال يطرحه البدون في دولة الإمارات“.

٢. ابحثوا عن فيديوهات أخرى حول البدون في دول الخليج. ثم اختاروا فيديو أعجبكم وحضّروا ملخصا مدته دقيقتين لتقديمه في الفصل. في نهاية تقديمكم شاركوا زملاءكم جزءا قصيرا من الفيديو (دقيقة أو دقيقتين).

نشاط كتابة

١. ابحثوا في الانترنت عن صور للجنازة التي يتم وصفها في هذا الجزء من الرواية ثم اكتبوا خبرا صحفيا قصيرا. (80–100 كلمة)

٢. لو كنتم شخصا آخر . . مَن ستكونون؟ اكتبوا فقرة قصيرة تستخدمون فيها تركيب الجملة الشرطية ”لو كنت . . . لَـ . . .“ وعبّروا عن أمنياتكم وأحلامكم. (80–100 كلمة)

الجزء (٣)

قبل القراءة

١. هل تشعرون بالراحة في المكان الذي تسكنون فيه؟ ما الأسباب لذلك؟

٢. يحب الكثيرون التصوير والاحتفاظ بصور لأشخاص عزيزين عليهم. هل تحتفظون بصور قديمة؟ وهل تحبون الاطلاع عليها من حين إلى آخر؟ أم تفضّلون عدم النظر فيها لأسباب خاصة؟

للنقاش في الفصل

١. كيف كان يشعر هوزيه في شقة غسان؟ ولماذا؟
٢. بعد مشاهدة كل صور أبيه، تخيلوا بعض الأسئلة التي قد تجيء إلى ذهن هوزيه.

الجانب اللغوي

الجمل التالية تحتوي على تعابير وتراكيب لغوية مفيدة. فكّروا فيها وناقشوها مع زملائكم:

- أبي كان دائم الحديث عني.
- كانت أمي تحاول . . . أما والرجل قد مات، فلقد كان شعوي تجاه مشاهدة الصور غريبة.
- يخرج غسان كل صباح إلى العمل، في حين أبقى أنا في الشقة.
- الصحف والمجلات التي يحتفظ بها غسان باللغة ذاتها.

نشاط إبداعي

مثلوا مكالمة هاتفية بين هوزيه وتشانغ، يعبّر فيها هوزيه عن شعوره خلال أول شهر من إقامته في الكويت. ماذا سيقول وكيف سيرد عليه تشانغ؟

نشاط كتابة

تخيلوا أنكم غسان وتكتبون قصيدة لتنشر في مجلة أو صحيفة. اكتبوا القصيدة مع زميل\ـة. بعد ذلك اقرأوا القصيدة بصوت عالٍ أمام بقية زملائكم.

الجزء (٤)

قبل القراءة

أحضروا إلى الصف صورا قديمة لبعض أفراد أسرتكم لتشاركوا زملائكم بعض الحكايات العائلية والشخصية.

للنقاش في الفصل

مِن خلال الصور التي يشاهدها هوزيه، كيف يمكنكم وصف شخصية راشد؟

الجانب اللغوي

الجملة التالية تحتوي على تعبير لغوي مفيد. فكّروا فيه وناقشوه مع زملائكم:

• عرفت <u>فيما بعد</u> أنها آخر صورة أخذت له.

نشاط إبداعي

تخيلوا أن بعد مشاهدة الصور، يحلم هوزيه أنه يحادث أباه. اكتبوا الحوار ثم سجلوه بصوتكم.

الجزء (٥)

قبل القراءة

١. في حياتكم اليومية هل تقومون بإلقاء التحية على أشخاص لا تعرفونهم؟ كيف تجري العادة في مجتمعاتكم؟ كيف يُنظر إلى من يفعل هذا؟

٢. ما هي طرق تبادل التحية التي تُشعركم بالراحة وتلك التي تزعجكم؟ فسّروا موقفكم.

٣. كيف تتخيلون لبس الكويتيين في حياتهم اليومية؟

٤. اذهبوا إلى قناة اليوتوب الخاصة بالكتاب وشاهدوا فيديو بعنوان "هذا هو الكويتي". هل برأيكم يمثل الفيديو نظرة هوزيه للكويتين؟ وأنتم ما رأيكم بهم من خلال ما شاهدتموه؟

للنقاش في الفصل

١. في هذا الجزء يبدأ هوزيه بتكوين صورة في ذهنه عن الشعب الكويتي. كيف تشبه أو تختلف هذه الصورة عن الصورة التي كانت لديه من قبل؟
٢. يقول هوزيه أنه سوف يذوب بين الكويتيين. ما رأيكم في ذلك؟
٣. لماذا تغيّرت الكويت في شهر فبراير وأصبحت مُبهِجة؟
٣. "فجأة سمعت صوتا غريبا. امرأة تضع كفّها بالقرب من فمها، تحرك لسانها بسرعة". هل تعرفون ما اسم هذا الصوت الذي تصدره النساء؟ وعلى ماذا يدل؟ هل باستطاعتكم تقليد هذا الصوت؟

الجانب اللغوي

الجمل التالية تحتوي على تعابير وتراكيب لغوية مفيدة. فكّروا فيها وناقشوها مع زملائكم:

- هي ليست قبلة تماما، ولكنها توشك أن تكون.
- كان يبدو سعيدا بحيث جعلني أشعر بألم شديد.

نشاط كتابة

في الجزء القادم يقابل هوزيه جدته للمرة الأولى. تخيلوا كيف سيكون اللقاء وصفوا المشهد والأحداث في 300–500 كلمة.

نشاط ترجمة

ترجموا هذا الجزء إلى لغتكم وتذكروا أن تبتعدوا عن الترجمة الحرفية.

الجزء (٦)

قبل القراءة

١. لقد تم ذكر الإنس والجن في القرآن ولهذا السبب نجد أن مفهوم الجن له أثر كبير في حياة بعض المسلمين. هل تعرفون ثقافات أخرى تؤمن بمعتقدات شبيهة؟ وأنتم هل تؤمنون بالجن أو بوجود حياة موازية للعالم الذي نعيش فيه؟

٢. استمعوا إلى الأذان بصوت الشيخ عبد الباسط عبد الصمد وبصوت ناصر القطامي واكتبوا فقرة قصيرة تعبّرون فيها عن شعوركم أثناء استماعكم لهما. يمكنم إيجاد فيديوهين في قناة اليوتوب الخاصة بالكتاب.

٣. "كلام الناس هنا سُلطة". هل هذه الفكرة موجودة في ثقافتكم؟ هل تؤمنون بها؟ وضِّحوا موقفكم.

للنقاش في الفصل

١. بماذا كان يفكر هوزيه وهو أمام بيت جدته؟ في رأيكم، كيف يشعر هوزيه بشأن رفض جدته لمقابلته؟

٢. ارسموا شجرة عائلة الطاروف استنادا إلى المعلومات المتوفّرة لدينا من خلال القراءة.

٢. تتردّد في هذا الجزء فكرتي "الابن الذكر الوحيد" و"استمرارية اللقب". ما أهميتهما في سياق المجتمع الكويتي برأيكم؟ وهل لهاتين الفكرتين نفس الأهمية في ثقافتكم؟ كيف؟

٣. كيف هي علاقة الجدة بخولة؟

٤. برأيكم، ما موقف الجدة من هوزيه حاليا؟ أين أدلّتكم في النص؟

٥. يقول غسان بأن الكويت كلها سوف تعلم بقصة هوزيه إن تمّ قبوله في عائلة الطاروف. هل يبالغ غسان برأيكم؟ اشرحوا موقفكم.

٦. "يبدو أن حتى سيقان البامبو لا تضرب جذورها هنا". لماذا قال هوزيه هذه العبارة في نفسه؟
٧. هل برأيكم سوف يضطر هوزيه للعودة مرة ثانية إلى الفلبين؟ لماذا؟ ما الذي سيحدث؟

الجانب اللغوي

الجمل التالية تحتوي على تعابير وتراكيب لغوية مفيدة. فكّروا فيها وناقشوها مع زملائكم:

- كنت في السيارة أنظر نحو منزل جدّتي لا أزال.
- همس به أبي في أذني اليمنى فور ولادتي.
- هي في حيرة من أمرها.

نشاط إبداعي

١. مثلوا المشهد الذي يحاول فيه غسان إفهام هوزيه بوضعه الحالي (أهمية وصعوبة وجوده وسط عائلة الطاروف).
٢. تخيلوا ثم مثلوا مع زميل/ة الحوار الذي دار في بيت الطاروف بين الجدة وغسان.

نشاط كتابة

١. تفشل محاولة هوزيه الأولى في مقابلة جدته. تخيلوا أنكم هوزيه وأنه يكتب رسالة لجدته يحاول فيها إقناعها بمقابلته. ماذا سيقول فيها؟ (200 كلمة)
٢. تخيّلوا أن الجدة هي التي تكتب رسالة لهوزيه. يا ترى ما الذي ستقول له؟ (200 كلمة)

بعد القراءة

في الفصل ابحثوا عن معلومات حول لابو—لابو وعن أبي سياف. أيهما لديه مداخل أكثر في غوغل؟ إلى ماذا يعود ذلك؟

الجزء (٧)

قبل القراءة

١. تخيلوا أنكم سوف تنتقلون إلى بيت جديد بدون أثاث. ما الأشياء الضرورية التي يجب أن تكون موجودة لتشعروا فيه بالراحة؟

٢. تذكروا موقفا كنتم فيه في مكان جديد أو مع ناس جدد وشعرتم أنكم لا تجيدون التصرّف. شاركوا زملاءكم التجربة وحاولوا تفسير ما حدث.

للنقاش في الفصل

١. ارسموا صورة لصالون بيت الطاروف كما يصفه هوزيه.

٢. ما سبب مقارنة هوزيه نفسه بسيقان البامبو الموجودة في مزهريات الصالة؟

٣. نرى في هذا المقطع طرقا مختلفة لإلقاء التحية في الثقافة الخليجية. كيف تتبادل مختلف الشخصيات التحية؟ وما دلالاتها الاجتماعية؟

٤. في رأيكم، لماذا كانت الجدة تنقل نظراتها بين هوزيه والخادمة وغسان وهند؟

الجانب اللغوي

الجملة التالية تحتوي على تعبير لغوي مفيد. فكّروا فيه وناقشوه مع زملائكم:

١. لولا أختي لما كان لي الفرصة للاقتراب من ذلك البيت.

نشاط إبداعي

يتكلم أفراد عائلة الطاروف بلغة يجهلها هوزيه، وهي العربية. تخيّلوا الحوار الذي دار في حضرة هوزيه ومثلوا المشهد مع مجموعة من زملائكم.

نشاط ترجمة

ترجموا الجزء السابع ابتداءا مِن "في اليوم التالي كنا . ." وحتى نهايته. استخدموا لغة أدبية جميلة.

نشاط كتابة

١. تجربة هوزيه في بيت الطاروف لم تكن مثالية. تخيّلوا أن هوزيه يكتب في مذكراته ليلا عن هذه التجربة. ماذا سيقول؟ استخدموا بعض التراكيب والمفردات التي يستخدمها الكاتب سعود السنعوسي وقلّدوا أسلوبه. (200–300 كلمة)

٢. تجربة هوزيه في بيت الطاروف لم تكن مثالية. برأيكم، كيف عاشت الجدة تلك الزيارة؟ وماذا عن خولة؟ أعيدوا كتابة الجزء 7 وكأن الراوي هي الجدة أو خولة وفكّروا في الأحداث والمشاعر والأشياء التي سيركّز عليها هذا الراوي الجديد. (300–700 كلمة)

الجزء (٨)

قبل القراءة

١. تخيلوا أفضل مكان في العالم بالنسبة لكم. عن ماذا تبحثون فيه؟ ماذا تبغون أن تجدوا في ذلك المكان؟ هل يمكن تسمية هذا المكان بالجنة؟

٢. هل تهتمّون بسُمعتكم ونظرة المجتمع لكم؟ كيف؟ ولماذا؟

للنقاش في الفصل

١. ما موقف كل من أفراد عائلة الطاروف فيما يخص ظهور هوزيه وعلاقته بالعائلة؟
٢. في هذا الجزء يقول هوزيه: "أسعدني وجود الله في تلك الجلسة". لماذا تظنون أنه قال هذه العبارة؟
٣. ما موقف العمة هند من هوزيه؟ لو كنتم مكانها بماذا ستضحّون؟
٤. يقول غسان لهوزيه بأن القرار الأول والأخير بيد الجدة غنيمة. ماذا سيكون قرارها في رأيكم؟
٥. كيف هي الجنة التي كانت تصفها جوزافين لابنها وما الذي وجده فيها؟

نشاط كتابة

في هذا الجزء تتكرّر فكرة أنّ قبول هوزيه في عائلة الطاروف سوف يعطّل زواج أولاد نورية ويضرّ بسُمعة العائلة. ويضيف غسان أن من الصعب على هوزيه فهم هذه الفكرة. اكتبوا رسالة قصيرة لهوزيه تشرحون له هذه القضية ولماذا يصعُب على عائلة الطاروف قبوله في الأسرة. (200–300 كلمة)

الجزء (٩)

للنقاش في الفصل

١. أين سيسكن هوزيه في بيت الطاروف؟ كيف تتخيلون المكان؟
٢. ما رأيكم في الشروط التي تُمليها عائلة الطاروف على هوزيه قبل أن ينتقل إلى بيت الجدة؟ برأيكم، كيف ستؤثر على هوزيه؟
٣. برأيكم، كيف ستتغير حياة عائلة الطاروف على المدى القصير والطويل بعد انتقال هوزيه إلى بيتهم؟
٤. لو كنتم مكان هوزيه هل كنتم ستقبلون معاملة عائلة الطاروف؟

نشاط كتابة

يقارن غسان هوية البدون بالمرض الذي ينتقل من جيل إلى جيل. هل باستطاعتكم التفكير في مواطنين وأناس آخرين يعيشون نفس مأساة البدون، أو حالة شبيهة؟ وضّحوا لماذا اخترتم هذه الفئة. (300 كلمة)

الجزء (١٠)

قبل القراءة

تُعتبر الديوانية جزءا أساسيا من البيت الكويتي. قوموا ببحث سريع وتعرّفوا على أغراض هذه الغرفة وابحثوا عن صورة جميلة تمثّلها.

للنقاش في الفصل

١. لماذا يعطي غسان مفتاح شقته لهوزيه قبل أن يغادر الأخير إلى بيت الطاروف؟
٢. كيف تختلف غرفة هوزيه الجديدة عن الأماكن التي سكن فيها في الماضي؟
٣. يسأل هوزيه أخته خولة إن كان سيُسمح له بدخول البيت. هل هذا سيحدث برأيكم؟ ولماذا؟
٤. كيف تختلف علاقة هوزيه بعمته هند وخولة؟ ما الذي يدلّ على ذلك؟
٥. ما الشيء الذي يُلفت نظر هند في هوزيه؟
٦. لماذا يحمرّ وجه خولة عندما تدخل جدتها فجأة إلى غرفة والدها؟
٧. تخيلوا ماذا سيظن الخدم حول وجود هوزيه في البيت؟ مثلوا محادثة تدور بينهم.
٨. من هو تولستوي؟ على ماذا يدل وجود صورة لـ تولستوي في غرفة راشد؟

نشاط إبداعي

تفاجيء الجدة خولة وهوزيه في غرفة والدهما وهما يتحدثان. مثّلوا هذا المقطع من الرواية وتخيّلوا ماذا تقول الجدة عندما تصيح في خولة.

نشاط كتابة

١. تخيلوا رسالة يكتبها هوزيه لأمه بعد انتقاله إلى بيت جدته. (200–300 كلمة)

٢. تخيلوا أن—لسبب ما—يدور آخر لقاء بين غسان وهوزيه يوم انتقال الأخير إلى بيت الطاروف. والآن تخيلوا أن غسان يقرر كتابة رسالة إلى هوزيه في ذلك اليوم. ماذا سيقول له فيها؟ (300 كلمة)

الجزء (١١)

قبل القراءة

١. ما دور الخدم في البيوت؟ هل يقتصر على التنظيف؟ ما رأيكم بأن يكون هناك شخص في خدمتكم 24 ساعة؟

٢. شاهدوا على قناة اليوتوب الخاصة بالكتاب الفيديوهات التالية ثم ناقشوا محتواها مع زملائكم: "بيت كفيل" و"كفيل" وأيضا Domestic workers abused in the Gulf (خارج قناتنا).

للنقاش في الفصل

١. ماذا يكتشف هوزيه من خلال حديثه مع خدم البيت؟

٢. برأيكم، كيف ينظر الخدم والسائق إلى هوزيه؟

٣. ماذا تلخص عبارة الخادمة: "كلا . . نحن لا نشعر ولانفهم"؟

٤. تشبه قصة هوزيه القصص التي نراها في "الأفلام الهندية". هل هناك فكرة مماثلة في ثقافتكم؟

الجانب اللغوي

الجملة التالية تحتوي على تعبير لغوي مفيد. فكّروا فيه وناقشوه مع زملائكم:

- ها هو اليوم حفيدها يعود بقصة مشابهة للأفلام الهندية!

نشاط إبداعي

تخيّلوا الحوار الذي يدور بين الخدم في بيت الطاروف حول هوزيه ومثّلوه مع زملائكم.

نشاط كتابة

اكتبوا القصة الهندية التي يتكلم عنها الخدم، أو قصة مُشابهة يمكنها أن تحدث في بلدكم. (300—400 كلمة)

الجزء (١٢)

للنقاش في الفصل

١. برأيكم، أين ميرلا الآن؟ وكيف هي حياتها؟
٢. كيف كان يتواصل هوزيه وميرلا؟
٣. لماذا كانت تراقب الجدة باستمرار خولة وهوزيه؟ ما الذي كان يقلقها برأيكم؟ كيف يمكن وصف شخصيتها؟
٤. ما رأيكم في هدية عواطف لهوزيه؟
٥. كيف كان يقضي هوزيه نهاية الأسبوع؟ وماذا عن بقية أيام الأسبوع؟ لماذا كان الذهاب إلى الشاليه أشبه بالسجن؟
٦. تقول الجدة غنيمة أن "السمكة الفاسدة تُفسد بقية الأسماك". ما رأيكم بهذه المقولة؟ وماذا كانت تقصد؟

نشاط كتابة

كان هوزيه يكتب باستمرار رسائل إلكترونية لميرلا. تخيّلوا ماذا كتب لها في إحدى هذه الرسائل. (200–300 كلمة)

الجزء (١٣)

قبل القراءة

١. ابحثوا عن بعض الأطباق الكويتية التقليدية على الانترنت واليوتوب. ما مكوناتها؟

٢. تختلف طرق تناول الأطعمة حول العالم من حيث الأدوات المستخدمة في ذلك. قوموا ببحث قصير وقارنوها بثقافتكم.

للنقاش في الفصل

١. يحضر هوزيه جلسة عائلية داخل بيت الطاروف للمرة الثانية. ما سبب ذلك؟

٢. لماذا تبكي الجدة أثناء تناولها الغداء؟ ما هي الأشياء التي قد تتذكرها أو تمر برأس الجدة؟

٣. هل استمتع هوزيه بوجبة الغداء في منزل الطاروف؟ لماذا؟

٤. ماذا يفعل هوزيه عندما يكتشف أن ماما غنيمة تعاني من مشكلة في ركبتيها؟ لماذا يقرر فعل ذلك؟

٥. كيف كانت ردة فعل الجدة عندما بدأ هوزيه بتدليك ساقيها؟

٦. هل برأيكم ستتغير علاقة الجدة بهوزيه رويداً رويداً؟

الجانب اللغوي

الجملة التالية تحتوي على تعبير لغوي مفيد. فكّروا فيه وناقشوه مع زملائكم:

- أريدها <u>في أمر ما.</u>

نشاط إبداعي

تخيلوا واكتبوا حوارا بين ماما غنيمة والعمات وخولة بعد وجبة الغداء التي تناولوها مع هوزيه، ثم مثلوه.

نشاط كتابة

تخيلوا أن ماما غنيمة تكتب في مذكراتها بعد شهور من انقطاعها عن الكتابة. ماذا ستقول؟ وما هي الأحداث التي سترّكز عليها؟ (استرجعوا أهم الأحداث منذ أن عاد غسان بهوزيه إلى الكويت.) (350–450 كلمة)

الجزء (١٤)

للنقاش في الفصل

١. ما الذي يكتشفه هوزيه من خلال حضوره مراسم دفن صديق غسان؟

٢. كيف كان يمكن أن تكون حياة هوزيه إذا عاش طفولته في الكويت؟ وكيف كانت ستكون بعد وفاة والده؟

الجانب اللغوي

الجملة التالية تحتوي على تعبير لغوي مفيد. فكّروا فيه وناقشوه مع زملائكم:

١. لم أقوَ على قول شيء.

نشاط كتابة

١. لم يقوَ هوزيه على البوح بمشاعره لوالده عندما زاره في القبر. تخيلوا أن هوزيه يكتب لوالده في مذكراته اليومية. ماذا سيقول له؟ (200–400 كلمة)

٢. تخيّلوا أن راشد ترك لابنه هوزيه رسالة قبل موته بأيام، أملا في أن يعود إلى الكويت ويقرأها ويشارك ابنه فيما بداخله. ما الأحداث التي سيركز عليها؟ وما الرسالة التي سيوجّهها لهوزيه؟ (200–400 كلمة)

الجزء (١٥)

قبل القراءة

١. ماذا تعرفون عن لبس الحجاب في الإسلام؟ ما أنواع الحجاب؟ مَن يلبسه؟ متى؟ أمام مَن؟

٢. يقول الكاتب ماركيز "إنّ حب الأولاد لا يجيء من كونهم أبناء، وإنما من صداقة التربية". ما رأيكم في هذه المقولة؟

٣. يقول خوسيه ريزال "إنّ الذي لا يحب لغته الأم هو أسوأ مِن سمكة نتنة". ما رأيكم في ذلك؟

٤. ما رأيكم في المقولة العربية "الكتاب خير جليس"؟ ماذا تعني بالنسبة لكم؟

٥. اذهبوا إلى قناة اليوتوب الخاصة بالكتاب وشاهدوا فيديو بعنوان "ما هي مشكلة القراءة في العالم العربي؟" لتتعرّفوا على بعض المعلومات حول انتشار هواية المطالعة في البلدان العربية. وأنتم، هل تقرأون عادة؟ كيف الوضع في بلدكم؟

للنقاش في الفصل

١. يقول هوزيه إنه أصبح يحصل على مال كثير جدا. كم يعادل المبلغ الذي يحصل عليه شهريا بعملتكم؟ ما رأيكم بهذا المبلغ؟

٢. هل هناك تشابه بين معاملة الجدة لهوزيه ومعاملة ميندوزا له؟

٣. بينما يتحدث هوزيه وخولة عن علاقة الآباء بأبنائهم تقول خولة شيئا يزعج هوزيه. ما هو؟ ولما أزعجه؟

٤. في رأيكم ما سبب اهتمام خولة بخوسيه ريزال؟

٥. قارنوا شخصية خولة بشخصية هوزيه.

٦. مَن هي عزيزة؟

الجانب اللغوي

الجمل التالية تحتوي على تعابير وتراكيب لغوية مفيدة. فكّروا فيها وناقشوها مع زملائكم:

- ليتني أستطيع تدليك قلبها، لعله يتقبلني.
- لم تتركني خولة في ذلك اليوم إلا بعدما أخبرتها بكل شيء.

الجزء (١٦)

قبل القراءة

١. رمضان شهر الصوم. عن ماذا يصوم المسلمون؟

٢. هل صمتم من قبل يوما أو أسبوعا أو شهرا كاملا؟ أي نوع من الصوم؟ كيف كان إحساسكم وشعوركم أثناء وبعد التجربة؟

٣. هل لديكم حيوان أليف؟ لماذا؟

للنقاش في الفصل

١. من خلال ما نراه في الرواية، كيف يقضي المسلمون يومهم العادي خلال رمضان؟

٢. ما هي انطباعات هوزيه حول شهر رمضان؟

٣. نعرف لماذا قررت خولة مصاحبة عزيزة، ولكن ما حاجة هوزيه بواحدة مثلها؟ ولماذا سماها بذلك الاسم؟

الجزء (١٧)

قبل القراءة

١. ما هي الوجبات الخاصة بشهر رمضان؟ هل يوجد في ديانات أو ثقافات أخرى وجبات خاصة في بعض الأشهر؟ شاركوا زملاءكم المعلومات.

٢. ابحثوا عن معلومات حول القرقعان والغبقة في شهر رمضان.

للنقاش في الفصل

١. كم شخصا في أسرة الطاروف اسمه عيسى؟
٢. عبروا عن شعور هوزيه وهو واقف خلف الستار.
٣. ما رأيكم في ردة فعل نورية عندما دخل عليهم هوزيه؟
٤. في الفقرة الأخيرة من هذا الجزء هناك حلم. إلى ماذا يشير هذا الحلم؟

نشاط كتابة

تخيّلوا أنكم هوزيه بعد الموقف الجارِح الذي حدث في منزل الطاروف. ماذا كنتم ستكتبون في مذكراتكم؟ وماذا لو كانت نورية التي تكتب؟ كيف ستختلف رواية الأحداث ووجهة النظر؟ اكتبوا بصوت عيسى أو بصوت نورية. (200–300 كلمة)

الجزء (١٨)

قبل القراءة

١. أين نسمع عبارة "الله أكبر" عادة؟ وماذا تعني؟ ماذا يجيء لذهنكم عند سماعها؟
٢. ماذا تعرفون عن الطقوس المتعلقة بالصلاة في الإسلام؟ كيف تتشابه أو تختلف عن طقوس الصلاة في ديانات أخرى؟
٣. ما هي وظائف المسجد المتنوّعة؟ وما دوره في الحياة الاجتماعية؟

٤. تعرّفوا على الأجزاء المختلفة التي يمكن أن نجدها في المسجد من خلال الرابط التالي:

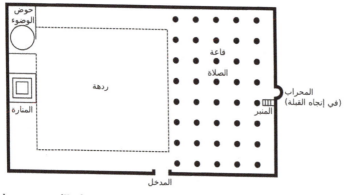

Image courtesy of Kimdime and Malyszkz via CC BY-SA 3.0.

للنقاش في الفصل

١. لماذا برأيكم يقرر هوزيه الذهاب إلى المسجد وخاصة وقت الفجر؟

٢. ما انطباع هوزيه عن المسجد؟ وكيف يقارنه بتجاربه السابقة في دور العبادة الأخرى؟

٣. هناك حدث طريف يحدث أثناء اللقاء الأول بين هوزيه وابراهيم سلام داخل المسجد. ما هو؟

٤. أثناء وجود هوزيه في المسجد، يظهر الصليب الذي كان يلبسه حول رقبته. كيف شعر في تلك اللحظة برأيكم؟ وماذا كان رد فعل ابراهيم سلام؟

٥. يتمنى أحيانا هوزيه أن يكون مكان أخيه أدريان. لماذا؟ هل شعرتم بإحساس مُماثل في لحظة ما من حياتكم؟

٦. ماذا كان يقصد هوزيه بعبارة: "لأنك لست كويتيا بوجه فلبيني"؟

نشاط ترجمة

في هذا الجزء نرى هوزيه يدخل مسجدا لأول مرة في حياته. ترجموا بلغة شاعرية جميلة المقطع الذي يبدأ بـ "كان الزحام قد خف" وإلى "ولأنك الله الأكبر".

نشاط إبداعي

١. تخيلوا أنكم تدخلون دور عبادة ما لتصلوا فيه. ماذا ستقولون لرب السماوات والأرض؟ حاولوا تقليد أسلوب الكاتب سعود السنعوسي.

٢. شاهدوا فيلم "الرسالة"، ثم اكتبوا أو سجّلوا بصوتكم تعليقا حول الفيلم يحتوي على: ملخص لقصة الفيلم، نبذة حول فريق العمل والمخرج، تصوير الفيلم، رأيكم فيه، أهميته اليوم. (15 دقيقة أو 500 كلمة)

الجزء (١٩)

قبل القراءة

١. ماذا تعرفون عن عيد الفطر؟ كيف يحتفل الناس به؟ فسروا ذلك من خلال مشاهدتكم لفيديو بعنوان "أجمل تقرير يصف عادات أهل الامارات في عيد الفطر". (تجدونه في قناة اليوتوب الخاصة بالكتاب.)

٢. تخيلوا أن عليكم حضور مناسبة خاصة في الخليج (مثل عيد الفطر)، وعليكم لبس ملابس خليجية تقليدية. ابحثوا في الانترنت عما تحتاجون إليه.

٣. كيف تفهمون العبارات التالية:

أ- "الناس سواسية، لا فضل لأحد على أحد".

ب- "لا فرق الآن بين يهودي وغير يهودي، بين عبد وحر، بين رجل وامرأة".

ت- "ربكم واحد وأباكم واحد، كلكم لآدم وآدم من تراب، وليس لعربي على عجمي فضل إلا بالأعمال".

٤. كيف تفهمون المقولة الشهيرة "يد واحدة لا تصفّق"؟ هل هناك جملة مماثلة في لغتكم؟

للنقاش في الفصل

١. كيف احتفل هوزيه بعيد الفطر؟

٢. من خلال قراءتكم للرواية، هل هناك طقوس كويتية خاصة بعيد الفطر لم تعرفوا عنها من قبل؟

٣. ▶ يستلم الأطفال في العيد نقودا من أقاربهم الأكبر سناً. ابحثوا على قناة اليوتوب الخاصة بالكتاب على فيديو بعنوان "عيدكم مبارك بنك الكويت الوطني" وشاهدوه. ما اسم هذه الهدية؟ وأنتم، ماذا تفضلون أن تستلموا في الأعياد؟

٤. في هذا الجزء يدور حوار بين خولة وهوزيه حول طريقة معاملة العائلة له ودور الدين في ذلك. لماذا تقول خولة إنه لا علاقة بالدين في ذلك؟

٥. "يصبح الإنسان منا كويتيا وقت الأزمات". ما رأيكم بهذه الجملة؟ هل تنطبق فقط على الكويتين برأيكم؟

٦. لماذا لا تتقبل عائلة الطاروف هوزيه؟

٧. ما رأيكم بالمجتمع الذي تعيشون فيه؟ تحدثوا عن إيجابياته وسلبياته.

الجانب اللغوي

الجملة التالية تحتوي على تعابير وتراكيب لغوية مفيدة. فكّروا فيها وناقشوها مع زملائكم:

• تُرى لو كانت الحياة في بلاد أمي بالسهولة التي عليها في بلاد أبي.

نشاط إبداعي

١. تخيلوا محادثة WhatsApp يعاتب فيها هوزيه أخته لعدم معايدته في أول أيام عيد الفطر. استخدموا هواتفكم الجوالة لمدة 10 دقائق. بعد الانتهاء يمكنكم مشاركة زملاءكم تفاصيل المحادثة.

٢. مثلوا مُناظرة تلفزيونية في الموضوع التالي: هل يجب أن يكون الزواج من شخص آخر مقيّدا بشروط اجتماعية أو اقتصادية أو سياسية أو تعليمية؟ كيف ولماذا؟ قدّموا أمثلة وحجج لدعم آرائكم.

الجزء (٢٠)

قبل القراءة

كيف تفهمون مقولة خوسيه ريزال "يجب أن تكون الضحية نظيفة لكي تُقبَل التضحية"؟

للنقاش في الفصل

١. ما الجديد الذي عرفناه عن ميرلا؟ أين هي برأيكم؟ وما الذي يجري في حياتها؟

٢. كيف تنظر ميرلا إلى جدها ميندوزا، حسب ما نقرأه في رسالتها؟

٣. برأيكم، كيف يشعر هوزيه بعد قراءته لرسالة ميرلا؟

نشاط إبداعي

تخيلوا أنكم هوزيه وميرلا وتتحدثان عن الصعوبات الحياتية التي تمرّون بها. ماذا ينصح هوزيه ميرلا وماذا تقول ميرلا لهوزيه؟

نشاط ترجمة

ترجموا رسالة ميرلا إلى لغة أدبية جميلة.

نشاط كتابة

اكتبوا نصا تتخيلون فيه كيف كانت حياة ميرلا خلال السنة التي مرت على رحيل هوزيه من الفلبين. (200–300 كلمة)

الجزء (٢١)

قبل القراءة

١. ماذا تعرفون عن عيد الأضحى؟ كيف يحتفل الناس به؟ استخرجوا معلومات إضافية من فيديو تجدونه على قناة اليوتوب الخاصة بالكتاب بعنوان "غرائب وعادات الاحتفال بعيد الاضحى".
٢. هل نجد في ثقافات أخرى طقوس احتفالية شبيهة بطقوس عيد الأضحى؟
٣. هل لبستم زيّا تنكّريا من قبل؟ لماذا فعلتم ذلك؟ وكيف كنتم تشعرون في ذلك الزيّ؟

للنقاش في الفصل

١. برأيكم، لماذا قرر هوزيه أن يلبس مثل أبناء عماته ويدخل على جدته غنيمة ليعيّد عليها؟
٢. ما رأي هوزيه بطقوس عيد الأضحى؟
٣. لماذا اتصلت أم جابر تطلب من الجدة غنيمة الخادم الفلبيني؟
٤. في نهاية أول أيام عيد الأضحى، تطلب خولة مقابلة هوزيه. ماذا كانت تريد منه؟
٥. ما الجديد الذي عرفناه عن غسان وهند؟
٦. برأيكم، ماذا يقصد هوزيه عندما يقول "حان الوقت لأكون حرا، فالكويت . . ليست بيت الطاروف"؟
٧. ما سبب اختفاء غسان من حياة هوزيه؟ لماذا يقول هوزيه: "اختفى ولست أعلم من فينا ترك الآخر"؟

نشاط إبداعي

١. مثلوا الحوار الهاتفي الذي جرى بين أم جابر والجدة عندما طلبت الأولى حضور الخادم الفلبيني إلى بيتها.

٢. تخيلوا ماذا قيل لغسان يوم أراد خطبة هند. مثلوا حوارا يضم الجدة وغسان وربما هند.

٣. حضروا ثم سجلوا مقابلة صحفية بين صحفي وغسان حول المشاكل التي يواجهها البدون في دول الخليج. يمكنكم الاستعانة بفيديو تجدونه على قناة اليوتوب الخاصة بالكتاب بعنوان "صدق أو لا تصدق هكذا يتزوج البدون في الكويت" وأيضا بالمقالة "في الكويت: كيف نكون مواطنين ونحن محرومون من كافة حقوقنا؟" (تجدونها في نهاية الكتاب.)

نشاط كتابة

تخيلوا أنكم الجدة غنيمة وهي تكتب في مذكراتها عن أول يوم في عيد الأضحى وكيف احتفلت به. (200 كلمة)

الفصل الخامس

قبل القراءة

١. ما رأيكم بمقولة خوسيه ريزال "حياة ليس لها هدف، حياة لا فائدة منها"؟

٢. تكلموا فيما بينكم عما هي أهدافكم في الحياة. هل لديكم طموحات؟ ما هي أهدافكم خلال العشر سنوات القادمة؟

الجزء (١)

للنقاش في الفصل

١. ما دخل خولة في رحيل هوزيه إلى الكويت؟

٢. إلى ماذا يشير احتضان وتقبيل الجدة لعيسى؟ وما رأيكم برفع راتبه؟
٣. فسروا العبارة التالية: "حُمرة الخجل على وجه خولة. حمرة السعادة على وجه جدتي".
٤. علامَ يدلّ دخول خولة غرفة عيسى وكشف شعرها أمامه؟
٥. برأيكم، لماذا لم تخرج هند لوداع هوزيه؟
٦. لماذا يقول هوزيه "لو كنت أعلم بذلك لتركت بيت الطاروف منذ زمن"؟ هل برأيكم كان ذلك سيغيّر شيئا؟ كيف؟

الجانب اللغوي

الجملة التالية تحتوي على تعبير لغوي مفيد. فكّروا فيه وناقشوه مع زملائكم:

- عيناها في عيني مباشرة.

نشاط كتابة

تخيّلوا أنكم خولة أو هند أو الجدة غنيمة. ماذا ستكتبون في مذكراتكم بعد أن يترك هوزيه بيت الطاروف؟ (200 كلمة)

الجزء (٢)

قبل القراءة

١. هل تؤمنون بالمعجزات؟ ما معنى المعجزة بالنسبة لكم؟ ما هي بعض المعجزات المعروفة في الإسلام والمسيحية؟ وفي ثقافات أو ديانات أخرى؟
٢. ما العلاقة بين الأديان والإيمان؟ وما موقفكم من هذين المفهومين؟
٣. هل برأيكم هناك علاقة بين الأديان والتطرف الفكري؟ فكروا في أمثلة وسياقات مختلفة.

للنقاش في الفصل

١. لماذا يجلب حيّ الجابرية ذكريات حزينة لعيسى؟
٢. لماذا برأيكم أراد هوزيه أن يتحدث عن النبي محمد واليسوع مع صديقه ابراهيم سلام؟
٣. ما رأيكم بقول ابراهيم سلام "أعرف عن المسيح ابن مريم ما لا تعرفه أنت"؟
٤. ما المعجزات التي يتحدث عنها ابراهيم سلام؟ وما رأي هوزيه فيها؟
٥. إلى ماذا يشير قول عيسى: "هذه مجرد خيالات! . . لو أنك اكتفيت بقراءة القرآن!"
٦. ما الآراء التي بدأ يتوصّل إليها هوزيه بخصوص الأديان والإيمان؟

نشاط كتابة

اكتبوا نصا تصفون فيه مكانا يجلب لكم ذكريات حزينة. عبروا عما تشعرون به عند رؤية ذلك المكان أو تذكّره. (150–250 كلمة)

الجزء (٣)

قبل القراءة

١. ما هي الأشياء التي تجلب لكم السعادة في الحياة؟ هل هي الأشياء المادية أم المَعنَوِيّة؟
٢. ما هي أجمل وأبسط هدية استلمتوها؟ ما الذي أعجبكم فيها؟

للنقاش في الفصل

١. ماذا عرفنا عن الشرائح السكانية التي تسكن في بنايات الجابرية؟ برأيكم، ما سبب هذا التوزيع السكاني؟ هل تعجبكم الفكرة؟
٢. لماذا تحذّر هند هوزيه من ابراهيم سلام؟ وهل لهذه التحذيرات مبرّر؟
٣. لماذا يشعر هوزيه بعدم الفائدة؟

٤. ما مفهوم هوزيه عن السعادة؟ وهل تغيّر عبر السنوات؟
٥. لماذا يقول هوزيه "الكويت . . كانت تعطيني ظهرها . . تهرب مني"؟

الجانب اللغوي

الجملة التالية تحتوي على تعبير لغوي مفيد. فكّروا فيه وناقشوه مع زملائكم:

- لم أهاتف أحدا على الإطلاق.

نشاط إبداعي

تخيّلوا أنكم طبيب نفسي وأنكم قرأتم مذكرات هوزيه. بعد أن عرفتم كيف يشعر هوزيه تجاه الكويت وعائلته الكويتية، حاولوا مساعدته بإعطائه بعض النصائح. مثلوا المحادثة أو اكتبوها.

نشاط كتابة

١. اكتبوا رسالة إلى جوزافين يشرح فيها هوزيه آخر المستجدات وكيف يرى الحياة في الكويت. (300 كلمة)
٢. "حياة ليس لها هدف، حياة لا فائدة منها". اكتبوا مذكراتكم اليومية أو مذكرات هوزيه مبتدئين بهذه الجملة. (300 كلمة)

الجزء (٤)

قبل القراءة

١. هل انتقلتم من قبل للعيش في بلد أو مدينة ما وشعرتم بالندم بعد ذلك ؟ ما الذي لم يعجبكم في هذا البلد أو هذه المدينة الجديدة؟ كيف كان إحساسكم الداخلي؟ وكيف كنتم تنظرون إلى أهل البلد؟
٢. كيف تحتفلون برأس السنة؟ ما هي الطقوس التي تقومون بها؟ ماذا تتمنون عادة للسنة الجديدة؟

٣. أين تفضلون الاحتفال برأس السنة: في بلدكم أم بعيدا عنه؟ لماذا؟

للنقاش في الفصل

١. كيف أمضى هوزيه ليلة رأس السنة؟ هل استمتع بها برأيكم؟

٢. في هذا الجزء يمكننا أن نرى ميزات وسلبيات الكويتين حسبما يصفها الكاتب. هل تستطيعون ذكرها؟

٣. إلى ماذا تشير عبارة "أكاد لا أعرفني"؟

الجانب اللغوي

الجمل التالية تحتوي على تعابير وتراكيب لغوية مفيدة. فكّروا فيها وناقشوها مع زملائكم:

- أبواق السيارات تغني بفرح.
- الشقة، حيث كان الاحتفال، قطعة من بلاد أمي.

نشاط إبداعي

مثلوا حفلة رأس السنة والحوار الذي دار بين الفلبينيين، وأضيفوا بعض التعابير والأفكار التي كوّنتموها عن الكويتيين من خلال قراءتكم للرواية.

نشاط كتابة

تخيلوا كيف ستكون هذه السنة الجديدة في حياة هوزيه. (200 كلمة)

الجزء (٥)

قبل القراءة

١. هل تعرفون شخصا بات في مركز شرطة ليلة أو ليلتين أو كان على وشك ذلك؟ ماذا حدث؟

٢. في رأيكم، إلى أين ينتمي الإنسان؟ إلى المكان الذي يولد فيه أم المكان الذي ينشأ فيه؟

للمناقشة في الفصل

١. برأيكم، ما السبب الحقيقي وراء طلب جوزافين من هوزيه البقاء في الكويت فترة أطول؟ وما رأيكم في قرار هوزيه؟

٢. في رأيكم، لماذا قرر هوزيه شراء دراجة هوائية بدلا من سيارة، مع أنه يقول إن "السيارات من أكثر الأشياء إثارة للانتباه في الكويت"؟ ولماذا وضع علما في مؤخرة دراجته الهوائية؟

٣. لماذا دخل هوزيه السجن؟ هل كان يستحق ذلك برأيكم؟

٤. لماذا شعر هوزيه بالخوف أثناء وجوده في السجن؟

٥. في لحظة ما، يقول هوزيه لنفسه "الله أكبر". ماذا كان يقصد بهذه العبارة؟

٦. برأيكم، لماذا تأخر هوزيه في الخروج من سجن مركز الشرطة؟ لماذا لم يخرج منذ الليلة الأولى وهو مواطن كويتي؟

٧. يتساءل هوزيه عما يريده غسان من وراء مساعدته له. ماذا يريد برأيكم؟

أسلوب السرد

١. انتبهوا إلى أسلوب السرد التالي، وبخاصة طول الجمل وما تحته خط. ما هو الغرض من هذا الأسلوب؟

قلت في نفسي: "الله أكبر . . الله أكبر . . لا تؤذها". يصرخ الشرطي بكلمات غير مفهومة. تتسارع دقات قلبي. تصرخ المرأة. أحدّث نفسي: "أرجوك لا تؤذها". يعود الشرطي من حيث جاء. تهدأ ضربات قلبي. قلت في نفسي: "الله الأكبر . . الله الأعظم . . شكرا لك".

٢. الآن قوموا بتسجيل المقطع السابق ممثلين الموقف.

الجانب اللغوي

الجملة التالية تحتوي على تعبير لغوي مفيد. فكّروا فيه وناقشوه مع زملائكم:

- لم أطلبه شيئا إلا وساعدني.

نشاط إبداعي

تخيلوا مكالمة هاتفية بين جوزافين وهوزيه تحاول فيها الأم إقناع ابنها بعدم العودة إلى الفلبين. مثلوا المشهد.

نشاط كتابة

١. تخيّلوا أن هوزيه يكتب رسالة عتاب لخولة لعدم مساعدتها له في الخروج من سجن مركز الشرطة. ماذا سيقول لها؟ (200 كلمة)

٢. تخيلوا أنكم العمة هند، اكتبوا مقالة رأي لصحيفة كويتية تنتقدون فيها أوضاع العمالة الأجنبية الآسيوية في الكويت ومعاملة المجتمع والشرطة لها. (300 كلمة)

الجزء (٦)

قبل القراءة

١. في هذا الجزء يقول هوزيه إن للكويت "صور كثيرة . . إحداها لا تشبه الأخرى". هل ينطبق ذلك أيضا على بلدكم؟ كيف؟ وهل يعجبكم ذلك؟

٢. راجعوا وتذكروا ما تعرفونه حول ميرلا وخمنوا أين يمكن أن تكون.

للنقاش في الفصل

١. تقول ميرلا في رسالتها إلى هوزيه "لا ينتحر سوى إنسان جبان فشل في مواجهة الحياة، وإنسان شجاع تمكن من مواجهة الموت". ما رأيكم في هاتين الفكرتين؟

٢. برأيكم، هل انتحرت ميرلا؟ برّروا إجابتكم.
٣. في رأيكم، لماذا لا يقبل هوزيه فكرة موت ميرلا؟
٤. في رسالتها الأخيرة تقول ميرلا أن آيدا ميتة منذ زمن. كيف تفهمون كلماتها؟
٥. هل برأيكم يحب هوزيه الكويت؟ كيف يختلف ذلك عن شعوره تجاه الفلبين؟
٦. يقول هوزيه إنه يحتاج إلى ما هو أهم من المال. إلى ماذا يحتاج برأيكم؟
٧. هل تتعاطفون مع هوزيه أم لا؟ لماذا؟
٨. تخيلوا حول ماذا كان يكتب راشد.
٩. ما الذي كانت تشير إليه خولة من خلال هذه العبارة: "ألا ترث من أبيك شيئا آخر غير صوتك المشابه لصوته؟!"
١٠. ماذا كان هدف خولة عندما قالت لهوزيه "لو فكر خوسيه ريزال كما تفكر أنت . . لما طُرد الإسبان من بلادكم"؟ وكيف شعر هوزيه عندما سمع ذلك برأيكم؟

نشاط إبداعي

تخيّلوا أن هوزيه يحكي لأخته عن ميرلا والرسالة التي وصلته منها. مثّلوا الحوار الذي سيدور بينهما.

نشاط كتابة

تخيلوا أن هوزيه يرد فورا على رسالة ميرلا. ماذا سيقول لها؟ استرجعوا أسلوب سرد الجزء السابق واستخدموه في رسالتكم. (200 كلمة)

الجزء (٧)

للنقاش في الفصل

١. لماذا لا يصدق هوزيه ما تخبره ماريا عن ميرلا؟
٢. لماذا يؤمن هوزيه بأن ميرلا لا تزال على قيد الحياة؟
٣. لماذا برأيكم قرر هوزيه البقاء في الكويت والعيش كمغترب؟
٤. هل برأيكم سوف يكون هوزيه سعيدا بوظيفته الجديدة وحياته في الكويت؟ لماذا؟
٥. لو افترضنا أن ميرلا على قيد الحياة فكيف ستكون ردة فعلها بعد قراءة رسالة هوزيه برأيكم؟

الجانب اللغوي

الجملة التالية تحتوي على تعبير لغوي مفيد. فكّروا فيه وناقشوه مع زملائكم:

- غياب ميرلا لم يكن سوى حضور دائم.

نشاط كتابة

يقول هوزيه إن "الغياب شكل من أشكال الحضور، يغيب البعض وهم حاضرون في أفكارنا أكثر من وقت حضورهم في حياتنا". تخيلوا أن هناك شخصا أو صديقا غاب عن حياتكم وأنكم تريدون أن تقولوا له شيئا. اكتبوا رسالة له\لها؟ (300–400 كلمة)

الجزء (٨)

قبل القراءة

١. هل النظر أو التحديق في وجوه الناس مقبول في ثقافتكم؟ كيف ولماذا؟ قدّموا أمثلة مختلفة وسياقات متنوعة.

٢. ابحثوا عن معنى كلمة "عتاب". ماذا تعني بلغتكم؟ ومتى يعاتب الإنسان شخصا آخر في ثقافتكم؟ هل العتاب مفيد في رأيكم؟
٣. ما دور العمل في حياتنا؟ تكلموا عن المناصب التي تطمحون إليها في مختلف مراحل حياتكم.
٤. تكلموا عن حادثة أو موقف حصل معكم في الماضي وأرعبكم كثيرا.

للنقاش في الفصل

١. يستغرب زميل هوزيه بأن الأخير قبل وظيفة في مطعم ويقول له إن الكويتيين لا يقبلون وظيفة كهذه. فسّروا موقفهما.
٢. هناك حادثة يتعرّض لها هوزيه بعد خروجه من العمل. هل باستطاعتكم إعادة حكايتها؟ ماذا كان يريد الرجل من هوزيه؟
٣. لو كنتم في مكان هوزيه وتبعكم الرجل، ماذا كنتم ستفعلون؟
٤. قال غسان: "عشت الظلم لسنوات طويلة . . ولم أعاتب. فهل أعاتبك على ظلمك الصغير؟" حاولوا أن تفسروا ماذا كان يقصد غسان.
٥. يستخدم الكاتب كلمتين من العامية الكويتية هما "شلونك" و"زين". هل تستطيعون تخمين معناها من السياق؟

الجزء (٩)

قبل القراءة

١. ما رأيكم بالسياسة بشكل عام؟ هل تشاركون في الانتخابات؟ كم مرة صوتّم في حياتكم؟
٢. كيف هي أجواء الانتخابات الرئاسية أو البرلمانية في بلدكم؟ وكيف تؤثر هذه الأجواء على الناس وحياتهم اليومية؟
٣. اقرأوا حول الانتخابات الكويتية في مقالة تجدونها على ويكيبيديا بعنوان "انتخابات في الكويت" باللغة العربية.

متى كانت أول انتخابات في الكويت؟ متى بدأت تشارك المرأة في الانتخابات؟ هل فازت أبدا امرأة في الانتخابات؟ هل حدث وأن حصلت أي فضيحة انتخابية؟

٤. في رأيكم، ما هي الأمور التي قد تدفع شخص إلى ارتكاب جريمة أو حتى إلى الانتحار؟

٥. ابحثوا عن مقالات على الانترنت حول موضوع "انتحار الخادمات في لبنان" ثم اقرأوها ليتم مناقشتها في الفصل.

للنقاش في الفصل

١. يقول هوزيه في لحظة ما: "أردت أن أغير الكلمة . . ولكن . . سأتركها كما هي . . لديهم". علامَ يدلّ قوله؟

٢. برأيكم، هل تعرف ماريا ماذا حدث لميرلا؟

٣. ما الأفكار التي تدور برأس هوزيه بعد أن انتهت المحادثة الهاتفية مع ماريا؟

الجانب اللغوي

الجملة التالية تحتوي على تعابير وتراكيب لغوية مفيدة. فكّروا فيها وناقشوها مع زملائكم:

- أيقظها من نومها على ما يبدو، إلا أنّ صوتها كان نائما لا يزال.

نشاط إبداعي

١. تخيلوا آخر حوار دار بين ماريا وميرلا ومثلوه.

٢. تخيّلوا أنكم تعملون مع الشرطة وأن أحد أفراد عائلة ميندوزا يتهم ماريا بأنها وراء اختفاء ميرلا. كوّنوا مع زملائكم فريق تحقيق وادرسوا جميع الأدلّة المتوفّرة لديكم للعثور على ميرلا أو لاكتشاف

ماذا حدث لها. (انقسموا إلى مجموعتين: المجموعة "أ" ستكون ماريا، والمجموعة "ب" ستكون فريق التحقيق.)

الجزء (١٠)
قبل القراءة

١. هل تعرفون شخصا من الماضي انقطعت علاقتكم به\بها ثم ظهر فجأة في حياتكم مرة ثانية ودون توقع؟ كيف كان رد فعلكم؟ احكوا القصة.

٢. هل تتفقون مع العبارة التالية: "لا فرق بين أن تشرك الآخر سعادتك أو حزنك".

٣. ابحثوا عن معنى كلمة "الطاروف" وأحضروا صورة له.

للنقاش في الفصل

١. استرجعوا قصة شباب بوراكاي. ما علاقة هذه القصة بقول هوزيه إن أبواب الكويت فُتحت أمامه؟

٢. لماذا رفض مشعل التحدث مع هوزيه في أول مقابلة معه؟

٣. مشعل يقول: "هم يخافون كلام الناس . . الكويت صغيرة . . يكاد كل شخص فيها يعرف الآخر . ." بماذا يذكّر هوزيه هذا الكلام؟

٤. كيف يمكن شرح رد فعل إبراهيم سلام إزاء فرحة هوزيه؟

٥. تقول خولة "الناس يحسدوننا على لا شيء . . هم في الحقيقة أكثر حرية". ما سبب قولها؟

٦. لماذا تقول خولة لهوزيه أنه السمكة الوحيدة التي يمكنها الهرب؟

٧. برأيكم كيف يشعر هوزيه تجاه جدته غنيمة؟

٨. تقول خولة أن هناك خبرا مهما يخص العمة هند. ماذا تتوقعون أن يكون؟

الجانب اللغوي

الجملة التالية تحتوي على تعبير لغوي مفيد. فكّروا فيه وناقشوه مع زملائكم:

• لا حاجة لك بمثل هؤلاء.

نشاط ترجمة

ترجموا المقطع الأخير من هذا الجزء، ابتداء من "وصلت شقتي والسعادة تلوّن مسائي" وحتى النهاية. يُرجى الابتعاد عن الترجمة الحرفية.

نشاط إبداعي

تخيلوا أنكم هوزيه وسيتصل بغسان ليحكي له لقاءه بمشعل. ماذا سيقول له؟ وكيف سيرد عليه غسان؟ سجلوا ذلك بصوتكم أو مثلوا المشهد في الفصل.

الجزء (١١)

قبل القراءة

١. ما هي الصداقة بالنسبة لكم؟ من هو أقرب صديق لكم؟ ولماذا تعتبرونه صديقا؟ ماذا تشاركون أصدقاءكم؟ وهل من الضروري أن تكونوا من نفس الطبقة الاجتماعية؟

٢. برأيكم، هل اختلاف اللغة يمكنه أن يكون حاجزا عند إقامة صداقات أو علاقات قوية وطويلة المدى؟ هل عندكم أي تجربة؟

للنقاش في الفصل

١. كيف كان يشعر هوزيه قبل ذهابه إلى الديوانية؟ وما الشيء الذي كان يشده للذهاب إليها؟

٢. من خلال قراءتكم، ما أهمية الديوانية في الثقافة الكويتية؟

٣. كيف يمكنكم وصف شخصية كل من مجانين بوراكاي؟
٤. أي دور يلعب الدين في حياة أصدقاء هوزيه؟ وهل برأيكم أسلم هوزيه؟

نشاط كتابة

تخيّلوا أنكم هوزيه وسيقوم بكتابة رسالة إلكترونية لوالدته ليحكي لها مدى سعادته لأنه وجد أخيرا أصدقاء كويتيين. ماذا سيقول؟ وكيف سترد أمه؟ (150–200 كلمة لكل رسالة)

نشاط قراءة إضافي

في نهاية الكتاب تجدون مقالة بعنوان "تويتر وفيسبوك يتغلّبان على الديوانيات في الكويت" تدور حول تغيّر العادات والتقاليد في المجتمع الكويتي. اقرأوا المقالة ثم ناقشوا التغيرات الاجتماعية التي حدثت، وقارنوا هذه الظاهرة بظواهر اجتماعية أخرى حدثت في بلادكم أو مجتمعات أخرى تعرفونها.

الجزء (١٢)

قبل القراءة

١. ما هي طقوس الصلاة في الإسلام؟ وما هي الحركات التي يقوم بها المسلم أثناء صلاته؟
٢. كيف تحتفلون بعيد ميلادكم وماذا يعني لكم هذا اليوم؟
٣. هل تحتفلون في بلادكم بأعياد غير موجودة في ثقافتكم أو بأعياد تعود إلى حضارات قديمة؟ كيف تكون طقوس الاحتفال؟

٤. ابحثوا على اليوتوب عن أغنية إيريك سانتوس الفلبيني "زمن الفراق" وشاهدوا المقطع. ما اسم الأغنية باللغة الانجليزية؟ هل أعجبتكم الأغنية؟ لماذا؟

للنقاش في الفصل

١. وصل هوزيه إلى مرحلة لم يعد يعرف فيها هل هو كويتي أم فلبيني. أين نرى ذلك في النص؟

٢. لماذا تظنون أن هوزيه يقرر الصلاة على طريقة المسلمين؟

الجانب اللغوي

الجمل التالية تحتوي على تعابير وتراكيب لغوية مفيدة. فكّروا فيها وناقشوها مع زملائكم:

- أي تيه هذا الذي أنا فيه؟!
- للمناسبة خصوصية ترى تأثيرها على وجوه الناس من حولك.

نشاط كتابة

١. تخيّلوا أن هوزيه يكتب رسالة إلكترونية إلى ميرلا تبدأ بـ"لماذا يا ميرلا؟". صفوا مشاعره ومخاوفه.

٢. تخيّلوا أنكم تكتبون رسالة إلكترونية إلى حبيب/ـة تبدأ بـ"لماذا يا حبيبي/حبيبتي؟". صفوا مشاعركم ومخاوفكم. (200–250 كلمة)

الجزء (١٣)

قبل القراءة

١. ما رأيكم بالوعي السياسي في بلدكم؟ ما هي أهم القضايا السياسية التي يهتم بها الناس هناك؟

٢. هل الرشوة وشراء الأصوات جزء من تاريخ بلدكم الانتخابي؟ اذكروا بعض الأمثلة إن كان كذلك.

للنقاش في الفصل

١. ينشغل المجانين بالانتخابات إلى درجة أنهم يتوقفون عن إشراك هوزيه في الحديث ويتكلمون بالعربية أغلب الوقت. كيف كان رد فعل هوزيه إزاء ذلك؟ لماذا؟

٢. نكتشف في نهاية هذا الجزء أن هند الطاروف رشحت نفسها للانتخابات وأن أصدقاء هوزيه يدعمونها. هل برأيكم ينبغي على هوزيه أن يخبر أصدقاءه بالحقيقة، وبأن هند الطاروف عمته؟

٣. كيف تتخيلون الحملة الانتخابية لهند الطاروف؟ ما هي بعض القضايا التي ستركز عليها في رأيكم؟

الجانب اللغوي

الجملة التالية تحتوي على تعبير لغوي مفيد. فكّروا فيه وناقشوه مع زملائكم:

• في تلك الأيام كنت كويتيا <u>كما لم أكن في حياتي.</u>

نشاط إبداعي

١. لِنفترض أن أصدقاء هوزيه يكتشفون أن هند الطاروف عمته. تخيّلوا الحوار الذي يدور بينهم، ثم مثّلوه.

٢. في مجموعات، تخيّلوا أنكم تشاركون في دعم حملة انتخابية لمرشح ما في بلدكم وأن عليكم كتابة بعض الشعارات لهذه الحملة. ما هي القضايا التي ستركزون عليها؟ وماذا ستكتبون؟

الجزء (١٤)

قبل القراءة

هناك مثل عربي شهير يقول "الصيت ولا الغِنى". ما معناه؟ هل هناك مقابل لهذا المثل في لغتكم؟ هل تتفقون مع الفكرة؟

للنقاش في الفصل

١. تترشح هند الطاروف للانتخابات البرلمانية ويقول هوزيه بعد علمه بذلك: "إن كان أمرا جيدا للعائلة . . لا أظنه جيدا لي". لماذا يقول ذلك برأيكم؟

٢. هل برأيكم أخطأ هوزيه أم أصاب عندما أخبر أصدقاءه بالحقيقة؟ ماذا كنتم ستفعلون لو كنتم في مكانه؟ دافعوا عن موقفكم.

٣. يلوم هوزيه والداه على ما هو فيه الآن. برأيكم، هل هو مُحق في ذلك؟ على مَن تقع مسؤولية ما يحدث له؟

٤. ماذا تتوقعون أن يحدث بعد أن يكتشف الجميع أن هوزيه ابن راشد وابن الخادمة جوزافين؟

٥. يقول هوزيه: "لا شبه بين البلاد في مخيلتي القديمة وواقعي الجديد". قارنوا بين البلاد التي يقصدها.

٦. في هذا الجزء نلاحظ أن وضع كفّ اليد على الرأس يدل على شيئين مختلفين في الثقافة الكويتية. ما هما هذين الشيئين؟

الجانب اللغوي

الجملة التالية تحتوي على تعبير لغوي مفيد. فكّروا فيه وناقشوه مع زملائكم:

• لا رأي لأختي في الأمر.

نشاط إبداعي

١. مثلوا مشهدا في مجلس نسائي يتم فيه تداول خبر عائلة الطاروف.

٢. تخيّلوا الحوار الذي يدور في عائلة الطاروف (بين الجدة ونورية وعواطف وهند) بعد انتشار خبر أن هوزيه ابن راشد. مثلوا الحوار.

نشاط كتابة

تخيّلوا هوزيه وهو يكتب في مذكراته أنه أخبر أصدقاءه الكويتيين أن هند الطاروف تكون عمته. عبّروا عن كل مشاعره. (٢٠٠ كلمة)

الجزء (١٥)

قبل القراءة

١. كما ذكرنا سابقا، هناك أنواع مختلفة للزواج في الإسلام، من بينها "الزواج العرفي". كيف يتم؟ ماذا يترتّب عليه من ناحية الميراث؟ ومن يمارسه في المجتمع العربي؟

٢. هل هناك أي تمييز في بلدكم ضد الأبناء الذين يولدون من دون أب أو أم؟

للنقاش في الفصل

١. لماذا زارت العمتان نورية وعواطف هوزيه؟

٢. لو كنت هوزيه، ماذا كنتَ ستفعل أمام عروض نورية؟ هل كنت ستترك الكويت؟ هل كنت ستأخذ مبلغا من المال من عائلة الطاروف وتترك البلد بعدها؟ لماذا؟

٣. لماذا قالت نورية لهوزيه إنه "ابن زنا"؟ وماذا كانت تقصد عندما قالت إن هوزيه ابن راشد قانونا وليس شرعا؟

٤. لماذا كانت عواطف تذكر الدين طوال جلستها؟ ولماذا برأيكم اعتذرت عندما غادرت شقة هوزيه؟

نشاط إبداعي

١. في مجموعات من ثلاثة، مثّلوا المشهد الذي يدور في شقة هوزيه، ثم سجّلوه بالفيديو. (احفظوا الحوار كاملا)

٢. تخيلوا محادثة WhatsApp بين خولة وهوزيه بعد أن غادرت نورية وهند شقة هوزيه. استخدموا هواتفكم الجوالة لمدة 10 دقائق. (بعد الانتهاء يمكنكم مشاركة زملاءكم تفاصيل المحادثة.)

الجزء (١٦)

قبل القراءة

ماذا تنتظرون من أصدقائكم؟ تكلموا عن أسباب انكسار الصداقات.

للنقاش في الفصل

١. يقول عبد الله أنه مُعترض على ترشح هند الطاروف للانتخابات وأن "المرأة يمكنها أن تخدم المجتمع من خلال أماكن أخرى غير البرلمان". أي أماكن يقصد عبد الله؟ ما رأيكم في وجهة النظر هذه؟

٢. لماذا ستخسر هند الطاروف الانتخابات بحسب أصدقاء هوزيه؟ ارجعوا إلى النص وفسّروا إجابة هند الطاروف على سؤال السيدة الكبيرة.

الجانب اللغوي

الجمل التالية تحتوي على تعابير وتراكيب لغوية مفيدة. فكّروا فيها وناقشوها مع زملائكم:

- لو أن أبانا كان هنا يا عيسى . . لطالما نادى بإشراك المرأة في بناء المجتمع.
- بدأت كأحسن ما يكون.
- كانت ستبكي.

نشاط إبداعي

١. تخيّلوا أن غسان يعلم بما يحدث في ندوة هند الانتخابية وأنه يتصل بها هاتفيا ليطمئن عليها. تخيّلوا الحوار الذي يدور بينهما ثم سجّلوه بصوتكم. (١٠ دقائق على الأقل)

١. مناظرة: انقسموا إلى مجموعتين، إحداها تؤيد والأخرى ترفض فكرة دخول المرأة إلى ميدان السياسة. قدّموا حججكم وأسبابكم ودافعوا عنها.

الجزء (١٧)

قبل القراءة

تخيلوا الموقف التالي: لأسباب غير متوقّعة، يتقلّص الراتب الشهري الذي تحصلون عليه. ما هي الأشياء التي يمكن أن تفعلوها حتى لا تتغير طريقة حياتكم كثيرا؟

للنقاش في الفصل

١. برأيكم، لماذا رفض هوزيه المساعدة التي عرضها أصدقاؤه الكويتيين بعد أن انقطعت الأموال التي كانت تجيئه من عائلته؟ لماذا فضّل الانتقال إلى غرفة ابراهيم؟

٢. لماذا اضطُر هوزيه لترك عمله في المطعم؟

٣. برأيكم، ما الذي أدّى إلى خسارة العمة هند في الانتخابات؟

٤. ما الذي يزعج نورية في هوزيه؟

٥. لماذا تقول نورية لهند إنه "لو كان عيسى الطاروف على قيد الحياة لمات بسببك"؟

٦. هذه المرة الأولى التي يشير فيها هوزيه إلى غسان بقوله "بابا غسان". إلى ماذا يعود ذلك برأيكم؟

٧. ماذا تقصد خولة عندما تقول إن الطاروف هو سبب كل المشاكل؟
(ارجعوا إلى الجزء العاشر من هذا الفصل إن احتجتم إلى ذلك.)

نشاط إبداعي

نعرف أن هناك الكثير من الخلافات التي نشأت في بيت الطاروف بعد خسارة هند في الانتخابات. تخيّلوا إحدى الشِجارات التي تدور بين أفراد العائلة ومثّلوها في الفصل.

نشاط استماع

١. ▶ شاهدوا مقابلة صحفية مع الناشطة الكويتية هديل بوقريص حول موضوع البدون ثم قوموا بتلخيص أهم النقاط (الفيديو بعنوان "برنامج سلام يا كويت—حملة الـ١٠٠ صورة للبدون" وتجدونه على قناة اليوتوب الخاصة بالكتاب.)

نشاط كتابة

اكتبوا خبرا صحفيا قصيرا عنوانه "مشككة في ولاء المواطنين—هند الطاروف: الكويتيون لا يستحقون حمل الجنسية الكويتية". (٢٠٠ كلمة)

الجزء (١٨)
قبل القراءة

١. كما ناقشنا سابقا، تلعب الحيوانات الأليفة أحيانا دورا كبيرا في حياتنا اليومية. هل حدث وأن مات حيوان أليف لكم؟ بماذا شعرتم؟ وماذا فعلتم للتقليل من حزنكم؟

للنقاش في الفصل

١. ما الشيء الذي يكتشفه هوزيه عن ميرلا؟ وكيف اكتشف ذلك؟

٢. لماذا قرر هوزيه الاستمرار في الكويت برأيكم؟ هل من الأفضل له أن يغادر إلى الفلبين؟ دافعوا عن آرائكم. لماذا يقول هوزيه أن الكويت تغلق أبوابها؟

٣. هل برأيكم يرمز موت السلحفاة إينانغ تشولينغ إلى شيء ما؟

٤. خمنوا لماذا لا تجاوب ميرلا على الرسائل التي يرسلها لها هوزيه.

نشاط كتابة

١. تخيّلوا أن هوزيه يكتب في مذكراته ليلة اكتشافه أن سلحفاته إينانغ تشولينغ ماتت. ماذا سيقول لها؟ (250 كلمة)

٢. تخيّلوا إحدى الرسائل التي يكتبها هوزيه لميرلا يوم اكتشف أنها على قيد الحياة. (250 كلمة)

الجزء (١٩)

قبل القراءة

١. هل كتبتم نصا أدبيا من قبل؟ ماذا كان نوع النص؟ ما الموضوعات التي كتبتم عنها؟ ما الذي دفعكم للكتابة؟

٢. ماذا تفعلون عندما تشعرون بالملل؟ كيف تقضون وقتكم؟

للنقاش في الفصل

١. ماذا نكتشف بعد قراءة الفقرة الأخيرة؟

٢. برأيكم، إلى من يوجّه هوزيه روايته وكلامه؟

٣. لماذا يقول هوزيه أنه سيكون مؤلما للجميع إن تابع الكتابة؟

٤. لماذا يقرر هوزيه الكتابة بالفلبينية؟

٥. يشترط هوزيه على ابراهيم عدم ترجمة اسمه. لماذا؟

٦. ارجعوا إلى كلمة المترجم في بداية الرواية واقرأوها مرة ثانية. ماذا تستنتجون حول موقف ابراهيم سلام من الرواية وترجمته لها والشروط التي وضعها؟
٧. لماذا انقطعت العلاقة بين هوزيه وغسان؟ ما رأيكم بذلك؟
٨. نعرف من خلال هذا الجزء أن راشد كان يعيش غربة من نوع ما في وطنه. ما نوع هذه الغربة؟
٩. كيف يشعر هوزيه تجاه الكويت والكويتيين؟ هل معه الحق برأيكم؟
١٠. تخيّلوا وناقشوا ما الذي سيحدث بعد كل هذه الأحداث.

نشاط إبداعي

سجّلوا بصوتكم المقطع الذي كتبه هوزيه والذي يعبّر فيه عن شعوره تجاه الكويت والكويتيين. بعد ذلك، ترجموا هذا المقطع بلغة أدبية جميلة.

نشاط كتابة

تخيّلوا أنكم سعود السنعوسي وتريدون إنهاء الرواية في 500–700 كلمة. كيف ستنهونها؟

الفصل الأخير

قبل القراءة

ماذا تتوقعون أن تجدوا في الجزء الأخير من الرواية من خلال العنوان الثانوي "عيسى . . إلى الوراء يلتفت"؟

للمناقشة في الفصل

١. ما رأيكم بنهاية الرواية؟ هل كانت مماثلة لتوقّعاتكم أم لا؟
٢. على ماذا يدل ذهاب هند لتوديع هوزيه في المطار؟

٣. لماذا برأيكم اختفى غسان فور وصول هند إلى المطار؟
٤. لماذا يقرّر هوزيه العودة إلى الفلبين؟ هل كان ذلك في رأيكم قرارا صائبا أم مخطئا؟
٥. على ماذا تدلّ الأشياء التي أخذها معه هوزيه إلى الفلبين؟
٦. يشبّه هوزيه الزلزال الذي يحدث في الفلبين باللعنة. لماذا؟
٧. لماذا رفض هوزيه أن يسمّي ابنه Juan؟
٨. كيف تفسّرون جملة هوزيه "لا أريد أن أخسرني أو أكسبني. بهذه النتيجة أنا . . مُتعادِل"، وعلى ماذا تدل؟
٩. ما سبب ظهور عنوان ابراهيم محمد سلام في نهاية الرواية؟
١٠. كيف ساهمت خولة في الرواية؟
١١. يقول هوزيه ميندوزا "إن لفظت الديار أجسادنا . . قلوب الأصدقاء لأرواحنا وطن". فسّروا هذه الجملة من خلال معرفتكم بحياته.
١٢. في رواية ساق البامبو تلعب الأماكن والفضاءات المتعددة في الكويت والفلبين أدواراً مختلفة تؤثر في وتتأثر بالأحداث والشخصيات. ما هي بعض هذه الفضاءات والأماكن؟ وما هي الاختلافات بين المجال العام والمجال الخاص في الرواية؟ وما هي أنواع الأنشطة والأحداث وأشكال العلاقات التي ممكن أن تحدث في المجال العام أو في المجال الخاص في كلا البلدين؟ وما هي بعض اللحظات التي يتداخل فيها المجال الخاص بالمجال العام إن وجدت؟ وكيف يحدث هذا؟

نشاط إبداعي

١. تخيّلوا كيف تقابل هوزيه وميرلا بعد طول غياب، ثم مثّلوا الحوار الذي دار بينهما لحظة أن تقابلا.
٢. تخيّلوا أن رواية "ساق البامبو" سوف تتحوّل إلى فيلم أو مسلسل. كيف سيكون الفيديو التشويقي؟ كوّنوا مجموعة من زملائكم وسجّلوا ذلك بالفيديو. (5 دقائق)

نشاط كتابة

١. تخيلوا ماذا حدث في حياة هوزيه خلال الثلاث سنوات التي استغرقته كتابة روايته. (300 كلمة)

٢. تخيلوا حياة خولة أو هند أو غسان بعد خمس سنوات من ترك هوزيه للكويت. (300 كلمة)

بعد الانتهاء من الرواية

١. في نهاية الكتاب تجدون مقالتي رأي عن رواية "ساق البامبو"، الأولى للناقد الأدبي المعروف صلاح فضل والثانية للصحفي المشهور خالد منتصر. اقرأوا المقالتين ثم حاولوا تحضير مقابلة صحفية (أحدكم يلعب دور الصحفي والآخر يلعب دور الناقد الأدبي). استعينوا بأجزاء من الرواية وبالأفكار التي تجدونها في المقالتين.

▶ يمكنكم أيضا الاستماع إلى مقابلة مع الروائي الجزائري المعروف واسيني الأعرج يتحدث فيها عن الرواية (الفيديو بعنوان "برنامج كتاب أعجبني: رواية ساق البامبو" وتجدونه على قناة اليوتوب الخاصة بالكتاب).

٢. تخيّلوا أنكم تعملون في دار نشر وأنكم قرأتم "ساق البامبو" والآن عليكم كتابة ملخص أو نبذة للغلاف الخلفي للرواية من أجل تشويق القراء الشباب وتشجيعهم على شراء الكتاب. ماذا ستكتبون؟ (70–80 كلمة) هل باستطاعتكم تصميم الغلاف أيضا؟

٣. تخيّلوا أنكم صحفي يقوم بمقابلة تلفزيونية مع الروائي سعود السنعوسي بعد فوزه بالجائزة العالمية للرواية العربية (جائزة البوكر) لسنة 2013. ما الأسئلة التي ستسألونها للكاتب؟ وكيف ستجيبون عليها؟ مثّلوا المقابلة في ثنائيات. (15–20 دقيقة)

٤. ▶ الآن شاهدوا المقابلة التي أجراها التلفزيون الجزائري مع الروائي سعود السنعوسي أثناء تواجده في معرض للكتاب ثم قارنوا

بين أسئلته وأسئلتكم وأجوبة الكاتب. (تجدون الفيديو على قناة اليوتوب الخاصة بالكتاب بعنوان "لقاء خاص مع الكاتب الكويتي سعود السنعوسي")

٥. تخيّلوا أنكم كُتّاب في صدد كتابة رواية تنتقدون فيها أمورا اجتماعية تخص المجتمع الذي تعيشون فيه. حول أية مواضيع ستكتبون؟ وعن ماذا ستكون أحداث القصة؟ اكتبوا ملخّصا لإرساله لدار النشر التي تعملون معها عادة.

مقالات

في الكويت: "كيف نكون مواطنين ونحن محرومون من كافة حقوقنا؟"

منى حمدان

2015.10.16

"كويتي مع وقف التنفيذ". هكذا يعرّف أحمد، وهو اسم مستعار، عن نفسه. أما التعريف الرسمي والدولي للفئة التي ينتمي إليها أحمد، فهو "عديم الجنسية" أو "بدون".

البدون في الكويت هم مواطنون كويتيون أو غير كويتيين لكنهم عديمو الجنسية، لا يحملون جنسية الكويت ولا أي دولة أخرى، ويقدر عددهم وفقاً لهيومان رايتس واتش بأكثر من 100 ألف شخص. وتعتبر الحكومة الكويتية أن "البدون تعمدوا إتلاف أدلة جنسياتهم من أجل الحصول على الامتيازات التي تقدمها الكويت لمواطنيها، لكنهم لم يحصلوا على الجنسية الكويتية".

وتقول المحامية والناشطة في مجال حقوق الإنسان الكويتية سهى العودة، إن "قانون الجنسية الكويتي يمنح كل من أقام في الكويت قبل عام 1920 الجنسية بالتأسيس وكل من يولد لأب كويتي. أما قضية البدون فتعود إلى ستينيات القرن الماضي، حين استقلت الدولة عن المملكة المتحدة. ومن البدون من لم يحصل على الجنسية الكويتية لأن الحكومة لم تمنحها لهم آنذاك، برغم الوعد بالحصول عليها. ومنهم من لم يحصلوا عليها بسبب قلة الوعي وعدم تسجيل أنفسهم على أنهم مواطنون، وهم كثر، منهم من هم أبناء وأحفاد عديمي الجنسية أو أبناء المواطنات المتزوجات من عديمي الجنسية".

يؤكد أحمد أن أول ما فعلته الدولة بعد الاستقلال كان "حرمان البدون من الحقوق السياسية، وجميع الامتيازات التي يتمتع بها المواطن العادي، ثم التضييق والقمع لتحركاتهم المطالبة بحقوقهم، حتى غزو العراق للكويت، إذ مثّل البدون نحو 80% من قوة الجيش الكويتي آنذاك، وصولًا للتسعينيات حين منح أمير الكويت الجنسية لـ2000 من البدون كل عام ليتم تجنيسهم، لكن لم يحصل ذلك، وذلك لإيقاف القانون الذي كان قد أصدره مجلس الأمة". وأشارت العودة إلى أن هذه الفئة "محرومة من استخراج الوثائق الرسمية، والتنقل بحرية داخل حدود البلاد وخارجها بسبب منعهم من إصدار رخصة قيادة أو جواز سفر. عدا أنهم محرومون من الحق في العمل، بسبب فرض قيود شديدة في القطاعين الخاص والعام على تشغيل هذه الفئة. بالإضافة إلى منعهم من حق التملك أو ترتيب أي تصرفات قانونية باسمهم".

مواطن من الدرجة الثانية أو أقل من مواطن . . .

يرفض أحمد اعتباره مواطناً من الدرجة الثانية، فهو يعتبر أن الدرجات قائمة بين من يحملون الجنسية أنفسهم. أما هو، بحسب تعبيره، فقد يكون "في ترتيب بعيد عن المواطنة أصلاً". ويقول: "كيف أكون مواطناً وأنا محروم من جميع حقوقي تقريباً؟".

في مطلع عام 2011 خرج مئات من البدون في الكويت للتظاهر مطالبين بحقوقهم، وبحسب تقرير لمنظمة هيومن رايتس واتش حينذاك، فإن الحكومة استخدمت العنف في حقهم لتفريقهم، لكنها بعد احتجاجات وضغوط دولية، منحت البدون بعض المزايا والخدمات مثل الرعاية الصحية والتعليم المجانيين عبر صندوق خيري والبطاقة التموينية.

وعن الصعوبات التي يواجهها أحمد في حياته اليومية، بسبب انتمائه إلى فئة البدون، يقول: "هي عديدة أهمها العمل، إذ نجبر على القبول بوظائف زهيدة الراتب مثلاً، كما أن حرمان الأطفال من التعليم الحكومي وتوفير مساكن متواضعة في مناطق شبه نائية، أسهم في خلق حالة من العزل عن المجتمع".

وتلفت العودة إلى أن "البدون يحصلون على تعليمهم عن طريق القطاع الخاص، فمنهم من هو قادر مادياً على تحمّل الرسوم والتكاليف التي تفرضها المدارس الخاصة، ومنهم من يلجأ للمساعدة من صناديق أنشأها أفراد ومؤسسات غير حكومية لتقديم المعونات المادية لهم".

كيف يتعامل المجتمع مع "البدون"

تؤمن قلة قليلة من الناس بحقوق البدون وضرورة إعادتها لهم، وهم يواجهون نظرة فئوية من قبل عدد كبير من أفراد المجتمع، وهي مبنية على اختلافات عرقية ومذهبية تمنع الغالبية من تقبل وجود هذا المكون بينها. أحمد يؤكد أن "البعض يرى أن البدون يملكون طاقات كبيرة ومواهب عديدة تستطيع خدمة الوطن، لكن غالبيتهم ترفض فكرة التجنيس، وهو الملف الأكثر حساسية في الكويت بشكل عام". ويضيف أن "الدولة تنظر للبدون على أنهم مخزون استراتيجي عند الحاجة، لذلك ضمتهم سابقاً للجيش والشرطة، ومع تجدد الأخطار حالياً ستعيد قبولهم".

أما المحامية التي تنشط في قضايا حقوقية عدة منها قضية البدون، فتقول إن هناك جانباً مشرقاً دائماً، وتوضح أن "مؤسسات المجتمع المدني تنشط في الدفاع عن حقوق هذه الفئة المهمّشة وتسعى لإيجاد حل جذري للقضية، كما تنشر الوعي الحقوقي بين أفراد المجتمع". وتشير إلى أن "وسائل

الإعلام في الكويت لا تختلف في هذه القضية عن الدولة، فبينما لا يوجد قانون لتجريم خطاب الكراهية أو التحريض ضد البدون، يترك الأمر لسياسة الناشر دائماً".

لا يبدو أن الأمور المُعلقة منذ أكثر من 50 عاماً قد وجدت سبيلها للحل، إلا أن الدولة أشارت عام 2014 إلى أنها تتفاوض مع بلدان أخرى، منها جزر القمر، لتجنيس البدون مقابل مزايا اقتصادية.

Reprinted with permission. Originally found at: http://raseef22 .com/life/2015/10/16/bedoon-in-kuwait/.

تويتر وفيسبوك يتغلبان على الديوانيات في الكويت

نورالدين مراح

2015.08.11

منذ أن خطف "تويتر" قلوب الكويتيين وصارت غرف "الدردشة" Chat ملجأ الكثيرين منهم، والفيسبوك صفحة مفتوحة فيما بينهم، تبدّل وجه الديوانيات رأساً على عقب بعدما بات روّادها. اليوم، يكتفون بإلقاء السلام وشرب القهوة والشاي ثم يمضون إلى هواتفهم الذكية وإلى شبكات التواصل الاجتماعي. هذا الواقع المستجد يُقلق أصحاب الديوانيات الذين يريدون أن تحافظ هذه الأخيرة على دورها في إشاعة الحوار وتبادل الآراء؛ مهمة تبدو صعبة هذه الأيام مع تراجع المشهد السياسي في البلاد وتحوّل النقاش، بكلّ حرية، إلى مواقع التواصل الاجتماعي.

مؤشر قياس القرارات

تُعد الدواوين ظاهرة اجتماعية كويتية بحتة ويمكن وصفها بمنتدى سياسي وثقافي واجتماعي. وهي تنفرد بكونها ملتقى دورياً يناقش فيه روادها آخر الأخبار والموضوعات كما يُصنع فيها جزءٌ من تاريخ الكويت السياسي والاجتماعي والاقتصادي.

بعد حلّ البرلمان عام 1986، حرّكت المعارضة الشارع ولجأت للديوانيات فظهرت حركة ديوانيات "الإثنين"، نسبةً إلى اليوم الذي كانت تُعقد فيه.

استمرت هذه الاجتماعات في الانعقاد حتى جاء الغزو العراقي وعادت الحياة للبرلمان بعد التحرير عام 1991.

وفي السنوات الأخيرة، لا سيما منذ عام 2006، طغت السياسة على الدواوين التي تحوّلت إلى واحدة من مؤسسات المجتمع المدني التي تضطلع بدور بارزٍ في الحياة الديمقراطية والنيابية، لا بل تحوّلت إلى المحرّك والمؤشر المرجعي للكثير من القرارات. فعلى سبيل المثال، عمد بعض الديوانيات على إعلان المواضيع التي ستُطرح للنقاش قبل أيام من موعد الاستقبال كما تحوّل بعضها الآخر إلى صالونات للأدب والثقافة. وساير هذا التطور ظهور الديوانيات النسائية التي تستقبل الزائرات ممن لهنّ اهتمامات وأنشطة مشتركة مثلما هو حال ديوانية الناشطة السياسية عائشة الرشيد.

يقول الكاتب والباحث في التراث منصور الهاجري إنّ الديوانية أصبحت المحرك الرئيسي والمؤشر القياسي لكثير من القرارات في مختلف النواحي السياسية والاقتصادية والاجتماعية والثقافية والأدبية في البلاد. كذلك يرى أستاذ العلوم السياسية في جامعة الكويت د.شملان العيسى أنّ الدواوين لعبت دوراً كبيراً في تاريخ الكويت السياسي؛ أمرٌ أدى إلى اختلاف دواوين النخبة السياسية والاجتماعية ودواوين الشباب الحديثة. ويضيف أنه حالياً "لا نجد إلا السياسة حاضرة في الدواوين من خلال الأقوال المأثورة لبعض النواب".

شبكات التواصل الاجتماعي أفسدت الطبخة

على الرغم من الأهمية التي اكتسبتها الديوانيات في الكويت، فإن الأجهزة الذكية ووسائل التواصل الاجتماعي باتت ذات تأثير كبير، وقد أدى ذلك إلى تراجع الحوار وتبادل الرأي في القضايا السياسية والاقتصادية بشكل مباشر، وساهم تالياً في تراجع دور الديوانية وقلة الإقبال عليها.

يقول أبو راشد إنّه ظلّ يفكرّ مراراً وتكراراً في منع رواد ديوانيته من استخدام الهاتف نهائياً، لأنّ غالبية رواد ديوانيته يكتفون بإلقاء السلام ثم الجلوس والاستمتاع بتويتر أو فيسبوك أو حتى الانشغال بالاتصالات المتكررة، فينسون ما جاءوا من أجله ألا وهو التواصل مع الأصدقاء والحديث عن المشهد السياسي في البلاد. ويذهب أبو فهد إلى حدّ التأكيد أنّه من كثرة استعمال الهواتف داخل الديوانية، قد لا تتعدى الكلمات التي تلفظ "السلام عليكم وكيفكم يا الربع".

علماً أن "غرف الدردشة" على الانترنت تحوّلت إلى ملجأ الكثير من رواد الديوانيات، إذ باتوا يغرقون في التواصل عبر هذه الوسيلة وينسون ما يدور حولهم. يرد الدكتور عبد العزيز العجمي ذلك إلى تراجع المشهد السياسي الكويتي، ويقول: "مع تشتت المعارضة وتراجع صوتها، خفت الاهتمام بما يدور في الديوانيات على المستوى السياسي باستثناء القلة القليلة، وهي ظاهرة تشكّل دليلاً واضحاً على أنّ تغييراً كبيراً هزّ أركان الديوانية الكويتية التي ظلّت، على مدى سنوات، صانعة لقرارات وجاذبة لآلاف المهتمين بالشأن السياسي".

الشباب يجد في الشبكات الاجتماعية حرية أكبر

إلا أن نايف، أحد رواد الديوانيات، اختصر هذا المنحى قائلاً: "كيف يمكن أن نتجاهل هواتفنا المملوءة بحرية التواصل على تويتر وفيسبوك وغيرها من الوسائل، ونجلس لساعات داخل ديوانيات ونحن نتناول الحلوى ونشرب القهوة والشاي ونضحك بعضنا على بعض؟" مؤكداً أنّ كلامه لا يعني التغاضي عن دور الديوانية اجتماعياً، لكنه يربط ذلك بالتطورات المذهلة في العالم ومتطلبات الشباب الجديدة.

ويخبرنا فواز، وهو اعتاد الجلوس في الديوانيات، أنّ أحاديث الديوانيات مملوءة بالمجاملات، فكلما كان يبدي رأيه، انزعج بعض الحاضرين. لذلك صار يكتفي بالحضور، وقضاء معظم وقته في الاطلاع على أخبار الرياضة عبر الهاتف لا سيما تلك المتعلقة بفريقه المفضل.

إبداع الشباب الكويتى يفجّر مشكلة الهوية[١]

صلاح فضل

الإثنين 04-03-2013

"ساق البامبو" رواية المبدع الكويتى الشاب سعود السنعوسى تقتحم بجدارة القائمة القصيرة لجائزة البوكر العربية، فتقدم نموذجاً مثيراً للكتابة الشابة الجسور القادرة على تناول أشد القضايا حساسية ودقة برؤية واقعية بالغة النعومة والكثافة معا. تحكى قصة فتى مُولّد جاء ثمرة زواج سرى بين شاب كويتى من أسرة عريقة وخادمة فلبينية جميلة، وكيف أجبرت الأسرة الفتاة على العودة إلى وطنها برفقة وليدها درءاً للفضيحة، فعاش الوليد فى محيطه الأسيوى يتشرب ثقافته على أمل العودة لموطن أبيه لاسترداد هويته العربية.

لكن المدهش حقيقة هو قدرة هذا المؤلف الذى لم يتجاوز العشرينيات من عمره على تمثل نسخ الحياة الفلبينية بمئات التفاصيل الدقيقة عن الأماكن والعادات والطقوس والأساطير. وأهم من تلك الفلذات التى يمكن امتصاصها بالقراءة والبحث هو كفاءة تذويبها بسخاء فى تيار دافق من التجارب الحميمة، مما يشف عن خبرة عميقة بوقع المواقف على صفحة الوجدان، وكأن الكاتب قد تناسخ مع نموذج وشرب عوالمه وتنقل مثله فى حيوات عديدة ومهن مختلفة غريبة.

وقد وفق المؤلف فى اصطناع حيلة طريفة لإقناعنا بصدق تمثيله الجمالى لهذه الحيوات، فزعم فى الغلاف الداخلى للرواية أنها من تأليف

١. المقالة نُشرت في الصحافة المصرية ولذلك نجد أن حروف الياء في نهاية الكلمة تُكتب بلا نقاط.

هذا الفتى المولّد واسمه كما ينطق فى لغته "هوزيه مندوزا" وأنها ترجمة بقلم المدعو "إبراهيم سلامة" عن اللغة الفلبينية، وهى تبدأ بهذه الكلمات "اسمى Jose" هكذا يكتب، ننطقه فى الفلبين كما فى الإنجليزية هوسيه . . وفى العربية يصبح كما فى الإسبانية خوسيه . . أما هنا فى الكويت فلا شأن لكل تلك الأسماء باسمى حيث هو عيسى . . اختارت والدتى هذا الاسم تيمنا بخوسيه ريزال، بطل الفلبين القومى، الطبيب والروائى الذى ما كان للشعب أن يثور لطرد المحتل الإسبانى لولاه، وإن جاءت تلك الثورة بعد إعدامه فضلاً عن توافق الاسم مع جده الكويتى.

هكذا نرى لعبة الترجمة بين اللغات المختلفة، وهى تقدم مجموعة الشخصيات الورقية المتخيلة باعتبارها المؤلف والمترجم، فتتماهى مع الشخصيات المفترضة واقعياً مثل البطل الفلبينى، لكن ذلك قد يربك بعض القراء ممن لم يتعودوا حيل المبدعين للإيهام بالواقع، فيصورون خطأ أن الرواية مترجمة، ويعزز هذا الوهم أن المؤلف الكويتى قد أحسن تقمص شخصيته وعبر بصدق عن مراحل تكوينها بدقة تثير الحفيظة المقترنة بالإعجاب لدى القارئ المتربص بالكتاب الجدد.

جذور الهوية المثقوبة:

تروى الأم "جوزافين" لابنها كيف أحبت أباه رغم الفوارق بينهما، طبيعى لابد أنه حدث آلاف المرات مخلفاً نتائجه المنطقية "لست أدرى لماذا ولا كيف أحببت راشد، ألأنه كان لطيفا معى فى حين كان الجميع يسىء معاملتى، أم لأنه كان الوحيد فى بيت السيدة الكبيرة الذى يتحدث إلىّ فى أمور غير إعطاء الأوامر، ألأنه كان وسيماً أم لأنه كان شاباً مثقفاً يحلم بكتابة روايته الأولى وأنا التى أدمنت قراءة الروايات؟ كان سعيداً بى كما يقول لأننى مثله أحب القراءة . . كان يكتب مقالاً أسبوعياً فى إحدى الصحف،

وقلّما ينشر ذلك المقال بسبب الرقابة المفروضة على صحفهم آنذاك. كان من الكتاب القلائل المعارضين لسياسة بلاده فى دعم أحد الطرفين المتنازعين فى حرب الخليج الأولى". تجسد الرواية بإتقان كيفية اختراق هذه الفوارق الطبقية ومراحل اقتراب الأب بخادمته الحسناء، بعقد عرفى شهد عليه صديقا عمره أولاً، ثم بآخر رسمى عندما اتضح عليها الحمل ليضع أسرته أمام الأمر الواقع بشهامة لا يقوى على تحمل تبعاتها أمام الأهل الأقربين، خاصة أن له أختين تنتظران الزواج، ولن يرضى بهما أحد من مستواهما إن شاع خبر زواج أخيهما بخادمة أسيوية. هى الأعراف التى لا تفهمها الضحية فترحل مجبرة بابنها إلى منبتها الأول فى منزل أبيها سيزوزا، وهو شخصية شبه أسطورية، تهوى مصارعة الديكة، وتنفق كل دخلها عليها، وهى هواية غريبة من آثار الاستعمار الإسبانى للفلبين.

وبينما يحكى الحفيد أنه لم يشعر تجاهه بأى عاطفة سوى الكراهية يرسم شخصيته فى سطور وجيزة . . "فى عام 1966م انضم جدى إلى صفوف الجيش الفلبينى المتحالف آنذاك مع كوريا الجنوبية وتايلاند وغيرهما بقيادة الولايات المتحدة فى حرب فيتنام. كان ضمن الجنود المشاركين فى دعم الخدمات الطبية والمدنية هناك. وفى جبال فيتنام سلب الثوار الموالون للشمال إنسانية أبى كما تقول والدتى، لم يخبرنا بما رأى قط، ولكن لابد أنه مر بما لا يمكن وصفه ليعود بهذه الصورة التى كان عليها. كان شديد القسوة، لكنه إذا ما أسرف على نفسه فى شرب "القوبا" انهمر فى بكاء مكتوم، وأخذ يهذى بكلمات تكشف وحدته وخوفه وتعدد حالاته المتناقضة . . ولا ينسى المؤلف أن يذيل الفقرة بشرح لشراب القوبا الكحولى المستخرج من ثمرة جوز الهند، أما الفتى نفسه فقد شب فى بيت جده المحاط بالأشجار، وعشق الجلوس تحتها وقضاء الساعات فى التأمل حتى تناديه أمه منزعجة من خلوته فتجعله يتساءل فى نفسه: "لماذا كان جلوسى تحت الشجرة يزعج أمى، أتراها كانت تخشى أن تنبت لى جذور تضرب فى عمق الأرض ما يجعل عودتى إلى بلاد أبى أمراً مستحيلاً؟ ربما . .

ولكن حتى الجذور لا تعنى شيئاً أحياناً، لو كنت مثل شجرة البامبو، لا انتماء لها، نقتطع جزءاً من ساقها نغرسه بلا جذور، فى أى أرض، لا تلبث الساق طويلاً حتى تنبت لها جذور جديدة، تنمو بلا ماض، بلا ذاكرة، لا يلتفت إلى اختلاف الناس حول تسميته، كاياوان فى الفلبين، خيزران فى الكويت، أو بامبو فى أماكن أخرى"، وهكذا تكون أمثولة البامبو تجسيداً رمزياً للفتى ذاته، مثقوب الهوية مثل الساق، مخلوع الجذور، متأرجحاً بين الوطنين مغترباً فيهما، فتتشابك مأساته مع مأساة فصيل كويتى آخر، ينتمى إليه غسان، صديق أبيه الوفى، فهو "بدون" يكون له دور مهم فى تشكيل مستقبله، وتعميق خلخلته عندما يعمل على استعادته للكويت تنفيذاً لوصية أبيه "راشد" فتكون النتيجة أنه يُتهم بالتآمر على الأسرة انتقاماً لرفضهم تزويجه بنتهم لوضاعة وضعه.

مزاج الواقع والمتخيل:

يعجبنى فى هذا المؤلف الشاب ولاؤه لأستاذه إسماعيل فهد إسماعيل، كبير الروائيين فى الكويت، حيث لا يكتفى بأن يهدى له باكورة أعماله الإبداعية الناضجة، بل يذهب إلى أبعد من ذلك فيدمجه شخصياً فى أحداثها، حيث يجعل "جوزافين" والدته تهرع إليه فى بحثها المتلهف عن أخبار زوجها المنقطعة بعد الغزو العراقى، فتفاجأ بأن فهد إسماعيل يخبرها بأن مصيره يقبع فى الصفحات التى كان يكتبها حينئذ، إذ يروى فيها قصة مجموعة المقاومة التى عمل بها، وكان معهم زوجها "راشد الطاروف"، حيث وقع فى الأسر، ويوضح المؤلف فى الهامش أن فهد إسماعيل قد أقام فعلاً فى الفلبين بعد تحرير بلاده عدة سنوات، كتب خلالها سباعيته التى يؤرخ فيها للاحتلال بعنوان "إحداثيات زمن العزلة" فيمزج كاتبنا بين متخيله السردى وتداعيات الغزو وآلام التحرير بتلقائية مثيرة تسترعى الانتباه.

ثم تبسط رواية "ساق البامبو" فى قرابة أربعمائة صفحة قصة عودة عيسى أو هوسيه إلى الكويت، إثر مسعى صديق أبيه غسان، تنفيذاً لوصيته بأنه إذا حدث له مكروه يتولى تأمين عودة ابنه لموطنه، ولا نعرف لماذا تأخر فى تنفيذ هذه الوصية عدة سنوات حتى عاد رفات الأب من المقبرة الجماعية التى دفن بها فى العراق، وتبدأ حينئذ ملحمة محاولة إقناع الجدة الصلبة بتقبل انضمام حفيدها إلى الأسرة، والتعقيدات الاجتماعية والإنسانية التى تنجم عن محاولة إعادة اللحمة واسترداد الهوية، حيث يقيم هوسيه فى بيت غسان، فيتعرف كما يقول على "نوع جديد من البشر، فصيلة نادرة، اكتشفت أناسا أغرب من قبائل الأمازون، أو القبائل الأفريقية، أناساً ينتمون إلى مكان لا ينتمون إليه، ألححت بالأسئلة على غسان كى أعرف منه سر عدم قدرته على السفر، هو (بدون) أكره هذه التسمية التى لا أفهمها رغم ترجمته لها، هو بلا جنسية، يولد أبواه فى الكويت ويولد هو الآخر فيها، لا يعرف أرضا سواها، يعمل فى سلكها العسكرى ويدافع عنها دون أن يكون له حق فى حمل جنسيتها"، مع ذلك يجتهد غسان فى إقناع الأسرة بقبوله، تتنازع الجدة عاطفتان عارمتان: إحداهما الحنين لأثر ابنها الشهيد والأخرى الخوف من التقاليد القبلية وكلام الناس ولوك الألسنة لسيرته إذا علموا أن له ابناً من خادمة فلبينية، ولأن راشد كان قد تزوج بكويتية أخرى وأنجب منها بنتاً "خولة" أصبحت يافعة تقيم مع جدتها فقد فرحت بظهور أخ لها، وأصرت على استقدامه للإقامة معهم، لكن فى ملحق الخدم عند ديوانية الأب حتى لا يختلط بالعمات ولا يكتشف الأصهار ولا الجيران أمره.

يوظف المؤلف قدراً من الدهاء الروائى عندما يجعل سبيل هذا الشاب إلى قلب جدته أمرين: أحدهما صوته الذى يطابق صوت أبيه الراحل مع اختلاف شكله عنه، والآخر هو مهارته التى اكتسبها صغيراً من عمله فى التدليك أثناء نشأته فى بلد أمه، وحاجة الجدة إلى مدلك متمرس لا تستشعر حرجاً فى لمسه لأنه حفيدها فى نهاية الأمر، لكن عماته يتوزعن بدورهن، فإحداهن تميل للعطف عليه لأنها مهتمة بحقوق الإنسان، نتيجة لحرمانها

من الاقتران بمن تحب، وهو غسان صديق أخيها، لكن هذا العطف لا يتجاوز الجانب المادي فحسب، دون أن تجرؤ على تبني كل حقوقه الأدبية، أما العمة الأخرى فهي شديدة القسوة، لأنها تخشى على مكانتها الاجتماعية واهتزاز مقامها أمام أسرة زوجها، وهناك مواقف ومشاهد من هذا الصراع العائلي لا يقوى على تكثيفها سوى الموهوبين.

مثل هذا النقاش الذي يدور بين أفراد الأسرة بالعربية التي لا يعرفها الابن المولد، وهل يتم قبوله والاعتراف به لأنه الذكر الوحيد الذي يضمن بقاء اسم "الطاروف" حياً، أم يرفض تفادياً للمساس بمكانتهم والنيل من سمعتهم وعراقتهم، ومع أن الشاب لا يفهم الجدل فهو يتابع الحوار ويتعرف على المواقف ويدرك النتيجة التي لم تكن في صالحه من قراءته للملامح والإشارات، كما يعرض المؤلف بمهارة بالغة مشكلة الدين وتجاذب الثقافات لدى الأبناء المهجنين وتوزعهم الأليم بين موروثات الأمهات ومقتضيات الانتماء لدين الآباء، لكن المؤلف يرتكب خطأ غير مقصود في حواراته عندما يذكر أنه مدة بقاء المسلمين في الأندلس ثلاثة قرون تساوى مدة بقاء الإسبان في الفلبين، وهي استمرت ثمانية قرون.

ومع أن ختام الرواية يسجل فشل تجربة اندماج الابن الهجين وإحباط مشروع استعادة الهوية ونجاح العمة المتعصبة في طرده من الكويت مثلما طردت أمه فإن الرواية قد فتحت أفقاً نقدياً واسعاً لأسئلة الهوية والتعبير عن طموح الجيل الجديد في مراجعة التقاليد الجائرة، وقيام الفن الروائي على وجه التحديد بدوره المؤسس لتجسيد فواجع سطوة هذه التقاليد، لإعادة النظر في مفارقاتها وتقاطعاتها، وأحسب أن قوة الرواية تكمن في إقناعنا بشعريتها ومصداقيتها ونبل منظورها للحياة.

ساق البامبو[١]

خالد منتصر

2013-11-09

نادرة هى الروايات التى تجذبك كالمغناطيس فلا تبدأ فيها إلا وتجدك فاغراً عينيك لاهثاً يقتلك الفضول حتى نقطة النهاية فتلتهمها فى نفس واحد، رواية "ساق البامبو" للكاتب الكويتى سعود السنعوسى من تلك النوعية الجاذبة الجذابة، تتخيل من فرط ما فيها من حكمة وتجربة ورؤى أن كاتبها شيخ عجوز تجاوز السبعين وتأخذك المفاجأة حين تعرف أنه أصغر فائز بجائزة البوكر؛ فهو ما زال فى بداية الثلاثينات، ودائماً يحاصرنى سؤال مؤرق مع بداية كل رواية: "هل حقاً هناك جديد ما زال فى جعبة كُتاب الرواية يقدمونه للقراء؟ هل ما زالت هناك أجواء بكر لم نتنفسها بعد وأراض جديدة لم تطأها قدم من قبل؟!"، وأفرح عندما يتحدانى الروائى وينتصر بمخلوقه الروائى الطازج المراوغ، "ساق البامبو" رواية سهلة الهضم بسيطة العرض محكمة البناء خالية من التكلف واستعراض العضلات والبلاغة المنمقة المزيفة الزاعقة، البطل الحائر الباحث عن هوية هل هو عيسى أم خوزيه؟ هل هو مسيحى أم مسلم؟ هل هو كويتى أم فلبينى؟ هل الوطن أهم أم العائلة؟ هل الملامح أهم أم الروح؟ كان يتخيل أنه كساق البامبو من الممكن بمجرد زراعته فى أى أرض سيمد جذوره ويكتسب الهوية، أنه نطفة تكوّنت فى أحشاء خادمة فلبينية لقحها كويتى ثرى، وبالرغم من زواجهما العرفى وأوراق الثبوت واعتراف الأجهزة الرسمية التى نتخيلها

---

١. المقالة نُشرت في الصحافة المصرية ولذلك نجد أن حروف الياء في نهاية الكلمة تُكتب بلا نقاط.

أصعب خطوة فإنه كان مثل غسان صديق والده "بدون"، وبالرغم من أن أمه كانت تخشى عليه من الجلوس تحت الشجر حتى لا تنبت له جذور فى الفلبين وتبث فيه حلم العودة للكويت فإن الكويت لفظته وعائلة والده الشهيد أنكرته وتعاملت معه كخادم، وبرغم أن الفلبين أهدته الفقر والبيت الضيق والحاجة والجد الفظ والخالة العاهرة وبنت الخالة المدمنة المثلية فإنها كانت وطنه الذى عاد إليه لأنه كان بالرغم من كل هذا ينبض بالروح والألفة والحياة وعدم التصنع، الرواية ليست مجرد رحلة بحث عن هوية، لكنها رحلة بحث عن وجود وعن اعتراف وعن معنى، حتى الجنون معناه مختلف؛ فلم يستقبله بحفاوة وإنسانية إلا مجموعة الشباب الكويتى ممن كانوا يوصفون بالجنون والذين كانوا يرقصون ويلهون ولكنهم فى النهاية احترموه وتعاملوا معه كإنسان، الرواية مفعمة بالحكم والعبارات الموحية ذات الدلالة والعمق برغم بساطتها وعدم التفافها وتعقيدها، خذ هذه المشهيات الروائية البسيطة قبل أن تتناول عزيزى القارئ وجبة ساق البامبو: ▪ الغياب شكل من أشكال الحضور، يغيب البعض وهم حاضرون فى أذهاننا أكثر من وقت حضورهم فى حياتنا. ▪ نحن لا نكافئ الآخرين بغفراننا ذنوبهم، نحن نكافئ أنفسنا، ونتطهر من الداخل. ▪ الأديان أعظم من معتنقيها. ▪ السعادة المفرطة كالحزن تماماً، تضيق بها النفس إن لم نشارك بها أحداً. ▪ ليس المؤلم أن يكون للإنسان ثمن بخس، بل الألم، كل الألم، أن يكون للإنسان ثمن. ▪ إذا صادفت رجلاً بأكثر من شخصية، فاعلم أنه يبحث عن نفسه فى إحداها؛ لأنه بلا شخصية. ▪ اليد الواحدة لا تصفق ولكنها تصفع، والبعض ليس بحاجة إلى يد تصفق له بقدر حاجته إلى يد تصفعه، لعله يستفيق! ▪ هل الابتسامة فى نهار رمضان تبطل الصوم؟ ▪ تحفر المشاهد المأساوية نقوشها على جدران الذاكرة، فى حين ترسم السعادة صورها بألوان زاهية. تمطر سُحُب الزمن . . تهطل الأمطار على الجدران . . تأخذ معها الألوان . . وتُبقى لنا النقوش.

LITERARY TERMS

مصطلحات أدبية

مُصطلحات مُفيدة في مناقشة "ساق البامبو"

النصّ

النصّ	text
الرواية	novel
القصّة	story
الجزء	part, section
الفصل	chapter
الفقرة	paragraph

مَن؟

المؤلّف	author
الراوي	narrator
البطل	hero
الشخصية	character

الأسلوب

style _____ الأسلوب

narration, narrative _____ السرد

dialogue _____ الحوار

plot _____ الحبكة

description _____ الوصف

detail(s) _____ تفصيل—تفاصيل

events _____ أحداث

point of view _____ وجهة النظر

realism _____ الواقعية

symbolism _____ الرمزية

theme _____ موضوع، ثيمة

rhetoric _____ بلاغة

البلاغة

simile _____ التشبيه

metaphor _____ الاستعارة

metonymy _____ الكناية

عندما نجد إشارة إلى نص ضمن نص آخر

allusion ____________________ الإشارة

intertextuality ____________________ التناص

citation, adaptation ____________________ الاقتباس

imitation (also, tradition) ____________________ التقليد

use, deployment ____________________ التوظيف

cite (as authority) ____________________ استشهد بـ

LITERARY DEVICES

أساليب أدبية

في اللغة العربية، كما في لغات أخرى، أساليب بلاغية ونحوية يستطيع أن يستخدمها الكاتب لتصبح اللغة أكثر شاعرية. أمثلة على ذلك:

الأسلوب	تعريف	أمثلة
التَشبيه	المقارنة بين شيئين يشتركان في صفة واحدة. وهذه المقارنة تحدث باستخدام أداة تشبيه: كـ، كأنّ، مثل، يشبه، إلخ أركان التشبيه أربعة: المُشبّه والمُشبّه به وأداة التشبيه ووجه الشبَه (=الصفة التي يشتركان فيها)	• العمل في الأيام العادية غير متعب. ولكنه على عكس ذلك في نهاية الأسبوع. أعمل كالآلة. أضع البطاطس في الزيت . . . • السعادة البالغة كالحزن تماما، يجب أن نشارك بها أحدا • شعور جديد يشبه الإيمان • أصبحت آيدا شيئا، مثل أي شيء يُباع ويُشترى بثمن
الاستِعارة	هي تشبيه حُذِف منه المُشبّه أو المُشبّه به	• لا أستبعد فكرة أن يورق رأسي (كما تورق الشجرة) • بكاء ماما آيدا يمزّق هدوء البيت (وكأنه شخص يمزّق ورقة بعنف في وسط الليل) • ولكن الأزرق كان لطيفا معي (مثل شخص لطيف)

الكِناية	أن تتكلّم عن شيء متجاوزا معناه الأصلي	• احمرّ وجه أمي (ليس نسبة إلى اللون فقط ولكن لأن احمرار الوجه هذا يعني أنها تشعر بالخجل)

هناك أيضا أساليب نحوية باستطاعتها أن تساهم في خلق لغة أدبية. أمثلة على ذلك:

المفعول المطلق	اسم مصدر نكرة منصوب مشتق من الفعل الرئيسي، ويُضاف عادة للتوكيد والمُبالغة	• كانت تؤمن بما تراه في نومها من أحلام إيمانًا مُطلقا
المفعول لأجله	اسم مصدر نكرة منصوب يدلّ على السبب الذي من أجله يحدث الشيء	• كانت تُسقطه دائما، كُرهاً في الجنين • لا يناديني رغبةً في الحديث معي، بل ليأمرني بشيء ما
الحال	اسم منصوب يدل على الحالة التي يكون عليها الفاعل وقت حدوث الشيء	• عملت صامتة حزينة، كارهةً للمال والرجال • أستمع إلى الموسيقى مُنتظِراً لحظة البدء

Laila Familiar is project manager of *Khallina* website, editor of *Sayyidi wa Habibi* (2013), and recipient of the Texas Foreign Language Teaching Excellence Award (2014). She taught at NYUAD, The University of Texas at Austin, The American University in Cairo, and Middlebury College, and directed intensive summer language programs. She specializes in the design of instructional materials.

Tanit Assaf has been a lecturer of Arabic at The Official Language School of Barcelona since 2005, and also has taught at The University of Barcelona. She specializes in the development of teaching materials for Arabic as a Foreign Language and is cofounder of Mumkin (mumkin.es). She has a Master's degree in Construction and Representation of Cultural Identities from The University of Barcelona.